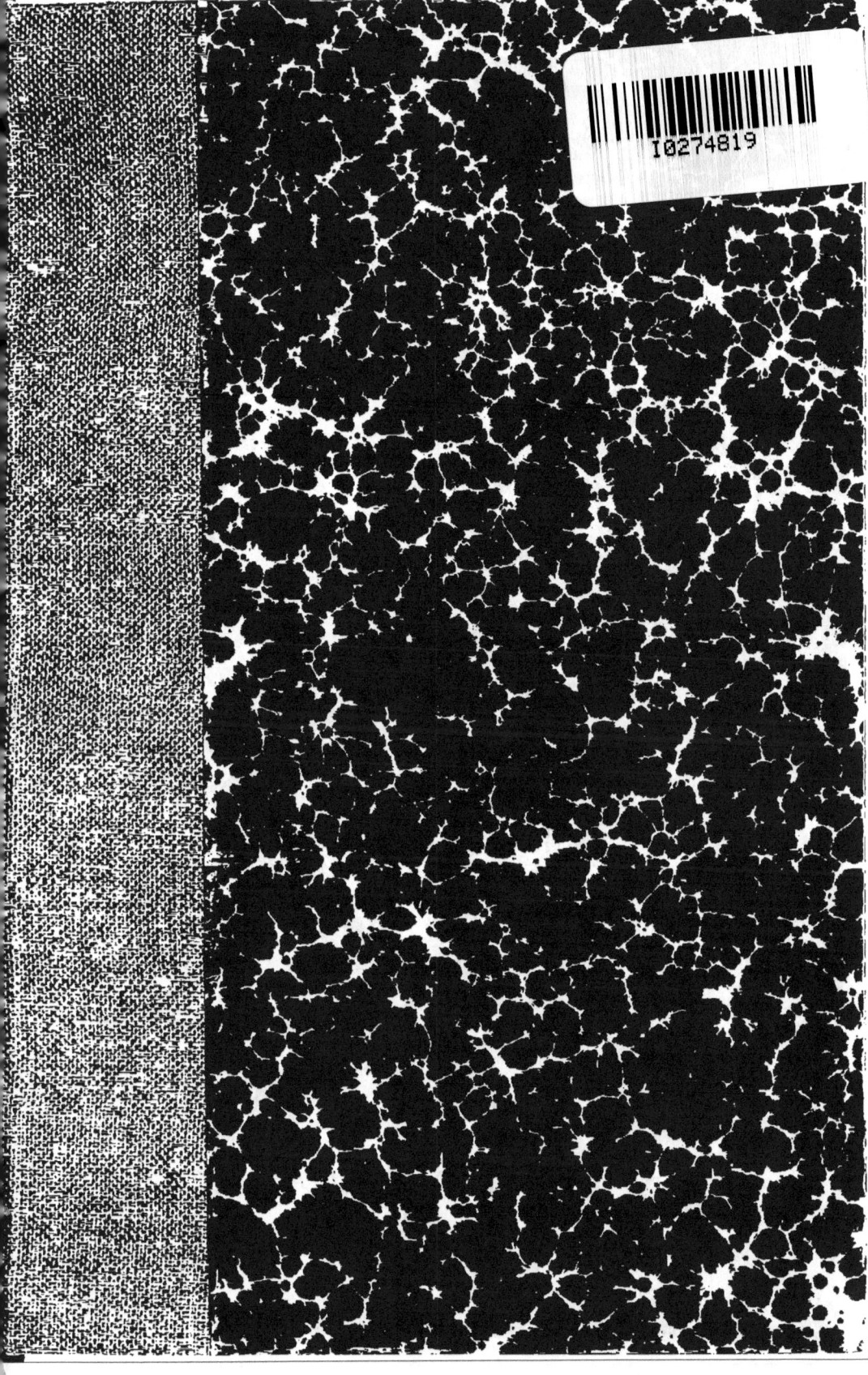

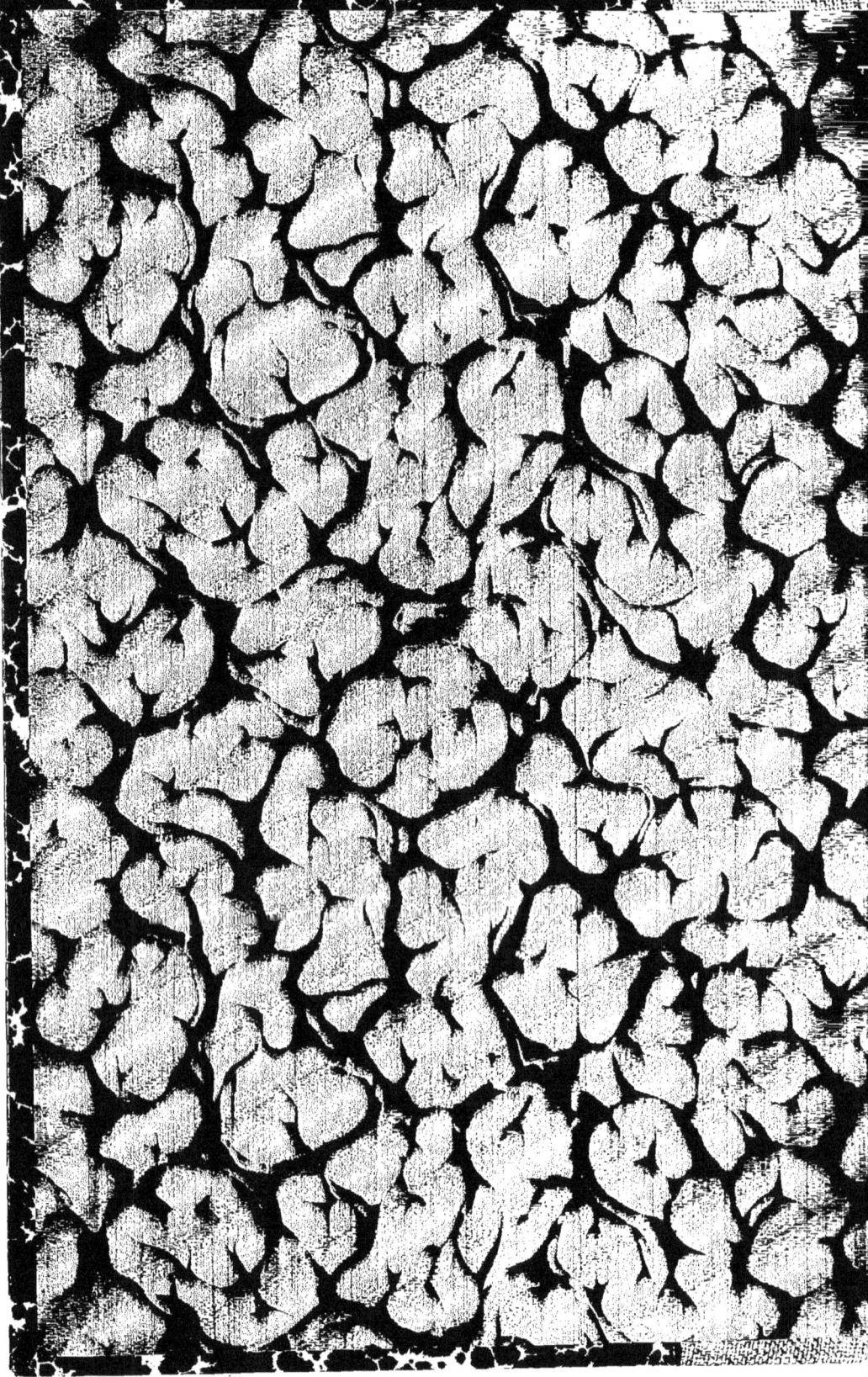

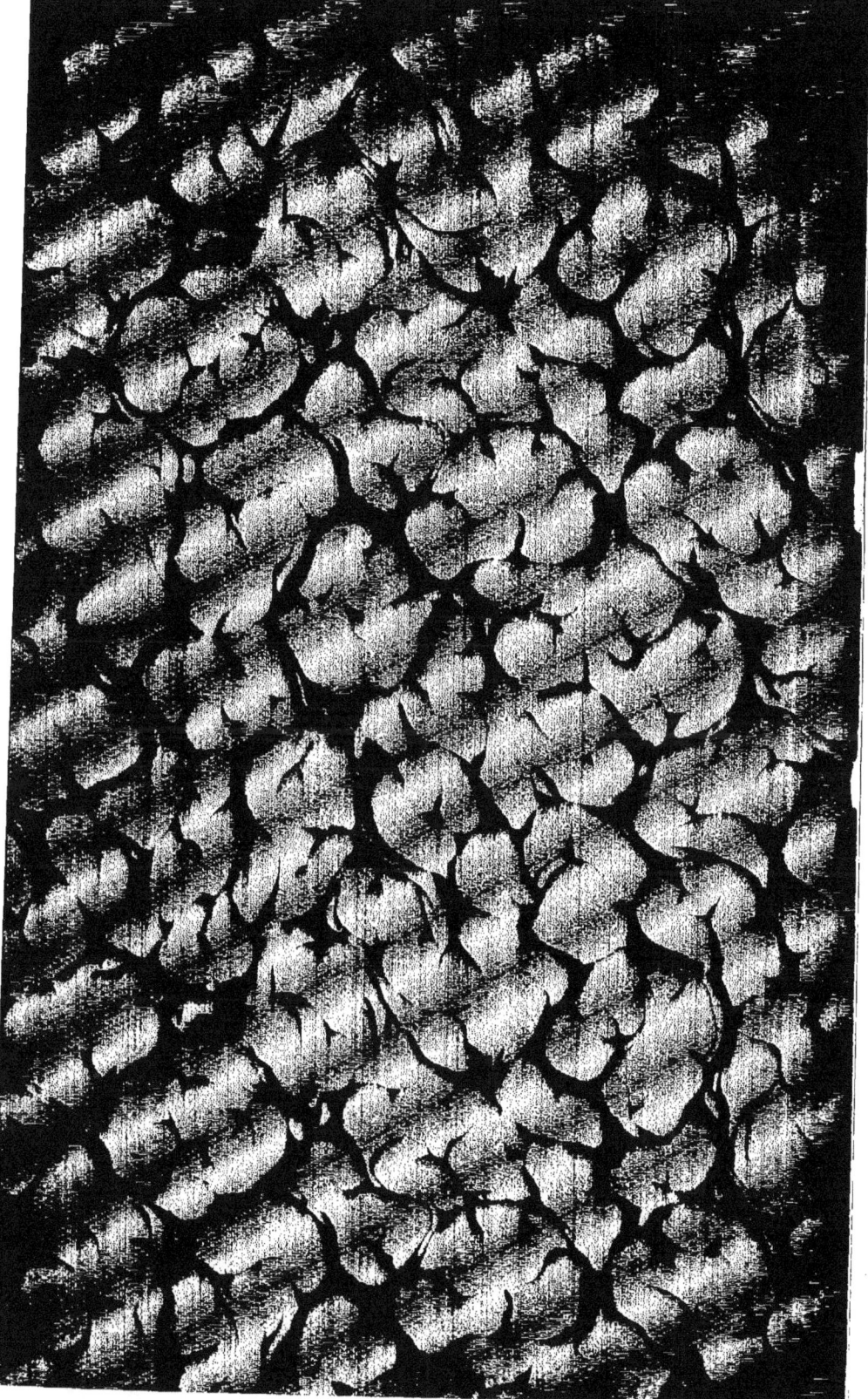

STEMPFER-REL

LE

SIÉGE DE PARIS

IMPRESSIONS ET SOUVENIRS

Clichy. — Impr. Paul Dupont et Cie, rue du Bac-d'Asnières, 12

FRANCISQUE SARCEY

LE

SIÉGE DE PARIS

IMPRESSIONS ET SOUVENIRS

PARIS
E. LACHAUD, ÉDITEUR
4, PLACE DU THÉATRE-FRANÇAIS, 4

1871

Tous droits réservés

AVERTISSEMENT.

Cette édition, qui est un volume illustré, doit pouvoir rester sur la table de famille : j'ai donc sévèrement retranché tout ce qui aurait pu, dans mon livre, effaroucher ou ennuyer des collégiens ou des jeunes filles.

Francisque SARCEY.

A Monsieur Richard WALLACE.

Monsieur,

Pardonnez-moi si je prends la liberté de vous dédier ce volume, sans avoir l'honneur d'être connu de vous ; mais le souvenir de votre nom est invinciblement lié à celui du siége de Paris, et c'est le premier qui se présente à l'esprit du Français qui entreprend d'en écrire l'histoire.

Ce qui nous a tous profondément touchés, c'est moins la grandeur de vos largesses, qui ont été immenses, que la bonne grâce spirituelle avec laquelle vous les avez faites. Il ne suffit pas à la charité, quand elle s'adresse à un peuple délicat, d'être chaude et ingénieuse ; il faut encore qu'elle ait grand air. La vôtre sentait son gentleman ; permettez-moi d'user plutôt du mot de mon pays : elle était d'un gentilhomme.

Un jour — c'était l'un des derniers du siége — un obus prussien tomba sur ces merveilleuses serres du

Muséum, qui ont fait l'admiration de l'Europe. Il y réduisit tout en poudre, et ne laissa debout que deux camélias en fleurs. C'est à vous, Monsieur, que les administrateurs du Muséum envoyèrent ces deux pauvres fleurs, échappées à la dévastation, comme un aimable et doux témoignage de la reconnaissance que vous a vouée la ville de Paris.

Daignez accepter de même ce petit livre qui a poussé sur des ruines. J'ignore quel en sera le succès; mais si je souhaite qu'il soit beaucoup lu, c'est surtout afin qu'il répande plus loin le nom du généreux étranger qui, durant ces terribles épreuves, a si noblement secouru nos misères et partagé nos périls.

Je vous prie d'agréer, Monsieur, l'expression de ma profonde estime et de ma vive sympathie.

Francisque SARCEY.

LE SIÉGE DE PARIS.

CHAPITRE PREMIER.

AVANT LE SIEGE.

1

C'est le 19 juillet 1870 que la guerre fut déclarée à la Prusse.

Je me souviens que le 22 ou le 23, dînant en bonne et nombreuse compagnie, comme on vint à parler de la campagne qui commençait — il n'y avait guère à ce moment d'autre sujet de conversation — un des convives, qui nous avait écoutés longtemps en silence, tandis que nous contions nos espoirs et nos chances de succès, nous interrompit d'une voix grave:

— Messieurs, nous dit-il, je connais beaucoup l'Allemagne ; j'y ai vécu des années ; je sais parfaitement ses forces et les nôtres. Je vous fais la gageure qu'avant deux mois les Prussiens seront, en armes, sous les murs de Paris.

Ce ne fut qu'un haro sur le prophète de malheur ! On le traita de mauvais Français, de Prussien, d'espion vendu à Bismark. Il fut houspillé de la belle façon, par des gens en humeur de rire, et qui ne voyaient, dans cette boutade, que le paradoxe d'un boulevardier qui s'amuse. Il est certain qu'à ce moment-là l'idée que Paris pût jamais être assiégé, cette idée bizarre, impossible, invraisemblable, ne s'était présentée à aucune imagination, de ce côté du Rhin. Nous avions beau être avertis chaque jour, par nos fortifications, du sérieux de cette éventualité, jamais nous n'avions regardé ce long rang de talus, couverts d'herbes fraîches, que comme un lieu de promenade, destiné à égayer le tour de la ville ; et les placides bastions, avec leurs canons inoffensifs, nous faisaient l'effet de ces braves gardes nationaux qui montaient, pour la forme, avec un fusil désarmé, la garde à l'état-major de la place Vendôme. Et puis, Paris ! c'était pour nous la ville sainte, la capitale de la civilisation, et, comme disaient les Grecs, le nombril de la terre ; qu'on osât y toucher jamais, c'était un sacrilége, dont il ne pouvait tomber dans la pensée qu'aucun peuple se rendît jamais coupable !

Ah ! Berlin ! c'était une autre affaire ! Nous trouvions tout naturel d'y entrer, après trois ou quatre grandes victoires, tambour battant et enseignes déployées. M. de Girardin venait d'écrire, dans un article qui fut célèbre au moins huit jours, qu'il nous fallait reconduire ces vandales, à coups de crosse dans le dos, jusqu'à Berlin. Il exprimait en parlant ainsi, sous la forme vive du journaliste, une idée qui était toute parisienne. Je ne crois pas que la guerre eût été dès l'abord très-populaire chez nous. Mais comme on la savait inévitable à une époque plus ou moins éloignée, on s'y était résigné vite :

— Autant vaut tout de suite, s'était-on dit les uns aux autres.

La précipitation même du gouvernement avait rassuré les esprits. En voyant sur quel frivole prétexte il avait poussé les choses à l'extrême et brûlé ses vaisseaux, on avait naturellement pensé qu'il se sentait absolument prêt, et l'on croyait que ce serait une affaire lestement menée, et qu'on serait à Berlin avant l'hiver.

— A Berlin ! à Berlin !

C'était le cri dont on accueillait les régiments qui traversaient Paris pour se rendre en Alsace, et l'on chantait la *Marseillaise*, en les accompagnant aux gares des chemins de fer, et *Mourir pour la Patrie*, et *La victoire en chantant nous ouvre la barrière*, et la *Casquette au père Bugeaud*, et tous les chants patriotiques connus.

Était-on de bonne foi avec soi-même ? Souhaitait-on aussi vivement la guerre qu'il l'eût semblé, à n'entendre que les braillards de la rue ? C'est un point qui n'est pas encore bien éclairci. Je crois qu'une fois le gant jeté, le gros de la population s'était abandonné, sans trop de réflexion, à cette humeur belliqueuse, qui est le fond de tout bon Français. On ne hait pas, chez nous, de cueillir des lauriers, et l'exemple des guerres précédentes, qui toutes avaient été assez vite et assez glorieusement terminées, ajoutait encore à la confiance que nous avions en notre supériorité militaire. Notre invincible armée ! nos braves soldats ! nos vieux généraux d'Afrique ! On n'entendait que ces mots sur le boulevard et dans les rues, et il n'était si pacifique bourgeois qui ne sentît l'odeur de la poudre. Quelques-uns se précautionnaient déjà de drapeaux et de lampions.

Dans les théâtres, c'était comme un mot d'ordre. A peine le rideau tombé sur le spectacle du jour, vingt voix, trente voix, cent voix, criaient à pleins poumons : *La Marseillaise !* L'administration, qui s'attendait à cette quotidienne manifestation d'enthousiasme, avait tout préparé pour y satisfaire. La toile se relevait, et l'un des artistes du théâtre entonnait l'hymne patriotique. Aux premières mesures, un spectateur ne manquait jamais de jeter d'un ton de commandement le *Debout! debout!* Toute la salle se levait à cette injonction, et reprenait le refrain en chœur.

Cette cérémonie, qui se renouvelait tous les jours, eut un caractère grandiose la première fois qu'elle naquit de l'élan spontané de la foule. C'était à l'Opéra. L'affiche ne portait point que *la Marseillaise* dût être exécutée ce soir-là. Mais tout Paris, le Paris des artistes et du grand monde, savait que, si le public l'exigeait trop vivement, madame Marie Sass était prête à la chanter. Au troisième acte de *la Muette*, après que le beau chant : *Amour sacré de la Patrie* eut tendu les cordes de nos âmes, ce ne fut qu'un cri de l'orchestre aux combles du théâtre : *La Marseillaise! la Marseillaise!* L'hymne sacré commença. *Debout!* cria une voix claire et perçante, que tout le monde reconnut pour être celle de M. de Girardin. Le public, comme s'il était secoué d'un choc électrique, se leva tout entier, et une inexprimable émotion traversa la salle. Beaucoup d'hommes pleuraient, les autres n'avaient pas les larmes loin des yeux.

Ce n'était pas à vrai dire une opinion qui se manifestait ; cette foule n'en avait pas de bien arrêtée. C'était plutôt une explosion de sentiment : un sentiment mal défini, très-obscur, mêlé de chauvinisme guerrier et de crédulité niaise. Un petit groupe d'hommes avaient seuls gardé leur sang-froid ; seuls ils avaient pu calculer, connaissant les ressources des deux nations, les chances de cette guerre si légèrement déclarée, et ils gardaient, à travers cet universel enthousiasme, un front soucieux et des appréhensions qu'il n'eussent jamais osé exprimer en public, par crainte d'être lapidés. J'ai connu personnellement quelques-uns de ces hommes, et peut-être étaient-ils plus nombreux que je ne le supposais alors. Mais ils se taisaient par prudence personnelle autant que par nécessité de patriotisme. Ce qu'on peut affirmer, c'est qu'à ce moment ils ne formaient dans la masse de la population qu'une minorité imperceptible. Le public français, chez qui le tambour qui bat déconcerte si aisément les raisonnements les plus sages, eût penché bien plutôt du côté des *blouses blanches*, que la police soudoyait pour entretenir, à force de cris et de chants, dans les rues et dans les esprits, une agitation guerrière.

II

Ce frémissement belliqueux s'en alla toujours croissant, du 17 juillet jusqu'aux premiers jours d'août. Il se compliqua même bientôt d'une certaine impatience nerveuse, que les conseils des journalistes avaient bien de la peine à contenir.

— Eh quoi! se disait-on, voilà deux semaines que la guerre est déclarée, et nous ne sommes pas même encore à Mayence! A quoi pensent donc nos vieux généraux d'Afrique, et nos braves soldats, et notre invincible armée? C'était bien la peine d'acheter des cartes, et des épingles surmontées de drapeaux!

C'est pour les Parisiens leur façon la plus ordinaire de prendre leur part des fatigues de la guerre. Ils achètent une carte — en a-t-on vendu pendant ces quinze premiers jours, des cartes d'Allemagne, bien entendu, il n'y en avait pas d'autres! — et, s'armant de longues épingles qui marquent la position des armées belligérantes, ils les font voler sur le papier. Rien ne les arrête dans l'exécution de leurs plans. Ils franchissent les rivières, et traversent les montagnes, et s'emparent des villes fortes avec une promptitude merveilleuse. Un bon coup d'épingle, et voilà le drapeau tricolore qui flotte sur Trèves, sur Mayence, sur Cologne. Il n'en eût pas coûté davantage de le planter sur les murs de Berlin.

Cette manière d'opérer sur la carte est si simple qu'elle trompe généralement le bourgeois de Paris sur la difficulté des marches en campagne. Il ne pouvait se rendre compte du temps qu'ils fallait pour réunir trois cent mille hommes, et les jeter sur l'Allemagne. Il se sentait déjà, aux environs du premier août, tout hérissé de n'avoir pas gagné au moins une grande bataille. Ah! s'il avait su ce qui se préparait! l'effroyable désordre de ces troupes, mal commandées, mal nourries, insuffisamment armées, et chez qui l'indiscipline et le mépris du chef sévissaient depuis longtemps, comme un mal endémique!

Ce n'est pas qu'il manquât à l'armée de *reporters* capables de nous dire la vérité, mais on les écartait avec soin des états-majors; mais beaucoup n'osaient en croire leurs yeux, et rompre avec ce préjugé de respect qu'un Français a toujours, quoi qu'il fasse, pour l'uniforme et le drapeau; mais ceux mêmes qui avaient assez de sang-froid pour voir nettement les choses se fussent fait un scrupule de les dire, et d'apprendre à l'ennemi, en même temps qu'aux Parisiens, le secret de notre réelle faiblesse; nous nagions donc en pleine illusion, et l'annonce d'un premier succès à Sarrebrück ne fit que nous confirmer dans la bonne opinion que nous avions de nous-mêmes. On s'amusa bien un peu du rôle qu'une dépêche télégraphique, demeurée célèbre, faisait jouer à l'héritier présomptif du trône; l'empereur contait à sa femme que le petit Louis avait ramassé une balle tombée à ses pieds, et que le régiment en avait pleuré de tendresse; le petit Louis ne fut plus dès lors appelé par le peuple de Paris que *l'enfant de la balle*. C'était le temps où l'on riait encore et où l'on faisait des mots!

Deux jours après éclata la nouvelle d'une grande victoire: c'était un samedi, par une belle journée d'été. Jamais je n'ai rien vu, et ne verrai sans doute rien de tel. Toute une population affolée de joie, et courant éperdue, sans savoir où. On se serrait les mains, on s'embrassait, en pleurant de joie, sans se connaître. Sur la place de la Bourse, la foule était énorme ; elle agitait ses chapeaux en l'air, et criait. On reconnut madame Gueymard dans une voiture découverte, on lui demanda *la Marseillaise ;* elle l'entama de sa voix puissante, et cinquante mille hommes en reprenaient le refrain en chœur. Toutes les maisons s'étaient, comme par enchantement, pavoisées de drapeaux. Imaginez les manifestations les plus tumultueuses d'une joie qui tenait du délire.

Un heure après, un bruit commençait à circuler que la nouvelle était fausse. Il courut, comme une traînée de poudre, d'un bout à l'autre de la ville. On se précipita au ministère, aux rédactions de journaux, dans tous les lieux où il était permis d'espérer des renseignements vrais. Il fallut bien se rendre : cette prétendue victoire n'était qu'une mystification de M. de Bismark, qui s'était amusé sans doute à éprouver la crédulité des Parisiens. De l'extrême joie on passa tout d'un coup à un excès de fureur qui ne saurait se peindre. La foule eût étranglé les ministres, si elle les avait tenus en ses mains. La déception était trop forte ; ce fut comme une explosion de rage, qui finit par se tourner en blagues, ainsi qu'il arrive toujours à Paris. Le lendemain personne ne voulait avoir cru à ce gigantesque canard ! On ne trouvait plus sur le boulevard que des gens qui n'avaient pas été dupes... qui l'avaient bien dit... Où diable l'amour-propre se va-t-il nicher !

Si je me suis arrêté un instant sur cet épisode, c'est que là, pour la première fois, il fut possible à l'observateur de bien juger cette population parisienne : comme elle est facile aux effarements subits ; combien elle est crédule, aveugle, emportée, et quel peu de fonds il faut faire sur son bon sens et sa raison ! Elle n'agit jamais que par caprice, et flotte sans cesse, comme un vaisseau sans gouvernail sur une mer agitée de vents contraires, d'un extrême à l'autre, de la confiance la moins justifiée au découragement le plus profond. Après ce court instant où Paris fut illuminé d'une joie folle, il tomba dans le plus extraordinaire des abattements. J'avoue que cet incident, qui n'eut pas d'autres suites, ne me donna pas, non plus qu'à d'autres esprits froids, bonne idée de la force de résistance que pourrait jamais opposer un tel peuple au malheur.

Je ne prévoyais pourtant point tous ceux qui allaient nous frapper coup sur coup : le général Douay vaincu et tué le 4 à Wissembourg, et le surlendemain 6, cette défaite à jamais déplorable de Mac-Mahon, entièrement détruit à Wœrth, à Freischwiller et à Reischoffen. Par la brèche ouverte, le torrent de l'armée allemande se précipita. Il n'y avait pas à s'y tromper : c'était l'invasion.

C'est ce jour, pour la première fois, que les Parisiens virent passer devant leurs yeux le spectre du siége de la ville. Ils ne savaient presque rien de la vérité, qui ne leur arrivait alors que par lambeaux incomplets et falsifiés ; ils ne se doutaient guère qu'à ces trois ou quatre cent mille hommes, lancés sur la France, en succéderaient des centaines de mille autres, que suivrait bientôt toute la population mâle de la vieille Germanie. Et cependant ils eurent comme une vision rapide de ce qui les menaçait.

Ils s'inquiétèrent tout de suite de deux mesures à prendre : les fortifications à mettre en état, et les Allemands, qui habitaient Paris, à en chasser au plus vite. Mais ce ne fut qu'une idée. Pour la population allemande, les économistes prouvèrent doctement que ce serait une grande faute de la renvoyer : qui donc balayerait les rues, fabriquerait les bottes, taillerait des habits, tripoterait les affaires de la haute finance? C'étaient de bonnes gens que ces buveurs de bière, très-industrieux, très-sobres, qui nous enrichissaient en faisant leurs affaires, et ce serait une grosse faute contre les principes édictés par Say que de se priver de leur concours. Ainsi raisonnait l'influent M. Chevalier, membre de l'Institut, sénateur, l'apôtre du libre échange et l'ange de la paix perpétuelle ; mais l'insouciance naturelle des Parisiens faisait plus encore que ses prédications. Nous sommes ainsi faits : nous crions comme des perdus contre un abus qui nous frappe, et le soir nous nous en allons gaiement au spectacle. On ne tarda pas à oublier les compatriotes de Bismarck. Il est vrai que ce ne fut pas pour longtemps, et que leur tour ne devait pas tarder à revenir.

Le souci des fortifications ne dura guère davantage. Les journalistes écrivaient nombre d'articles pour démontrer que Paris ne pourrait jamais être investi à moins de quinze cent mille hommes, — douze cent mille au bas mot ; qu'une place de guerre qui pouvait se ravitailler et conserver ses communications libres était imprenable, à moins d'être emportée d'assaut. Quant à l'assaut, nous étions là !... on dénombrait les troupes de secours, et cette vaillante armée de quatre cent mille gardes nationaux qui surgirait de terre, aussitôt que nos chefs frapperaient le sol du pied. Ah ! ils n'auraient qu'à venir ! ils verraient bien...

Nous nous repaissions de ces chimères, que nous prenions alors, que tout le monde prenait pour des réalités. Mais notre passion nous persuadait plus aisément encore que toutes les démonstrations des gens du métier. Nous ne nous demandions pas précisément s'il fallait faire grand fonds sur ces fortifications sur lesquelles on feignait de compter si fort. Non, nous partions de cette idée, tenace et profonde comme toutes les idées préconçues, qu'il était impossible que l'ennemi arrivât jusqu'à Paris, qu'il l'assiégeât et le couvrit de feux. Cette monstruosité ne pouvait nous entrer dans la cervelle. Le sol sacré de la patrie s'entr'ouvrirait sans doute et dévorerait les bataillons prussiens, avant que fût consommé cet horrible sacrilége.

Il y a des peuples dont les imaginations, naturellement tristes, sont hantées de papillons noirs. Les Parisiens, au contraire, ont l'esprit toujours ouvert aux crédulités et aux espérances. Jamais ils ne regardent en face la réalité qui leur déplaît ; ils ressemblent à l'autruche, qui se cache la tête entre deux pierres pour ne pas voir le chasseur qui la vise. Ils se leurrent jusqu'au bout de chimères agréables, et détournent volontiers les yeux des malheurs qu'ils ne peuvent plus se dissimuler.

C'était dans toute la presse comme un parti pris de mensonges, qui flattaient la vanité nationale. On ne pouvait guère cacher les progrès des Allemands, et leurs succès répétés, partout où ils rencontraient nos troupes. Mais on s'en tirait par des excuses que l'on tenait toutes prêtes, pour sauver à nos propres yeux notre amour-propre souffrant. Nos défaites étaient plus glorieuses que des victoires, et l'on disait de la journée de Wœrth que c'était un revers triomphant. On exaltait la gloire de nos retraites, et l'héroïsme des soldats qui les exécutaient.

Un jour Edmond About vint, qui conta naïvement ce qu'il avait vu, après Reischoffen, les troupes de Mac-Mahon en pleine déroute, les zouaves jetant leurs armes, pris de vin et pillant, les généraux qui avaient perdu la tête, et cent lieues de terrain abandonnées à l'ennemi, sans coup férir, quand il eût suffi de cinq cents hommes déterminés pour disputer les passages à une armée. A cette révélation, ce ne fut qu'un cri contre le malheureux feuilletonniste. On le traita de Prussien. Il y avait des vérités qu'il ne fallait pas dire, et c'était une trahison de les révéler à l'Europe. Au reste, rien de tout cela n'était exact; il avait mal vu, il exagérait. Comment supposer que les héros de l'Alma, de Magenta, de Solférino avaient fui honteusement devant les Pandours?

Pandours! nous les appelions des Pandours, des Huns, des Vandales ; et nous leur versions sur la tête toutes les injures que nous fournissaient le vocabulaire et l'histoire; de bonne foi, hélas! combien peu d'entre nous étaient capables de se rendre compte des progrès que cette petite et humble Prusse, qui venait de se révéler tout à coup si formidable, avait faits non pas seulement dans le maniement des armes, mais encore dans les sciences et les arts, qui sont l'honneur de la paix! Macaulay, le prudent et sagace observateur, avait déclaré dès 1843 que la monarchie prussienne, le plus jeune des grands États européens, et que sa population aussi bien que ses revenus reléguaient au cinquième rang, occupait le second, après l'Angleterre, sous le rapport de l'instruction solide, du goût des arts et de la capacité pour tous les genres de sciences.

Et il n'était pas même question de nous! Macaulay se trompait sans doute, car il ne nous aimait guère, en bon Anglais qu'il était, et la haine égare. Mais que l'on nous eût étonnés, si l'on nous avait dit ce jugement, porté par un esprit qui passe pour être un des plus impartiaux et des plus profonds de l'Europe! Nous, la grande nation, au troisième rang! nous qui croyions fixer les regards de l'univers, parce que toute la haute vie cosmopolite se faisait habiller à Paris et chantait nos refrains! Il fallait que nous subissions bien des désastres encore avant d'accepter, sur notre propre compte, des vérités aussi désobligeantes. Sans compter que ce ne sont peut-être pas des vérités aussi incontestables que semblait le croire Macaulay!

III

Le premier moment de stupeur une fois passé, Paris, avec l'élasticité naturelle de son optimisme, rebondit à l'espérance. Le ministère Ollivier fut balayé en un jour, et l'on mit à la tête du gouvernement le général Montauban, comte de Palikao. C'était un vieux malin, qui n'eut pas de peine à nous prendre pour dupes. Je dirais même, si j'osais me servir de cette locution soldatesque, qu'il nous mit tous dedans. Il avait bien vu le mauvais effet qu'avaient produit sur la population les vanteries et les fanfaronnades du régime tombé: il prit avec infiniment d'habileté le contre-pied juste de ce système. Il ne donna plus aucune nouvelle des opérations militaires. Chaque jour, après la séance, il prenait à part deux ou trois de ses familiers, et leur glissait mystérieusement à l'oreille des paroles énigmatiques : « Si Paris savait ce que je sais, il illuminerait ce soir... Chut ! » ajoutait-il en posant les doigts sur ses lèvres.

— Chut ! répétait Paris, le même soir, tout bas, du boulevard Montmartre à la chaussée d'Antin.

Et quand un membre de la gauche, impatienté de ce silence, s'avisait de demander à la Chambre quelques renseignements plus positifs :

— Je ne puis rien dire, répondait le ministre, mais tout va bien...

Et si on le pressait trop :

— J'ai à faire... il faut que je m'en aille...

Ou encore :

— Il m'est impossible de parler davantage ni plus haut : j'ai depuis vingt ans une balle dans la poitrine, et elle m'interdit les longs discours.

Et l'on s'extasiait sur ces façons évasives de répondre : — Quel homme ! il a depuis trente ans une balle dans la poitrine !

Les journaux ne gardaient pas le même silence que Palikao. Il s'abattait tous les matins sur les kiosques une nuée de récits fantastiques, qui tenaient en haleine la confiance et la bonne humeur des Parisiens. Un jour, on contait que dix régiments prussiens, acculés contre des carrières taillées à pic, avaient été, d'un seul coup, précipités dans l'abîme, et qu'il avait péri vingt mille hommes, entassés les uns sur les autres. — Une effroyable purée ! Le lendemain, quelques soldats français, qui faisaient semblant de laver innocemment leur linge sur le bord d'un étang, y avaient attiré le gros des forces ennemies, que Bazaine avait ensuite entourées par un mouvement rapide de conversion, et qu'il avait exterminées.

On calculait le nombre des Prussiens morts depuis le commencement de la guerre: c'était par centaines de mille que l'on comptait les cadavres. Jamais les Grecs, ces Gascons de l'antiquité, contant les défaites de Xercès, n'avaient fait un aussi effroyable carnage de Perses.

Paris dévorait ces histoires. Un de mes amis, homme de beaucoup d'esprit, mais légèrement sceptique, avait le privilége d'en inventer d'inouïes, d'invraisemblables, qu'il avait le plaisir de voir gober aux snobs de ce public crédule. Il en a mis pour son compte une demi-douzaine en circulation ; et, comme un jour, après l'avoir entendu conter, de l'air le plus sérieux du monde, une de ses bourdes habituelles, je lui demandais quel plaisir il trouvait à cet exercice :

— Moi! aucun, me dit-il, c'est par philanthropie. Voilà des gens qui vont s'aller coucher sur des pensées riantes ; ils feront les rêves les plus agréables du monde ; ils seront heureux jusqu'à demain. Ce n'est donc rien que cela?

Ce qu'il y a d'étonnant, c'est que je lui ai vu mettre vingt fois la crédulité des Parisiens aux plus rudes épreuves, sans la lasser jamais. Tel est leur penchant à se repaître des nouvelles qui les flattent, qu'il les eût encore empaumés, en leur disant une des Mille et une Nuits de la princesse Shénézarade. Un soir qu'il avait peut-être été un peu loin, un des familiers du boulevard, qui l'avait écouté, se tourna vers moi, et d'un ton de regret :

— Je sais bien, me dit-il, qu'il n'y a pas un mot de vrai dans toutes ces histoires ; mais c'est égal! ça fait toujours plaisir !

Ça fait toujours plaisir ! Oui, c'est là le mot de l'énigme. L'âpre vérité est cruelle à regarder en face, et il est si doux de se bercer d'illusions consolantes ! Et cependant quelques voix austères glissaient timidement certaines réserves. On aurait pu même, en fouillant au fond des âmes les plus faciles à l'espérance, trouver je ne sais quel sourd sentiment d'inquiétude, qui allait s'accentuant tous les jours davantage.

Le bruit s'était répandu que Bazaine avait été renfermé dans Metz, où il restait bloqué. Si toutes les bonnes nouvelles qui nous arrivaient coup sur coup de la frontière lorraine étaient véritables, pourquoi demeurait-il là-bas, à peu près inactif, au lieu de se replier sur Paris? On envoyait régiments sur régiments à Mac-Mahon, campé à Châlons, et qui s'occupait à y reformer une nouvelle armée. Mais cette armée, composée de pièces et de morceaux, où les mobiles parisiens entraient pour une forte part, n'inspirait qu'une confiance médiocre. Nous les avions vus partir ces mobiles, que le peuple avait, dans un langage familier, nommés les moblots, et leurs allures n'étaient pas faites pour donner foi en leur discipline et en leur courage. Ils avaient traversé Paris, débandés, chantant, beaucoup ivres, qui dans des fiacres, qui dans des carrioles et dans tous les véhicules qu'ils avaient pu mettre en réquisition, d'autres à cheval, et la plupart à pied, en tas, sans ordre de marche, sans distinction de grade. C'était plutôt une descente de la Courtille qu'un défilé de soldats.

Une fois arrivés à Châlons, ils avaient empli le pays des bruits de leurs désordres et de leurs folies. Les rumeurs les plus sinistres nous revenaient à Paris : une fois ils avaient mis le feu au camp ; une autre fois, ils avaient répondu par des cris d'émeute à leur général qui leur parlait d'honneur et de patrie. Ces récits, déjà navrants par eux-mêmes, se grossissaient d'exagérations ridicules en passant de bouche en bouche ; comment résister avec de tels soldats à des troupes exercées et victorieuses ?

Ces troupes, on apprenait d'heure en heure leurs progrès à travers les provinces de l'Est. Les villes tombaient l'une après l'autre entre leurs mains, toutes ouvraient leurs portes ; telle grande cité tremblait devant quatre uhlans, qui la sommaient de se rendre. Ces quatre uhlans, on les voyait partout à la fois, prompts et insaisissables, et à leur approche, c'était

Les nouvellistes du boulevard.

comme *un sauve qui peut* général. Les places fortes de la
Lorraine et de l'Alsace tenaient bon contre cette inondation
qui se répandait autour d'elles et battait leurs murs ; mais l'ennemi, laissant des divisions pour en faire le siége, s'avançait
toujours, à marches forcées ; ses têtes de colonnes menaçaient
déjà la Champagne. Il n'y avait plus à se leurrer de chimères.
Sous huit jours, mettons-en quinze, le prince royal déboucherait avec son corps d'armée victorieux dans la plaine de Gennevilliers.

Ce fut la seconde fois que Paris songea sérieusement au
siége, en le voyant si proche. Il ne s'en émut pourtant pas
encore, autant que l'eussent commandé les circonstances.
Qu'espérait-il ? qu'attendait-il ? Je n'en sais rien, et il n'aurait pas bien pu le dire lui-même. Mais il comptait toujours
sur un événement imprévu, sur un miracle, sur quelque
chose.

IV

Le quelque chose arriva.

On apprit que l'armée de Mac-Mahon, au lieu de barrer le
passage aux Allemands, ou de se replier sur la capitale pour
livrer une grande bataille sous ses murs, s'ébranlait pour
remonter vers le Nord, et, selon toutes les apparences,
donner la main à Bazaine qu'elle se proposait de débloquer.

Je ne juge pas ce mouvement stratégique, dont l'effet
nous a été si funeste. J'ignore si, poussé plus rapidement,
il eût pu réussir. Je ne me connais pas trop en opérations
militaires, et n'ai d'autre but ici que de montrer le contrecoup de ces grands événements sur la population parisienne.

Je ne crois pas me tromper, en disant qu'un soupir de soulagement s'échappa de toutes les poitrines à cette nouvelle. Il peut se faire que les hommes du métier et les sages politiques aient été consternés de cette détermination, et l'on conte que M. Thiers se jeta aux genoux du comte de Palikao pour le supplier de donner contre-ordre. Je ne parle que des impressions manifestées par la foule ; elle fut enchantée. Le danger s'éloignait et pour ne plus revenir; elle le croyait du moins. On contait avec une satisfaction orgueilleuse le nombre des régiments qui marchaient sous la conduite de Mac-Mahon. Il n'était pas permis d'évaluer les troupes de Bazaine à moins de 180,000 hommes, la fleur de l'armée française ! Que ne devait-on pas attendre de ces deux généraux, dont l'un avait grandi dans sa défaite, dont l'autre était connu par son indomptable énergie autant que par ses talents militaires, et qui s'était, dans ces derniers temps, rendu plus populaire encore, en évacuant sur Paris l'empereur et les plumets de son état-major.

Ce fut un samedi soir que se répandit dans Paris la lugubre nouvelle d'un grand désastre. Depuis deux jours, Paris avait vécu sur les boulevards et dans les rues, chacun interrogeant ceux qu'il rencontrait : « Eh bien ! qu'y a-t-il de nouveau ? » Les rumeurs les plus contradictoires n'avaient cessé de circuler dans cette foule, inquiète, surexcitée, fiévreuse. On avait appris, à n'en pas douter, qu'une terrible bataille s'était livrée aux environs de Sedan, et qu'elle continuait avec des alternatives diverses. Mais le dénoûment dernier ? C'est ce dénoûment qu'on ignorait et qu'on attendait avec une agitation inexprimable. Les kiosques étaient assiégés de mains tendues qui s'arrachaient les journaux ; on montait sur les bancs des boulevards pour les lire à haute voix. Mais on ne formait que des conjectures, qui toutes se détruisaient les unes les autres. Rien de certain, rien de précis. Toute cette foule, sevrée ainsi de renseignements officiels, avait mal aux nerfs. Aux premiers mots d'une conversation, on se traitait de Prussien ou d'imbécile, et pour un rien on eût échangé des cartes. Les voix étaient brèves, cassantes, les physionomies farouches.

A huit heures du soir, je m'en allai au bureau du *Gaulois* chercher des nouvelles, si par hasard on en avait reçu. Je vis avec surprise la porte soigneusement fermée, et qui ne s'ouvrait qu'avec précaution aux initiés. J'entrai ; la consternation était sur tous les visages. On me tendit un journal, qu'un de nos *reporters*, qui arrivait à l'instant même de Bruxelles, venait de rapporter dans sa poche. J'y lus, avec un désespoir mêlé de stupéfaction, toute cette histoire de la capitulation de Sedan, vieille déjà de trente-six heures, et que personne à Paris ne savait encore.

— Est-ce possible ! m'écriai-je atterré.

Le doute n'était malheureusement pas permis. Le rédacteur en chef était allé lui-même, le numéro à la main, chez le préfet de police lui demander si le récit était conforme à la dépêche reçue par le gouvernement. Le préfet de police avait baissé la tête. Nous agitâmes la question, si l'on publierait tout de suite une édition du *Gaulois*, qui répandît la fatale nouvelle. L'un de nous fit observer que rien n'était moins prudent, dans l'état d'exaspération où l'on voyait les esprits, que les bureaux pourraient bien être, dans ce premier moment de fureur, saccagés et brûlés. On s'abstint donc.

Mais la rumeur n'en allait pas moins grossissant à travers la foule. Les détails manquaient à tout le monde ; mais que nous eussions subi quelque chose de terrible, cela paraissait certain, cela flamboyait à tous les yeux. Personne ne dormit cette nuit-là à Paris. La séance du Corps législatif était indiquée pour minuit.

Ah ! si la Chambre, à cette heure dernière, eût fait son devoir, si, envisageant d'un regard ferme la situation, elle eût tout de suite pris en main les destinées de la France et tiré de son sein un gouvernement où Paris et la province eussent été représentés également, que de malheurs nous eussent été épargnés! Mais c'était écrit, comme disent les Orientaux. Tout le monde manqua de décision, et l'on remit au lendemain les mesures à prendre.

Le lendemain, c'était le dimanche 4 septembre. La République était faite.

CHAPITRE II.

PRÉLIMINAIRES DU SIÉGE.

I

Ce fut un grand malheur, mais il était inévitable.

Mieux eût valu sans doute constituer un gouvernement provisoire de défense nationale, et ne pas préjuger une question que toute la France eût été appelée à résoudre. On se fût épargné bien des ennuis, et des ennuis très-sérieux, que nous aurons à compter dans les chapitres suivants. On n'eût pas inquiété la province, à qui le mot République ne rappelle encore que les massacres de 93, les quarante-cinq centimes de M. Garnier-Pagès et les journées de Juin. On n'eût pas refroidi son ardeur à se porter au secours de Paris, on n'eût pas autorisé certaines villes à se détacher de la grande unité nationale, et à proclamer, elles aussi, un gouvernement local, à l'exemple de Paris qui venait de faire le sien. Cette prétention de la capitale à imposer ses volontés aux départements ne pouvait que les mettre en mauvaise humeur. Il leur était difficile de voir sans chagrin et sans envie toute la députation de Paris s'emparer du pouvoir, tandis que leurs représentants étaient systématiquement écartés.

Mais ceux qui ont assisté à ces événements savent qu'ils se précipitèrent avec une si terrible hâte que l'on n'eut pas le temps de la réflexion. La République se proclama pour ainsi dire d'elle-même, et l'on improvisa, disons mieux, on bâcla un gouvernement tel quel, au milieu de l'universel désarroi de tous les pouvoirs constitués qui s'enfuyaient éperdus. D'autres conteront l'histoire de cet effondrement d'un empire qui avait été un mois auparavant confirmé par huit millions de votes. Je ne m'attache, moi, qu'à saisir la physionomie de Paris à travers ces révolutions successives.

Jamais, dussé-je vivre mille ans, je n'oublierai les émotions de ce jour étonnant. On avait appris, la veille au soir, le plus terrible désastre dont jamais un peuple ait pu être affligé; on avait aperçu avec certitude la saisissante réalité d'un siége devenu imminent; on avait plongé, sous ce coup de massue, jusqu'au fond de l'abîme, et l'on s'était couché désespéré. Le lendemain, c'était un dimanche, jour de fête pour la population parisienne. Un soleil éclatant resplendissait au ciel, et l'on baignait en quelque sorte ses yeux dans la lumière et la chaleur d'une de ces premières journées d'automne, qui sont si belles en France. Il semblait que toutes les noires visions de la nuit se fussent envolées à la clarté de ce matin charmant. Le peuple de Paris était descendu tout entier aux boulevards, où la foule se pressait en longues ondulations sur l'un et l'autre trottoir. L'allégresse était peinte sur tous les visages; on causait, on riait. A tout instant, des bataillons de la garde nationale, les uns armés, les autres sans armes, passaient en chantant sur la chaussée. Ils s'interrompaient pour crier de temps à autre : « Vive la République ! » et d'immenses acclamations leur répondaient : « Vive la République ! »

Le bruit se répandit bientôt qu'elle venait d'être officiellement proclamée au Palais législatif. Toute cette foule — et

Dieu sait pourtant qu'elle n'était pas composée que de républicains ! — l'accueillit comme une vieille amie sur le retour de qui l'on comptait depuis longtemps et qu'on est heureux de revoir enfin. C'était dans les rues l'animation paisible d'un peuple qui a de la joie plein le cœur. Point de grossiers tumultes; point de bruyantes poussées ; point de manifestations furieuses. Non, c'était une gaieté expansive et spirituelle qui pétillait de toutes parts, en serrements de mains, en félicitations mutuelles, en propos railleurs. On ne voyait qu'ouvriers ou gardes nationaux, perchés sur de longues échelles, qui abattaient à coups de marteau les *N* se relevant en bosse sur les enseignes des fournisseurs officiels. La foule s'amassait autour du grand justicier-démolisseur. Elle lui adressait ses exhortations qu'il renvoyait sous forme de quolibets. Et c'étaient de part et d'autre de longs éclats de rire. Les cafés étaient pleins, et débordaient de consommateurs qui, tout en buvant des liqueurs, suivaient des yeux cette scène inouïe, et contribuaient au spectacle en prenant leur part de la joie générale.

Et les Prussiens ? et le siège prochain ? Ah ! bien, oui ! C'était bien des Prussiens et du siège qu'alors il s'agissait ! On avait fait trêve aux soucis. J'entendis, en passant, un ouvrier dire à l'un de ses camarades :

— Ils n'oseront plus venir, maintenant que nous l'avons !

Ils, c'étaient les Prussiens; *nous l'avons*, il voulait parler de la République. Ne souriez pas ; ce fut pour une heure la folie de toute la population parisienne. Elle est si habituée à se payer de phrases qu'elle crut de bonne foi qu'à ce seul mot de République les Prussiens s'arrêteraient épouvantés. Elle s'imagina que c'était là une de ces formules magiques qui chassent les démons et calment les tempêtes. Cette naïveté paraîtra sans doute invraisemblable à ceux qui me liront de sang-froid. Mais j'en appelle à tous les témoins du 4 Septembre. Ils étaient deux millions. Oui, nous avons tous senti monter à notre cerveau les fumées de cette ivresse étrange. Oui, nous

nous sommes grisés de ces événements si capiteux, et, d'un même coup, bon sens, raison, juste discernement des choses, réflexion, tout s'est envolé. —Comment cela s'est fait, je ne le conçois pas bien encore, quand j'y songe ; mais j'ai moi-même senti l'influence, et je ne crois pas avoir jamais joui plus pleinement du bonheur de vivre que dans ces quelques heures.

Le soir, j'allai aux nouvelles chez un de ceux qui, ayant pris part au mouvement, devaient en connaître les résultats officiels. Il arriva au milieu du dîner, tout échauffé des émotions d'où il sortait. Il nous jeta, un peu au hasard, les noms du nouveau gouvernement. Car, bien qu'il en fût lui-même, toutes les notions se brouillaient dans sa cervelle.

— Et Rochefort ? lui demanda-t-on.

— Rochefort ! nous dit-il, ah ! c'est une bonne histoire. Le gouvernement était déjà constitué, et après nous être tous nommés, nous avions clos la liste, quand il arrive, suivi d'une foule énorme qui l'avait délivré de sa prison, et qui criait : Vive Rochefort ! vive Rochefort !

Le général Trochu aborde le jeune journaliste, le complimente d'un air quelque peu embarrassé, et tout en lui faisant sentir que le gouvernement est complet, qu'on se passerait aisément de lui, l'invite pourtant, si le cœur lui en dit, à prendre place au bureau.

Le pamphlétaire l'écoute d'un visage froid, et, prenant ce ton sarcastique, où se retrouvait tout entier l'auteur de la *Lanterne* :

« Mon dieu ! général, lui dit-il, quelles que soient les fonctions auxquelles on me jugera propre, je les accepterai sans mot dire. Si l'on veut faire de moi le concierge de l'Hôtel-de-Ville, je déploierai à tirer le cordon le même patriotisme que vous et vos collègues à diriger la République. »

« Vive Rochefort ! hurlait la foule. »

Il fallait bien faire bonne figure à mauvais jeu. On n'ignorait pourtant pas l'effet d'épouvante qu'allait produire sur la province ce nom de Rochefort, qui rassemblait en lui toutes les défiances et les haines qu'inspirait Belleville. Mais on avait donné congé aux inquiétudes et aux craintes. A demain les affaires sérieuses.

II

Il arriva, ce lendemain, et Paris apprit la composition certaine de ce gouvernement, qui, ramassant un pouvoir tombé à terre, avait usurpé la redoutable mission de réparer tant de malheurs et de sauver la France. Rappelons les noms des citoyens qui le formaient : c'étaient MM. Emmanuel Arago, Crémieux, Jules Favre, Jules Ferry, Gambetta, Garnier-Pagès, Glais-Bizoin, Pelletan, Picard, Rochefort, Jules Simon. On avait décerné, d'une commune voix, la présidence au général Trochu, que l'empereur avait, quelque temps auparavant, sous l'énergique pression de l'opinion publique, nommé gouverneur de Paris.

Les ministères avaient été ainsi distribués : Gambetta avait pris l'intérieur ; Jules Favre les affaires étrangères ; Crémieux la justice ; Ernest Picard les finances ; Jules Simon l'instruction publique ; on avait donné la guerre au général Le Flô ; la marine à l'amiral Fourichon ; les travaux publics à un industriel, M. Dorian, peu connu alors du grand public, mais qui devait bientôt, par son activité intelligente, acquérir une vaste influence ; et enfin l'agriculture et le commerce à M. Magnin.

Parmi tous ces noms, il n'y en avait guère que deux ou trois qui inspirassent une réelle confiance à la bourgeoisie parisienne. On respectait Jules Favre pour son incontestable réputation d'honnêteté parfaite, son civisme et son désintéressement authentiques, et son prodigieux talent de parole ; mais on ne le croyait pas capable de dominer une situation aussi difficile que celle qui nous avait été léguée par le désastre de Sedan.

On ne se doutait guère du service qu'il nous allait rendre, en écrivant le récit de son entrevue avec M. de Bismark. On avait foi en Gambetta, non pas qu'il eût donné encore des preuves bien certaines de capacité : il n'était guère connu du public que pour une demi-douzaine de discours très-éloquents ; mais on le savait jeune, actif, très-hardi et très-prudent tout ensemble ; il alliait toute la fougue du Méridional français à l'astucieuse finesse de l'Italien ; il avait su, tout en se ralliant les sympathies de la classe bourgeoise, conserver une grande autorité sur les populations jalouses et turbulentes de Belleville, Ménilmontant et Montmartre. Bref, il était populaire, et ce seul mot explique tout en France, où il est convenu que rien ne réussit comme le succès.

On était également engoué du général Trochu, non pas que l'on sût grand'chose de ses talents militaires ; mais il avait eu sous l'Empire, le courage d'écrire un livre où il signalait les défauts de notre organisation militaire, et semblait avoir d'avance indiqué les causes de nos futurs revers. La campagne de 1870 avait rendu à cet ouvrage un cruel intérêt d'actualité, en donnant à son auteur une popularité immense. Il est certain qu'il avait fallu, pour le composer et le rendre public, une dose considérable de ce courage, qui est en France le plus rare de tous : le courage civil. Le général Trochu avait, en rompant ainsi visière aux chefs de l'armée et à l'empereur, compromis son avancement, et il s'était résigné à ne plus être jamais rien. Il se trouva, par un revirement inattendu des choses, que ce livre, qui devait peser sur toute sa carrière et le retenir dans les grades inférieurs, le porta au souverain pouvoir et lui mit les destinées de la France entre les mains.

Les Parisiens n'avaient encore senti qu'une inquiétude à son endroit. Le général Trochu s'était dès l'abord répandu en proclamations et en circulaires. Il écrivait trop et trop bien. Il causait aussi beaucoup. La tradition le représentait adossé à la cheminée de son salon, et développant, avec une incroyable abondance de paroles, ses projets et ses illusions aux auditeurs qui se renouvelaient incessamment autour de lui. L'exemple tout récent de la vaine et emphatique éloquence d'Ollivier et du piteux succès où elle avait abouti, venait d'instruire nos compatriotes à se méfier des phraseurs. Un mot terrible avait été dit sur Trochu, par un journaliste de beaucoup de talent, M. Jules Richard; le courriériste ordinaire du *Figaro* l'avait surnommé : *un Ollivier militaire*. Mais le besoin d'un homme en qui l'on espérait était si pressant, que l'on écarta les sujets de crainte et que l'on s'abandonna, à peu près sans restriction, à ce nouveau sauveur que l'on venait de se choisir.

Ces messieurs se trouvaient en face d'une situation vraiment déplorable. La population parisienne avait parfaitement oublié les Prussiens; mais il était certain que les Prussiens, eux, ne nous oubliaient pas. Il leur fallait sans doute le temps de prendre quelque repos après un si violent effort, de reformer leurs cadres décimés par la victoire, de combiner leurs mouvements, de faire, en grandes masses, le chemin qui sépare la frontière française des murs de la capitale. Mais songer à les arrêter sur la route était une folie qui n'entrait dans la pensée d'aucun homme de bon sens. Il n'y avait plus d'armée pour s'opposer à leur marche. Conclure une paix telle quelle, autre impossibilité. Nous n'avions plus de gouvernement régulier que M. de Bismark voulût reconnaître et qui pût se présenter au nom de la France tout entière. Il faut dire aussi que le public était bien éloigné, à ce moment, de toute idée de paix. Outre qu'il se croyait couvert de ce nom de République, comme d'un bouclier invincible, il ne respirait que la fureur et la vengeance. Jamais la vanité nationale n'avait subi une si douloureuse humiliation. C'est en vain que nous courions toute l'histoire, nous ne trouvions nulle part une honte comparable à celle de la capitulation de Sedan, et nous sentions l'ardent désir d'une revanche éclatante. Nous la voulions, il nous la fallait : « Qu'ils viennent ! s'écriait-on, qu'ils viennent! ils verront ce que c'est qu'un peuple qui est résolu à vivre libre ou à mourir. » On rappelait à tout propos l'exemple de l'Espagne, sans songer que les situations étaient aussi différentes que les montagnes de la Sierra Morena peuvent l'être des vastes plaines de la Champagne et de la Beauce. Les plus exaspérés même ne se gênaient pas pour crier que nous étions plus près de Berlin qu'ils ne l'étaient de Paris. Nous avions été perdus par les généraux de cour, par une intendance aussi désordonnée que dépensière, par un militarisme absurde; mais aujourd'hui, c'était la nation même qui allait se lever en armes et faire ses affaires elle-même. Nous recommencerions 92, et cet immortel élan où nos regards se reportent toujours en ces affreuses extrémités.

Jules Favre n'était que l'écho de la conscience publique quand il écrivit cette fameuse phrase, où se reconnut toute la France : *Ni un pouce de notre territoire, ni une pierre de nos forteresses!* Ce n'est pas que les gens avisés n'eussent vu, dès le premier jour, l'inconvénient de cette antithèse, et le noir parfum de complications qui pouvait s'échapper de cette fleur de rhétorique. Déclarer par avance et dans un si solennel langage, que l'on ne céderait rien à un ennemi triomphant, c'était se lier les mains et se condamner, si l'inexorable nécessité nous poussait de malheur en malheur, ou à se déjuger, ou à résigner ses pouvoirs au risque d'une révolution nouvelle en face de l'ennemi. Qu'on marquât la résolution où l'on était de ne rien céder du territoire français, passe encore, et ce défi se pouvait comprendre. Mais pourquoi ajouter : *ni une pierre de nos forteresses!* La phrase se balançait ainsi dans un plus élégant équilibre. Mais que cette déclaration était vaine! Des amas de pierres n'intéressent point l'honneur d'une nation, et l'on peut rétablir plus loin les forteresses démolies. C'est même une idée assez répandue chez les militaires qu'il faudrait, rasant les places fortes, qui mêlent invinciblement les intérêts d'une population civile aux tristes nécessités de la guerre, établir des camps retranchés qui en tiendraient lieu et se riraient des menaces d'un bombardement. Mais ces réflexions si sensées, dont un avenir prochain devait démontrer la justesse, n'étaient faites que par un petit nombre d'hommes politiques ; elles n'étaient point à l'usage de la foule. La bourgeoisie accueillit avec transport et répéta de son air le plus convaincu la phrase consacrée : « *Ni un pouce de notre territoire, ni une pierre de nos forteresses!* » et les farouches démocrates la complétèrent par ces mots significatifs : « *Ni un écu de notre trésor!* » Car il y avait une faction qui, de bonne foi ou de parti pris, ne voulait entendre à rien. Un journal contait cette conversation, qui, disait-il, avait eu lieu entre un négociant de la rue du Sentier et un Bellevillois à tous crins :

— Eh bien! disait le négociant, qui voulait tâter son homme, on a conclu la paix ; les Prussiens se retirent.

— Et on ne leur a rien cédé, j'espère ? répondait le Bellevillois soupçonneux.

— Ni un pouce de notre territoire, ni une pierre de nos forteresses.

— Ni un écu de notre trésor?

— Ni un écu de notre trésor, affirmait le négociant, poussant l'épreuve à bout.

— Et qu'est-ce qu'on leur a demandé d'indemnité?

III

Deux questions se présentaient, pressantes et pleines de menaces, au nouveau gouvernement, celle des fortifications et celle des approvisionnements. Qu'avait fait jusqu'alors le pouvoir tombé, et que laissait-il à faire?

C'était M. Clément Duvernois, l'ex-ministre du commerce, qui avait été chargé d'approvisionner Paris. M. Clément Duvernois, qui était fort suspect à l'opinion libérale, possédait au moins le mérite, assez rare, d'être intelligent, actif, entreprenant surtout; peu de scrupules, beaucoup de hardiesse et de décision. Il avait dès l'abord résolûment rompu avec le train ordinaire de la routine administrative, et passé, à la volée, une quantité énorme de marchés avec tous les grands industriels qui se présentaient.

Vous vous rappelez ce ministre patriote de la Convention, qui, envoyé aux armées pour hâter les opérations des généraux, et ne connaissant rien à leur besogne, répétait toujours: « Il faut marcher par grandes masses, procédons par grandes masses », et qui n'en finit pas moins, en appliquant ce système, par remporter la victoire. Ce fut un peu l'histoire de Clément Duvernois. Il n'avait pas fait une étude particulière des questions qu'il était appelé, par la nécessité des circonstances, à trancher rapidement. Mais, lui aussi, il procédait par grandes masses. Il achetait encore, il achetait toujours, et toujours par grandes masses.

On se contait à l'oreille l'étonnement d'un des plus grands industriels de France, qui avait été mis en communication avec le ministre du commerce pour un approvisionnement de houille à faire:

— De la houille, avait dit l'impétueux Clément Duvernois, oui, sans doute, il nous faut de la houille, beaucoup de houille. La houille est le pain de l'industrie.

— Et de quelle espèce la voulez-vous?

— De quelle espèce?

— Oui, il y en a de trois sortes.

Et le chef d'usine avait énuméré leurs qualités respectives.

— Très-bien! un tiers de chacune alors, avait dit le ministre.

— Et combien vous en faut-il?

Le ministre indiqua un chiffre; l'industriel sourit:

— Ce serait, dit-il, la consommation d'un jour à Paris.

— Ah ! vraiment ! fit le ministre... Eh bien, alors, tant qu'il en pourra tenir.

Tant qu'il en pourra tenir, ce fut sa devise, et il se trouva que, pour le moment, c'était la bonne. Il est bien entendu que je ne puis donner les chiffres exacts des provisions accumulées; et je ne sais si personne, même dans les bureaux du ministère, les pourrait avoir absolument authentiques. L'histoire seule aura plus tard des renseignements fidèles à cet égard, comme à bien d'autres. Je ne suis qu'un bourgeois de Paris qui se contente de rapporter ce qu'on disait alors, et l'effet que produisaient ces rumeurs sur l'esprit public.

Je copie dans un journal du 4 octobre cette note d'origine officieuse, sinon officielle, qui fit à ce moment le tour de la presse :

« *Voici le chiffre des immenses approvisionnements que possède actuellement la ville de Paris. Rien que dans les différents parcs de la capitale, tels que le bois de Boulogne, le Luxembourg et quelques autres, nous possédons environ 220,000 moutons, 40,000 bœufs et 12,000 porcs.*

« *Quant à la farine, Paris en possède une provision de trois cent mille quintaux, sans compter les quantités qui existent déjà chez les boulangers, et que l'on peut estimer à deux cent mille quintaux.*

« *Paris possède encore trente à quarante mille quintaux de viande salée ou conservée, et une provision considérable de poisson salé ; enfin une énorme provision de sel, cent mille quintaux de riz, dix mille quintaux de café, sans tenir compte des différents produits qui se trouvent dans les magasins du commerce de la capitale.*

« *La population parisienne est donc parfaitement approvisionnée et peut, en toute assurance, attendre les Prussiens.* »

C'était une des curiosités les plus courues du moment que ces immenses parcs de bestiaux au cœur même de Paris. Outre le bois de Boulogne et les jardins publics, on avait, dans l'intérieur des fortifications, disposé pour les recevoir, d'immenses étendues de terrains vagues, et on les y avait parqués tant bien que mal. Des mobiles, choisis parmi les fils de la campagne, étaient chargés de les soigner. C'était pitié de voir ces pauvres bêtes, qui semblaient avoir la nostalgie de leurs étables, et qui, le mufle en l'air, aspirant l'air avec force, poussaient de longs et tristes mugissements. Elles piétinaient sur un sol croupi, et regardaient languissamment les visiteurs qui s'aventuraient à travers les boues de ces campements. Dans le nombre se trouvaient des vaches laitières: nos mobiles, devenus galants, offraient aux dames le lait tout mousseux et fumant, qu'ils tiraient eux-mêmes du pis de la mère nourrice ; les dames relevaient lestement leur jupe, en riant, enjambaient les obstacles, et montraient, en buvant à même le gobelet de bois, leurs jolies dents blanches. Quelques vieux taureaux jetaient de loin sur cette scène un regard oblique.

Les moutons se pressaient en tas, les uns contre les autres, frissonnants et mornes. La plupart souffraient du piétain : « Voilà ce que c'est, disaient les plaisants, de manger au café des pieds humides. » On imagine aisément ce qu'il fallait de voitures de foin pour nourrir ces innombrables multitudes. Un autre malheur, c'est que la nourriture, mal aménagée, était aussitôt foulée aux pieds et salie par le bétail, qui n'en voulait plus. La moitié était gâtée et perdue. Il fallut, plus tard, quand les froids vinrent, leur construire des baraquements, qui ne servirent guère, car chaque jour le siège en diminua le nombre, jusqu'au moment où ces étables improvisées virent partir le dernier bœuf pour son dernier jour.

Le gouvernement nouveau poursuivit avec une activité fébrile les approvisionnements commencés par ses prédécesseurs. L'industrie privée seconda de son mieux le mouvement. Bien qu'on ne crût pas encore positivement au siège, ni surtout à un blocus, il se trouva néanmoins nombre de spéculateurs, qui firent venir, en grande hâte, et par trains directs, d'énormes quantités de denrées de toutes sortes. Les gares furent emplies, bondées de provisions, qui ne s'écoulèrent que lentement vers des dépôts qu'on leur improvisa dans Paris. Les Halles virent se dresser en piles gigantesques les sacs de farine, les tonneaux de viandes fumées, les meules de fromages, les boîtes de conserves, et les innombrables montagnes de légumes secs. C'était un prodigieux spectacle, à ravir Gargantua d'aise, de voir ce flot incessant de victuailles s'engouffrer, par de monumentales ouvertures, sous les vastes arceaux de ces réservoirs, qui paraissaient inépuisables.

Tout ce qu'il y avait de monuments vides à Paris fut requis pour ce service. Il est inutile de les compter. Je ne donnerai, pour exemple, que le nouvel Opéra, et la façon dont on employa la superficie qu'il couvrait. Tout le monde sait que le gros œuvre du nouvel Opéra était entièrement achevé, et ses dehors mis au point, quand éclata la révolution de septembre. Charles Garnier, l'architecte, s'occupait déjà d'enlever la clôture de planches, qui dérobait aux yeux une partie de son chef-d'œuvre. Il escomptait le plaisir de cette première inauguration, en attendant le grand jour de l'ouverture définitive. Il ne se doutait guère que cet édifice, construit en l'honneur de la musique et de la danse, servirait d'abord à tant d'usages qui n'avaient point le moindre rapport aux beaux-arts.

On craignait qu'à un moment donné, les Prussiens coupant nos aqueducs, Paris manquât d'eau: Garnier se souvint que l'Opéra était bâti sur une nappe d'eau qui descendait des hauteurs de Montmartre; il fora la couche de béton sur laquelle reposaient les fondations du monument, fit jaillir une rivière et emplit d'eau les vastes profondeurs du dernier dessous.

Par-dessus, il entassa les boulets de toutes formes, et, à mesure que de dessous en dessous il remontait à la lumière, il emplit ces immenses réservoirs, faits pour recevoir des décors et engloutir les portants de dix mètres de haut, de blé, de farines, de pommes de terre, de vin. Le rez-de-chaussée fut pris par une exposition de loterie, à dix millions de billets; par des campements de mobiles et des baraquements de toute espèce. Par-dessus, à tous les étages, il empila des milliers et des milliers d'objets destinés, soit à l'alimentation, soit au vêtement de l'armée; sans parler d'une boulangerie militaire, ce qui fit commettre aux *reporters* une plaisanterie, que l'on mit, selon l'usage, au compte de M. Auber :

Dans le palais du son on fait de la farine.

Que dirai-je encore ? Sur les vastes espaces de ce palais de marbre et d'or, il installa des cuisines et des logements pour les officiers, une ambulance pour les blessés, et sur le toit un appareil de lumière électrique et tout un système de signaux qui correspondaient avec ceux de Saint-Sulpice. Du haut en bas, l'Opéra nouveau respira la guerre, et son histoire fut celle de tous nos monuments publics à cette heure.

IV

Approvisionner Paris n'eût servi de rien, si on ne le fortifiait pas. Sur ce point encore, et c'est la dernière fois que je fais cette remarque, qui s'applique à tout le volume, je dirai moins la vérité exacte, qu'il m'était impossible, à moi comme à tout le monde, de savoir assurément, que les bruits répandus dans le public, et les inductions que nous en tirions alors.

Nous étions tous fort ignorants de ce que valaient les fortifications de Paris. Nous savions bien qu'elles existaient; car on ne manquait jamais de dire, le dimanche, en sortant de Paris, quand le convoi du chemin de fer traversait le fossé circulaire : « Ah ! nous voilà aux fortifications ! » Mais nous ne les avions jamais regardées que comme un joujou prodigieux, un gigantesque hochet, et l'on ne nous eût surpris qu'à moitié si l'on nous avait dit qu'on les avait fait venir de Nuremberg, avec des soldats de plomb pour mettre en haie dessus.

Il fallut bien les prendre au sérieux, et il n'y pas aujourd'hui un Parisien qui ne sache au juste ce que c'est qu'un *bastion*, et qui ne parle de *courtine* et de *lunette*, comme un vieux dur-à-cuire.

Mais en quel état de défense se trouvaient ces fortifications ?

Sur ce point, nous n'avions, nous autres bourgeois, que des données fort incertaines. C'était pourtant l'avis des hommes du métier qu'il fallait, au bas mot, six mois de travaux pour compléter ce système et lui donner toute sa force de résistance. On contait que le général Totleben, le fameux défenseur de Sébastopol, après avoir fait, sous la conduite d'un de nos officiers du génie, le tour de nos fortifications, s'était tourné, à la fin, vers son guide, et lui avait demandé :

— Est-ce tout ?

— Oui, général.

— Eh bien! quarante-huit heures après que vous aurez vu le premier casque prussien, vous rendrez Paris. Il est pris d'avance.

M. Thiers disait ouvertement à ses amis :

— Que Paris tienne seulement huit jours : c'est tout ce qu'on peut exiger de lui, en l'état où il est ; mais ce délai suffira.

Un de mes amis intimes, qui eut occasion de causer en ces jours-là avec Trochu, l'interrogea sur les chances de succès qu'offrait la situation.

Le général lui prit le bras avec force :

— Monsieur, lui dit-il d'une voix vibrante, les Prussiens entreront dans Paris quand et comme ils voudront. Comptez là-dessus, et il n'y a pas un seul officier un peu instruit qui ne le sache.

—Diantre! général, et qu'espérez-vous alors?

— Eh! mais, nous faire tuer auparavant.

Et M. Trochu, se rejetant en arrière, ajouta, avec une nuance de cette emphase qui est le caractère de sa personne et de son talent :

— Ce sera de l'humus pour les générations futures.

Ces propos assez peu encourageants étaient colportés dans le public. On peut dire que tout ce qu'il y avait de généraux et d'officiers à Paris les appuyaient de démonstrations, auxquelles nous n'avions pas, nous autres ignorants, grand'chose à répondre. Il semblait qu'ils prissent leurs précautions, et se justifiassent, par avance, d'une capitulation qu'ils regardaient, selon les règles de l'art, comme inévitable. C'est une remarque que les historiens ont souvent occasion de faire : dans les cas désespérés, ce sont les simples, les ignorants, c'est la foule qui tient bon et va de l'avant; ce sont les gens du métier, qui, voyant mieux les difficultés, perdent le plus vite courage. — Où les La Hire hésitent, ce sont les Jeanne d'Arc qui se jettent dans la mêlée.

Les fortifications, qui dataient déjà d'une trentaine d'années, n'avaient pu prévoir les canons à longue portée et les nouveaux engins de guerre dont on dispose aujourd'hui. Elles avaient donc négligé quelques points qui, jadis, ne pouvaient servir à l'attaque, et qui devaient lui être à présent d'un merveilleux secours. Telles étaient les hauteurs de Châtillon, qui, au sud de Paris, dominent les forts de Vanves, d'Issy et de Montrouge, et peuvent les couvrir de leurs feux. Au nord-ouest, la Seine, qui revient sur elle-même par un long circuit, et qu'il faut traverser deux fois, avait paru, dans le temps, une protection suffisante aux officiers du génie ; et ils avaient laissé entre le Mont-Valérien et Saint-Ouen un énorme trou vide de toute défense : c'était la presqu'île de Gennevilliers.

L'ex-gouverneur de Paris, le général Palikao, avait songé dès l'abord à fortifier ces points vulnérables, tout aussi bien qu'à mettre en état sérieux de défense et les remparts et les forts, où il n'y avait ni canons, ni poudre, ni boulets, ni artilleurs. Mais il avait travaillé mollement, en homme qui ne croyait pas à l'imminence du danger, ou qui ne voulait pas alarmer la population parisienne.

Le génie demandait dix-huit mois pour bâtir un fort sur les hauteurs de Châtillon. On n'avait pas dix-huit jours. Et ce court répit, on n'avait pas même l'air de vouloir le mettre à profit. Quelques ouvriers flânaient épars autour de brouettes, de pelles et de pioches inoccupées. Les Parisiens, dont les remparts et les environs des forts étaient devenus la promenade habituelle, s'étonnaient de cette nonchalance et n'y comprenaient rien.

La proclamation de la République, qui aurait dû hâter les travaux, les arrêta net. Ce fut, je l'ai déjà dit, un moment de courte folie. Il fut impossible, à ce qu'il paraît, durant huit jours, d'obtenir aucun travail des ouvriers. Ils fêtaient, à leur manière, le retour de la grande exilée, et s'imaginaient que le nom de République ferait bien plus pour les défendre que des terres remuées et des canons allongeant leurs gueules ouvertes hors des embrasures. La tête leur avait tourné.

Il y eut là bien du temps misérablement perdu.

CHAPITRE III.

LES PRUSSIENS ARRIVENT.

I

Que faisaient les Prussiens?

L'histoire expliquera le secret de leur longue inaction, dont il nous est impossible aujourd'hui de connaître les causes bien exactes. Ce qu'il y a de certain, c'est que tout le monde s'attendait à les voir, cinq ou six jours après Sedan, tomber sur Paris et en forcer les portes, et que le 19 à peine commencèrent à poindre leurs casques dans les environs de Saint-Denis.

On suivait leurs étapes, par ces avis insérés coup sur coup et jour par jour dans les feuilles publiques : Les trains ne vont plus que jusqu'à Bar-le-Duc, et le lendemain, jusqu'à Vitry, et deux jours après jusqu'à Châlons, puis jusqu'à Épernay. Nous mesurions ainsi de combien de lieues décroissait la France; et le matériel des chemins de fer, se repliant de ville en ville sur Paris, nous avertissait du terrain abandonné à l'ennemi; et la ceinture que formaient les Prussiens autour de nous allait se rétrécissant sans cesse, jusqu'à l'heure où Asnières et Vincennes devinrent enfin têtes de ligne. Le lendemain, tous les wagons, toutes les machines, tout ce qui sert à l'exploitation des chemins de fer était remisé dans Paris, et les portes par où les trains s'échappaient de la grande ville étaient murées et fermées.

Il est bien probable que ceux qui en conteront le siége à la postérité ne montreront chez les Parisiens, durant cet intervalle, qu'une ferme et inébranlable résolution de vaincre ou de mourir ; ils étaleront l'héroïsme de cette grande capitale, qui rompit, sans pâlir, avec ses habitudes de luxe et de mollesse, et forma le projet de s'ensevelir sous ses ruines plutôt que de se rendre lâchement. En réalité, les sentiments qui agitèrent la bourgeoisie parisienne pendant cette période d'attente furent très-complexes, et d'une analyse qui ne laisse pas d'être délicate à l'observateur.

Au fond de tous les cœurs, il y avait — cela était absurde, insensé, ridicule — mais enfin il y avait comme un secret espoir que les choses s'arrangeraient, que les Prussiens s'arrêteraient en route. Sur quoi fondait-on ces illusions singulières ? Sur tout et sur rien. Guillaume avait déclaré qu'il ne faisait la guerre qu'à l'empereur Napoléon. Eh bien ! disait-on voilà l'empereur tombé ; pourquoi le roi de Prusse poursuivrait-il la campagne contre une nation qui ne lui a rien fait ? Il a peur, ajoutait-on, de la République française, et de la propagande des idées démocratiques dans son armée. Le fait est que tous les démocrates de Paris adressaient de longues pancartes aux soldats ennemis, qu'ils appelaient *nos frères d'Allemagne*, et les collaient sur tous les murs de Paris, sans doute afin qu'ils y fussent plus commodément lus des officiers de M. de Bismark. On comptait encore sur l'intervention de l'Europe : « La Russie ne permettra pas à la Prusse de poursuivre des conquêtes qui deviendraient inquiétantes pour la sécurité de l'Europe. L'Angleterre doit sentir que, la France vaincue et dépecée, Guillaume mettra la main sur la Hollande, et prétendra à l'empire des mers. » Tous les jours nous lisions dans les journaux des notes, où l'on nous leurrait des plus belles espérances d'intervention prochaine. On ne citait pas en revanche, les articles où le *Times* déduisait froidement les raisons qui devaient engager l'Europe à s'abstenir et lui conseillaient une indifférence où elle n'était que trop encline.

Mais ce qui nourrissait par-dessus tout ce rêve insensé du public parisien, c'est cette incurable vanité qui est le fond de notre caractère national. La prise de Paris nous semblait être un monstrueux sacrilège, un attentat si épouvantable contre toutes les lois divines et humaines, qu'il ne pouvait pas nous entrer dans l'imagination que ce crime achevât de se commettre : non, cela n'était pas possible. La terre s'ouvrirait plutôt et dévorerait les maudits qui oseraient porter la main sur l'arche sainte. Je suis convaincu que cette invincible espérance a tenu, chez la plupart d'entre nous, jusqu'au dernier jour ; qu'elle n'a pu être mise en déroute, si elle l'a été, que par le premier coup de canon tiré du fort Valérien.

Tout homme est pétri de contradictions ; le Français est plus homme en cela que tous les autres. A travers ces illusions, un sentiment tout contraire se faisait jour dans toute la bourgeoisie : c'est qu'on devait rester à Paris, et y faire tête de son mieux à l'orage qu'on prévoyait. Il y a toujours, dans toutes les grandes occasions, une phrase consacrée qui exprime le sentiment public et sert en quelque sorte de mot de ralliement : *Il faut être là*, était le mot à la mode.

Le gouvernement de la défense avait engagé toutes les bouches inutiles à se retirer de Paris. Beaucoup de personnes de la classe aisée avaient, pour obéir à ces prescriptions et par mesure de prudence, emmené leurs femmes et leurs enfants, qui aux bains de mer, qui dans les villes d'eaux, qui en Touraine et dans le midi de la France; et toutes étaient revenues, une fois ce devoir de famille accompli. L'émigration vers les côtes de la Normandie avait été considérable, et c'était un spectacle curieux de voir les gares de ces plages célèbres encombrées d'hommes qui, tous, rentraient seuls à Paris, sans qu'aucun besoin d'affaires les y rappelât ; mais ils s'étaient dit : Il faut être là. Ils se formaient en groupes animés, et tous, grands commerçants, avoués, avocats, fonctionnaires, artistes, s'abordant sans se connaître, entamaient conversation :

— Eh bien ! vous aussi, vous retournez à Paris ?

— Ma foi ! oui ; ce n'est pas pour le mal que je ferai aux Prussiens : je ne sais pas tenir un fusil. Mais il faut être là.

Il faut être là ! c'était le refrain universel, et l'on ne tarissait pas en railleries sur les hommes qui, pris de peur, ou par des raisons personnelles, se sauvaient de Paris, sans espoir de retour. On les avait nommés les *francs-traqueurs* ou les *francs-fileurs* de la Seine. On contait qu'un journaliste connu, au moment d'enregistrer ses bagages, avait serré la main d'un ami qui l'avait accompagné jusqu'à la gare :

— Allons ! mon ami, du courage, lui avait-il dit les larmes aux yeux. Il en faut pour quitter Paris en un pareil moment !

On se répétait en riant le mot d'un artiste, à qui ses amis disaient avec reproche :

— Eh quoi ! tu pars ?

— C'est plus fort que moi ! leur avait-il répondu. Je ne veux pas rester dans une ville qui ne se défendra pas.

M. Emile de Girardin se croyait obligé d'expliquer au public qu'avec ses cinquante-cinq ans et ses mauvais yeux il ne rendrait, enfermé dans les murs de Paris, que de médiocres services à la cause de la défense, et qu'il lui serait plus utile en province. Il avait raison ; mais personne ne voulait le croire, et les railleries allaient leur train !

Il y eut à cette heure grave un entraînement universel et qui fait le plus grand honneur à Paris. Cette nation si frivole, si vaine, et que je viens de montrer moi-même si facile aux illusions, forma très-simplement, mais très-fermement aussi, le projet de résister jusqu'au bout, et quoi qu'il lui en pût coûter.

Personne en ces jours-là n'avait prévu un blocus. Toute la population s'attendait à une attaque de vive force, à ce que les Parisiens appelaient dans leur argot pittoresque « *un coup de chien*. » Elle pensait que les Prussiens, aussitôt arrivés, bombarderaient, et, sacrifiant cinquante mille hommes, passeraient entre deux forts. La perspective n'était ni rassurante, ni gaie pour des gens dont les trois quarts n'avaient pas tiré un coup de fusil, et cependant aucun n'avait reculé ; ils s'étaient tous dit :

— Il faut être là !

La défense héroïque de Strasbourg avait monté toutes les imaginations. Tous les jours, on voyait défiler sur les boulevards des compagnies de garde nationale, portant des feuillages verts et des fleurs au bout de leurs fusils, qui s'en allaient place de la Concorde présenter les armes à la statue de Strasbourg, et déposer leurs bouquets sur le piédestal. On faisait un discours patriotique, on chantait *la Marseillaise,* on s'exhortait à imiter l'exemple de ces braves gens, qui, là-bas, sous la mitraille, défendaient obstinément l'honneur de la patrie. Il y avait bien quelque affectation de pose dans ces cérémonies, qui se renouvelaient trop souvent pour être spontanées ; mais les manifestations extérieures ont l'avantage d'agir plus profondément sur les âmes, et de les engager plus avant qu'elles ne l'auraient fait, si elles étaient restées livrées aux inspirations intermittentes d'un enthousiasme solitaire. Quand les hommes ont longtemps crié ensemble : Vaincre ou mourir ! quand ils ont appuyé ces clameurs de démarches publiques, un jour vient qu'ils ne peuvent plus tourner la tête en arrière : leurs vaisseaux sont brûlés.

Les clubs (il y en avait beaucoup et de toutes sortes qui s'étaient fondés à Paris) agissaient encore dans ce sens. Personne n'eût osé seulement y prononcer le mot de paix. On eût été honni, sifflé, conspué. Les orateurs n'étaient pas généralement la fleur de la politesse et de l'élégance, ils frappaient du poing en énergumènes, ils roulaient des yeux terribles, et ne se faisaient pas faute de lancer des invectives contre le roi de Prusse, qu'il était de bon goût en ces endroits d'appeler *papa Guillaume*, et contre son ami M. de Bismark. On représentait l'un ivre de champagne et l'autre de sang et d'orgueil. On riait beaucoup de *notre Fritz*, et l'on se promettait de lui montrer ce que valait un peuple libre :

— Nous les reconduirons jusqu'à Berlin ! hurlait l'orateur.

— Oui ! oui ! criait toute l'assemblée.

Ainsi s'entretenait ce foyer brûlant d'exaltation patriotique. Les politiques qui, du fond de leur cabinet, jugent froidement les choses, auraient mieux aimé que le gouvernement (quel qu'il fût) s'en allât droit aux Prussiens et leur dit : Qu'exigez-vous ? Ne nous imposez que des conditions acceptables à la France, même après tant de défaites, et concluons la paix. Mais ils n'osaient que timidement et par voie oblique donner ces conseils, et ceux mêmes qui les trouvaient justes auraient craint d'en rien témoigner. Ce n'était donc, les uns y allant de bon cœur, et les autres un peu malgré eux, qu'un cri dans la population :

— Il faut être là !

II

Le patriotisme ne suffit point à défendre une ville, même derrière des murailles. Il y faut des soldats. On n'en avait point : Mac-Mahon détruit, Bazaine bloqué, que restait-il à Paris ? C'étaient les trois cent vingt-cinq mille hommes qui composaient toutes les troupes disponibles en France, ces fameux trois cent vingt-cinq mille *oui* du plébiscite, qui avaient révélé à M. de Bismark notre irrémédiable faiblesse. A l'heure où j'écris, ils sont tous en Allemagne, les malheureux ! L'armée de Metz, elle aussi, a été forcée de capituler, et, pour répéter un de ces mots cruels et cyniques qui sont familiers à l'esprit parisien, Bazaine a enfin opéré sa jonction avec Mac-Mahon.

Où trouver des soldats? Vinoy, par bonheur, venait, par une retraite habile et qui fut admirée même des Prussiens, de ramener à Paris tout un corps d'armée, qui avait échappé avec lui au désastre de Sedan. Mais il ne fallait pas faire grand fond sur ces troupes. Outre que ce n'étaient pas de vieux soldats, l'élite de notre armée, comme ceux que possédait Bazaine, ils revenaient démoralisés par le spectacle du grand désastre auquel ils avaient assisté de loin. Ils en rapportaient l'impression très-vive, dans leur imagination éperdue. Mal vêtus, mal chaussés, et affichant sur toute leur personne le désordre de la déroute : cela n'eût rien été encore ; c'était le moral surtout qui était affecté chez eux. Ils n'avaient plus de confiance ni en leurs chefs ni en leurs armes.

— Ce n'est pas la peine d'essayer, disaient-ils, ces gens-là sont plus forts que nous.

De toutes parts, il rentrait dans Paris des fuyards de Sedan : les uns qui avaient passé par la Belgique ; les autres qui s'étaient évadés de la capitulation ; d'autres, il faut bien le dire aussi, qui s'étaient prudemment tenus loin de la bataille, et avaient pris leurs jambes à leur cou, aussitôt la défaite connue. Tous rapportaient à Paris un grand dégoût de cette guerre, et contribuaient à semer le découragement et la peur. On imagine bien que les poltrons, qui s'étaient le moins battus, étaient les plus bruyants à cette propagande de la démoralisation. On a fort souvent remarqué que le Français avait besoin d'être porté par le succès, et que son courage était plus dans l'élan que dans la résistance. Les revers le brisent et la retraite l'achève. Songez que ces soldats avaient subi, coup sur coup, avec une rapidité inouïe, les défaites les plus effroyables dont ait jamais parlé l'histoire ; qu'ils venaient de faire cent lieues de pays, avec les Prussiens à leurs trousses ; et songez quelle pouvait être leur ardeur à courir à de nouveaux combats! On leur avait répété tout le long de la campagne le mot du *Times* :

— Vous êtes des lions conduits par des ânes!

Hélas! les lions mêmes avaient perdu leurs crinières. Il n'y avait plus, pour le moment au moins, aucun effort vigoureux à en espérer.

On s'était hâté de mander à Paris les marins de nos ports. Il n'en restait plus autant qu'on aurait voulu. Beaucoup voyageaient sur cette flotte si fastueusement inutile qui avait croisé dans la Baltique; cinq ou six mille s'étaient fait hacher avec une bravoure incomparable à Sedan. Le reste arriva. C'étaient d'excellents soldats, qui ont fait à Paris peu de bruit et beaucoup de besogne. On les distribua dans les forts, où ils retrouvèrent leurs pièces, qu'on avait, suivant en cela l'exemple de l'illustre Totleben, enlevées aux vaisseaux pour en armer les citadelles. Ils ne furent pas pour nous un objet de curiosité ni de spectacle : leurs chefs, qui craignaient pour eux la contagion de l'indiscipline et du découragement, les tenaient serrés de court, et ils n'avaient qu'à de rares intervalles la permission de descendre *à terre*. C'est à peine si, par-ci par-là, nous avions occasion de les voir, avec leur chapeau ciré, leur grand col rabattu, leur vareuse bleue, leur figure bronzée, leur air martial et bon enfant tout à la fois, filer leur nœud dans nos rues.

L'armée régulière étant détruite, il fallut bien se rabattre sur la *mobile*, cette mobile qu'avait voulu organiser le maréchal Niel, et dont le maréchal Le Bœuf, son successeur, s'était si agréablement moqué à la Chambre. C'était quelques semaines avant la guerre; on discutait son budget, et le rapporteur lui offrait quelques centaines de mille francs pour les frais de la garde mobile à mettre sur pied.

— C'est bien peu, faisait observer un membre de la gauche.

— C'est encore trop, répondait gaiement le maréchal

cour. J'avoue même que si vous ne me donniez rien je serais satisfait encore.

Et les familiers du château riaient de ces boutades, que l'*Officiel* émaillait de *Très-bien! très-bien!*

C'était pourtant cette mobile, si dédaignée, qui devait sauver la situation. Depuis longtemps notre armée, sans qu'on s'en aperçût, n'était plus composée en grande partie que de *vendus* ou de *rengagés:* les uns qui forment presque toujours de mauvais soldats ; les autres qui deviennent des prétoriens grognons. Ce n'était plus la nation. L'organisation de la mobile, au contraire, puisait aux forces vives de la patrie : elle prenait le paysan dur à la peine, obéissant et d'une bravoure si tranquille ; l'ouvrier, bon compagnon, d'un corps si souple et d'un esprit si élastique, plein d'entrain et de gaieté, l'homme des coups de main ; et à côté, les fils de cette bourgeoisie qui avait eu durant quarante années le tort de se désintéresser des armes, instruits ceux-là, intelligents, et animés de ce courage que donne toujours aux âmes bien nées la supériorité des lumières. C'étaient là les vrais éléments des armées d'autrefois, de celles qui avaient repoussé l'Europe en 92, et qui, pour notre malheur, l'avaient conquise et foulée, de 1810 à 1814.

Mais toute cette organisation n'existait guère encore que sur le papier. L'essai qu'on en avait fait à Paris n'avait été ni bien heureux ni fort encourageant. La mobile de Paris nous avait épouvantés par son indiscipline, dont on nous faisait les récits les plus étranges. C'était un peu la faute de l'ancien gouvernement, qui, ne comptant jamais s'en servir, lui avait donné pour officiers des jeunes gens haut apparentés et riches, mais parfaitement ignorants de bien des choses militaires, et par là même sans influence aucune sur leurs hommes. On contait de leur passage au camp de Châlons les histoires les plus invraisemblables. Les soldats huaient les généraux en pleine revue; ils mettaient les hôtels et les auberges à sac ; ils refusaient de monter les gardes, et se livraient à mille farces que la chronique grossissait encore.

Le maréchal Mac-Mahon s'en était débarrassé en les évacuant sur Paris: on les avait campés à Saint-Maur; mais il paraît que là, ils ne se conduisaient guère mieux. Ils avaient, si ce que l'on conte est vrai, l'habitude de déserter en masse leurs postes du soir, et ils venaient tirer une bordée dans la grande ville. Le matin, il en manquait soixante sur cent à l'appel. Il y avait sans doute beaucoup d'exagération dans ces rumeurs, que l'opinion publique prenait trop au sérieux. Ce qui est certain, c'est que toute cette population parisienne, jetée au hasard dans des cadres de formation nouvelle, mal commandée, sans esprit militaire, d'une indiscipline déplorable, donnait beaucoup d'embarras au général en chef, qui les comblait de proclamations. Il finit par les envoyer dans les forts — un poste d'honneur, leur dit-il, pour leur dorer la pilule. Ils commencèrent par y porter leurs habitudes de désordre. On disait, pour n'en citer qu'un exemple, que dans un de ces forts, où il n'y avait qu'un puits qui fournît de l'eau bonne à boire, ils avaient précisément choisi ce puits pour y expulser ce que le *Médecin malgré lui*, de Molière, appelle le superflu de la boisson. Ce sont des gamineries au collège, mais dans un camp, en face de l'ennemi! Peu à peu cependant ils se rangèrent et apprirent leur métier, sourtout après que, sur une décision qui fut commune à tous les mobiles, on leur eut permis de choisir leurs officiers à l'élection. Mais c'étaient pour le moment des soldats sur lesquels on ne pouvait compter qu'à demi: très-braves sans doute, et capables d'un vigoureux coup de collier un jour de sortie, mais peu sûrs, et qui avaient besoin de se former.

La mobile de province inspirait plus de confiance. Non pas que ces jeunes gens fussent plus au courant de la vie militaire: bien peu savaient tenir un fusil; mais on lisait sur leur honnête, robuste et placide physionomie que c'étaient tous de so-

Les mobiles de province.

lides gars, dont on ferait tout ce qu'on voudrait, si l'on savait les mener. Le général Trochu est Breton d'origine. Il avait fait venir tout de suite la mobile de Bretagne qui s'était levée comme un seul homme à sa voix. Les pauvres garçons ! je les vois encore avec leurs longs cheveux, leurs grands chapeaux ronds et leur visage étonné quand ils débarquèrent à Paris, le soir, par une pluie battante. Ils furent une des curiosités de Paris, qui en vit tant pousser dans ces jours de branle-bas. La plupart ne parlaient point français ; impossible de s'expliquer avec eux.

Ils s'en allaient, leur billet de logement à la main, d'un pas tranquille, ahuris et graves, à travers ces rues qu'ils ne connaissaient point, sans paraître se soucier des torrents d'eau que le ciel leur versait sur la tête. Aux Bretons succédèrent les Berrichons, les Francs-Comtois, les Champenois, et les Bourguignons, et bien d'autres encore que j'oublie.

Ce fut là qu'on put voir de quelle admirable variété de races se compose cette unité française que prétendait rompre un insolent étranger. Chacun de ces jeunes gens, arrivés par groupes de leurs départements, portait marqués sur son visage et dans son attitude, les traits caractéristiques de la province à laquelle il appartenait. Je logeais des Bretons chez moi ; ils avaient tous l'air pensif, recueilli et tout ensemble énergique. On lisait sur leur rude figure, et cette force qu'ils ont tirée d'une terre de granit, et ces habitudes de méditation que donne le spectacle incessant de la vaste mer. Tout autre était le Bourguignon : haut en couleur, la mine gaie, avenante, le verbe sonore, l'allure superbe, le geste exubérant ; de plantureux gaillards qui ont du vin dans le cœur. Et quelle imagination ! quelle verve de dévouement patriotique ! J'en connaissais quelques-uns ; c'était plaisir de les entendre : ils devaient tout dévorer, entre deux repas, et ne faire qu'une bouchée des Prussiens.

Je rencontrai à cette époque le bataillon de Semur, dont un

des capitaines était de mes amis. Quels récits colorés et fantastiques ! On les avait d'abord laissés chez eux, à faire l'exercice, loin des armées allemandes. Mais ils ne l'entendaient point ainsi ! ils voulaient, eux aussi, venir à Paris, comme les autres, se battre. Ils députent au ministère un des leurs, qui leur rapporte un ordre de départ. Les voilà fous de joie. Ils bouclent leurs sacs, et en route ! Ils arrivent à Dijon, en gare, tous chantant.

— Vite un train !

— Mais il n'y a plus de train, répond le chef de gare ; le dernier vient de partir, et les Prussiens ont peut-être déjà coupé la ligne.

—Un train, ou l'on te fusille !

Et de rire ! Ce sont les grosses gaietés bourguignonnes. Il faut bien en passer par où veulent ces diables déchaînés. On organise un train !

— Mais je n'ai pas de chef de train !

— Eh bien ! monte toi-même sur la locomotive ; plus vite que ça, ou l'on te fusille.

Le chef de gare s'exécute, et sur toute la route nos Bourguignons, ivres de plaisir, tirent à travers les portières sur les vaches qui paissent, sur les troupeaux de moutons qui broutent les prés ; ils chantent, ils crient, ils se bousculent. C'est le vin rouge du pays qui bouillonne dans leurs veines et déborde en joyeuses extravagances.

Quinze jours après, ces gaillards Bourguignons étaient à l'ordre du jour de l'armée. Ils s'étaient battus avec cette même gaieté savoureuse et forte !

On évalue à soixante et dix mille le nombre des mobiles qui furent ainsi appelés de province, dans les jours qui précédèrent l'investissement. C'était l'espoir d'une armée ; ce n'était pas une armée, et les journaux prussiens disaient en ricanant : Ce ne sont pas les *moblots (sic)* qui arrêteront les vainqueurs de Wœrth et de Sedan ! — Ils ont dû changer d'idée depuis ce temps-là.

Derrière venait la garde nationale. La garde nationale n'était point une force organisée. Le gouvernement déchu s'en était toujours défié. Il se rappelait cette définition restée célèbre : « La garde nationale, c'est la nation armée en face du pouvoir. » Outre qu'il l'avait supprimée dans un certain nombre de quartiers, il l'avait épurée dans tous les autres. Il n'y avait laissé que les hommes sur qui il croyait pouvoir compter, et encore les décourageait-il d'un service qui n'était plus que de parade. Il ne se présentait pour être officiers que des ambitieux, qui aspiraient aux honneurs du ruban rouge, ou qui, plus simplement, voulaient être invités aux fêtes officielles. C'était à qui, parmi les citoyens, se soustrairait aux obligations de la garde nationale, et je sais bien que, pour moi, je n'en connaissais encore, quand éclata la révolution du 4 septembre, que l'hôtel des haricots, où je passais régulièrement trois ou quatre jours par an.

L'ennemi approchant, ce n'était plus le temps de plaisanter et de rire. Tout le monde sentit qu'il fallait être de la garde nationale. Il y avait déjà des bataillons tout formés ; ils étaient en général composés de gros bourgeois, négociants, médecins, avocats, employés, et comptaient de huit cents à mille hommes. Ils se recrutèrent de tous ceux qui, dans le quartier, occupaient une position analogue de fortune, et se distinguèrent par ce nom, qu'ils conservèrent tout le temps de la crise, d'*anciens bataillons*. Ils s'arrêtèrent généralement au chiffre de douze cent hommes.

Des *nouveaux bataillons* se formèrent dans les quartiers où la garde nationale n'existait pas, à Belleville, Ménilmontant, partout où l'Empire craignait, suivant le mot du *Charivari*, les excès d'une garde nationalesque effrénée. Il fallut aussi en créer dans les quartiers plus riches, où les anciens ne suffisaient plus aux inscriptions qui affluaient de toutes parts. Ces nouveaux bataillons montèrent rapidement au chiffre de deux mille hommes. Croirait-on que ce fut une question de savoir comment s'habillerait la garde nationale ? Les anciens bataillons étaient presque tous vêtus de la tunique et coiffés du shako ; un costume fort cher, très-incommode et parfaitement ridicule. Le gouvernement voulait, par un décret, l'imposer à tout le monde. On se révolta, et le bon sens public fit tout aussitôt justice de cet arrêté, qui resta lettre morte. Le pantalon à bandes rouges, la vareuse avec ceinturon noir, et le képi furent adoptés, d'un commun accord, en dépit de l'administration, et les anciens bataillons mêmes ne tardèrent pas à se rallier au nouveau costume, qui devait être pour longtemps celui des Parisiens. On ne sortit bientôt plus qu'en vareuse, et, même alors qu'on revêtait l'habit bourgeois, on gardait sur la tête le képi, qui fut la coiffure du siége. C'est le premier échec sérieux qu'ait subi le tuyau de poêle qui nous sert de chapeau et distingue l'Européen dans les pays d'Orient.

Il s'agissait d'armer ces multitudes. Les fusils manquaient. C'est à peine si l'on en avait assez pour en donner aux moblots. On fit flèche de tout bois : on fouilla dans tous les arsenaux ; on proclama le commerce des armes et des poudres de guerre absolument libre ; on invita l'industrie privée à fabriquer et à faire venir des armes. Le matin, en ouvrant notre journal, nous lisions, avec stupéfaction, des notes ainsi conçues : « On vient de retrouver dans un des magasins de l'État dix mille fusils dont l'existence était ignorée. Ils seront distribués à notre brave garde nationale. » Le lendemain, c'étaient cinquante mille dreyse, qu'on avait surpris dans une gare de chemin de fer ; et nous nous contions à l'oreille qu'ils étaient là, d'avance, envoyés mystérieusement par M de Bismark pour armer les cinquante mille Allemands qui se cachaient à Paris et nous tomberaient sur le dos au moment donné. Mais, ajoutait le nouvelliste, ces infâmes calculs seront déjoués, et les cinquante mille fusils de M. de Bismark seront donnés à notre brave garde nationale. Les faiseurs de projets ne chômaient pas, comme bien vous pensez ; tous les matins un citoyen se réveillait avec un moyen d'armer six cent mille hommes. Tel industriel avait acheté tous les fusils à pierre du premier Empire pour les expédier au Congo ; il les offrait (moyennant finance) à l'État, qui les transformerait en flingots. Le flingot était le fusil à piston dont on avait fait le fusil à tabatière. A côté, au-dessus, brillaient, et le fusil remington, et la carabine du même nom, et le fusil chassepot, le plus léger, le plus spirituel, le plus coquet, le plus terrible des fusils connus. Vous ne pouviez, à cette époque, entrer de jour dans un salon sans tomber au milieu d'une discussion sur les mérites respectifs des différents fusils ; on allait chercher le fusil de la maison, et le maître en expliquait complaisamment le mécanisme. La foule était grande chez les armuriers : Des remingtons ou des chassepots ! Les acheteurs ne sortaient pas de là Les armuriers ne se faisaient pas faute d'en promettre : ils allaient en recevoir ; ils attendaient des arrivages du Havre. De fait, ils en fournirent en assez petit nombre, et à des prix exagérés. Le chassepot, qui revient à 70 francs à l'État, ne se vendait pas moins de 150 à 200 francs. Les revolvers avaient en huit jours monté de 30 francs à 90. Il n'était fils de bonne mère à Paris qui ne voulût avoir son revolver en poche.

— J'aurai du moins, se disait-on, le plaisir d'en tuer un !

Un, c'était des Prussiens qu'il s'agissait ; on croyait alors qu'ils entreraient tout de suite et de vive force. Il se trouva qu'il n'y eut de tués, par ces revolvers, que des gardes nationaux. On en faisait jouer la batterie devant les amis assemblés. C'était pour montrer l'ingéniosité du système. Une balle partait sans dire *gare !* et donnait aux journaux du lendemain un joli entre-filets sur le danger des armes à feu.

Quelques compagnies privilégiées, mais en fort petit nombre, reçurent des chassepots ; les anciens bataillons furent en général pourvus de fusils à tabatière, d'excellentes armes, à tir rapide, à longue portée, mais qui ne furent que plus tard appréciées à leur juste valeur. Parmi les nouveaux bataillons, beaucoup n'obtinrent que les fusils à piston, et les autres, comme le quatrième soldat du convoi de Malborough, ne portèrent rien.

Tout ce monde ne savait pas le premier mot des exercices. On se mit bravement à l'œuvre. En quelques jours, la *Théorie du garde national* se vendit à quatre-vingt mille exemplaires. Il y eut exercice le matin et le soir : nos boulevards et nos places furent sans cesse occupés, soit par des moblots, soit par des compagnies de garde nationale qui manœuvraient avec une ardeur infatigable. Les progrès furent rapides, mais le temps dont on disposait était trop court, les officiers instructeurs manquaient ; et le public sentait bien, les chefs le sentaient encore plus douloureusement, que les Prussiens seraient sous les murs de Paris avant que cette multitude fût devenue une armée.

III

Les fortifications, je l'ai déjà dit, n'inspiraient pas beaucoup plus de confiance que la mobile et la garde nationale. C'était, pour user du mot de M. Thiers, une force morale. Est-ce pour cela qu'on n'y travaillait que mollement? Est-ce parce qu'il y avait, comme on en répandait le bruit, des discussions sur le prix de la journée, entre les ouvriers et le gouvernement, qui, avec une honnêteté un peu naïve en ces redoutables circonstances, faisait de petites économies, des économies de bout de chandelle ? Est-ce parce que le peuple de Paris, mis en goût de ne rien faire par les premiers jours de République, n'avait pas encore repris de goût à la besogne ?

Peut-être y avait-il une part de vérité dans chacune de ces raisons. Ce qui est sûr, c'est que le travail n'avançait guère. La foule des Parisiens se portait chaque jour aux portes de Paris, et surtout vers les points les plus exposés, au viaduc d'Auteuil et aux redoutes de Châtillon, et elle se répandait en plaintes sur l'absence des ouvriers.

— Pourquoi ne nous met-on pas en réquisition? s'écriaient les gardes nationaux.

La destruction des villages qui entourent Paris ne marchait pas non plus assez vite. Ce n'était pas, il est vrai, une petite affaire de détruire tant de maisons, d'anéantir tant de richesses accumulées par soixante années de prospérité sans exemple. Quel spectacle que celui qu'étalaient aux yeux toutes ces ruines ! Tout autour de Paris, il y avait une ceinture de villages qui étaient les plus riches du monde, bien bâtis, et gais, et pleins d'une population aisée ! Il fallait les démolir pour faire place nette et ouvrir aux canons des remparts un champ tout à fait libre ! Partout les bâtiments éventrés par la pioche bâillaient hideusement au soleil. Des centaines de charrettes emportaient de ces lieux de dévastation des poutres, des pierres et des mobiliers. On ne marchait qu'à travers les décombres, où grouillaient, mêlés au peuple de démolisseurs, les habitants des villages et les enfants, qui jouaient sur les ruines avec l'insouciance de leur âge.

Ah ! il y a eu là des sacrifices bien douloureux ! je ne parle pas de ceux que chacun a faits pour son propre compte, mais de ceux qui nous intéressaient tous, comme habitants de Paris de ce pauvre Paris, si cruellement mutilé par nos propres mains. Non, nous ne savions pas nous-mêmes, nous ne nous doutions pas, nous ne pouvions nous douter de quel cœur nous l'aimions. Il nous tenait au cœur par toutes sortes de liens invisibles que nous ne soupçonnions pas.

Qui m'eût dit qu'au milieu de tant de désastres, un des coups les plus sensibles que je dusse recevoir, ce serait la destruction du bois de Boulogne, ce bois où, moi, homme de travail, je n'allais pas quatre fois dans l'année, ce bois que je croyais m'être indifférent, comme tous les biens dont on ne jouit pas ?

Eh bien! non, je ne pus apprendre sans un vif chagrin, que ces arbres, transportés à grands frais, ces prairies improvisées, ces lacs creusés de main d'homme, toutes ces grâces et ces élégances d'une nature factice allaient être déshonorés par la hache et le feu. J'en aurais pleuré.

Je me souviens d'une caricature bien plaisante de Gavarni. Un ouvrier, les deux mains crispées de désespoir, lève au ciel des regards chargés de douleur et de reproches, et son camarade qui est auprès de lui l'interroge :

— Voyons ! Trautapé, qu'éque t'aperdu ? Est-ce que t'a perdu ta tante Bachu ? Non ? Est-ce que t'a perdu ton oncle Benjamin ? Non ? Mais quéque t'a donc perdu ?

Et la légende du caricaturiste ajoute :

— Trautapé a perdu le grand Napoléon, empereur des Français, roi d'Italie, protecteur de la Confédération germanique, etc., etc.

Je me faisais un peu, avec mon chagrin sur le bois de Boulogne détruit, l'effet de Trautapé regrettant Napoléon. Je m'en allai le voir la veille même du jour où la promenade y devait être définitivement interdite au public. C'était une après-midi splendide. Avez-vous remarqué la prodigieuse influence du temps sur l'esprit des Parisiens ? Il semble que par un joyeux soleil qui luit sur la ville et qui la dore, il ne puisse nous arriver rien de triste. La fête est dans nos cœurs comme au ciel bleu. Un jour de pluie rembrunit nos âmes, et nous noircit encore l'horreur de notre situation.

La meilleure partie du bois était encore debout, et déjà les feuilles commençaient à s'empourprer de ces tons roux, qui sont tout ensemble si beaux et si mélancoliques. Les allées, ces allées que nous avions vues si peuplées d'équipages, si vivantes et si rieuses, étaient absolument désertes et mornes, et nos pas sonnaient dans le silence et la solitude.

Par intervalle, un abatis d'arbres, qui mêlait l'image de la dévastation et de la ruine aux idées de civilisation élégante qu'évoquait de toutes parts l'aspect de ces lieux charmants. Les troncs étaient reliés l'un à l'autre par d'invisibles fils de fer, qui formaient un inextricable réseau, où les pieds s'embarrassaient aisément et trébuchaient.

Nous arrivâmes aux lacs ; plus de voitures alentour, plus de cygnes, ni de canards à aigrettes se promenant sur l'eau. Ils avaient été tués la veille à coups de fusil par les moblots, ainsi que les chevreuils et les biches parqués dans le bois. Nous retrouvions çà et là quelques plumes blanches tombées sur l'herbe. C'était, hélas ! tout ce qui restait de la vie qui animait ces lacs, devenus aujourd'hui de tristes flaques d'eau.

A mesure que nous avancions du côté des remparts, nous rencontrions des bûcherons et des soldats armés de haches, et nous entendions les coups sourds du fer sur les troncs qui pliaient, et tombaient avec un bruit de bois qui se déchire. Les oiseaux effrayés s'envolaient en gémissant. La conversation avait été jusque-là, entre nous, animée et railleuse. Elle baissa peu à peu et s'éteignit. Nous eûmes tous, en voyant mourir ce bois, qu'on appelait si justement *le bois*, le bois par excellence, comme un funèbre pressentiment de la grande ville disparue. Ce ne fut qu'un moment, mais qui suffit à nous montrer toute la profondeur de notre tendresse pour ce Paris, qu'on peut charger de toutes les malédictions de la Bible, mais qu'on ne saurait se tenir d'aimer.

Avec quelle intensité j'ai vu éclater ces sentiments dans la population parisienne, le jour où le bruit se répandit qu'on avait mis le feu à tous les bois qui environnaient Paris ! Nous montâmes tous à Montmartre, afin d'embrasser, du haut de cet observatoire, une plus large étendue de pays. On apercevait au loin de larges plaques de fumée noire qui semblaient ramper sur le sol, et que perçaient par intervalle des trouées de feu. On se nommait les pays qui brûlaient ainsi. Ce sacrifice d'ailleurs fut inutile. Les bois, en pleine sève, refusèrent de flamber et c'est à peine si quelques troncs noircis demeurèrent pour attester notre héroïque résolution. Il n'y eut pas de chagrin plus vif pour nous que de voir déshonorer par le feu et la flamme les charmants paysages de la banlieue parisienne. Ils sont si beaux, ces environs de la grande cité ! S'il y a de par le monde des points de vue plus magnifiques et qui étonnent plus l'imagination, il n'y en a point qui plaisent davantage à l'esprit, qui soient plus fins, plus animés, plus coquets, qui éveillent mieux l'idée d'une civilisation aimable et spirituelle, qui aient plus de grâces brillantes et inspirent plus la gaicté. O nos jolis bois de Meudon, de Ville-d'Avray ! O notre joyeux Bougival tout peuplé de canotiers ! O Montmorency, rouge de cerises ! Montreuil, embaumé du parfum des pêches ! Et vous, roses de Fontenay, qu'êtes-vous devenues durant ce siége ? qu'est-ce que ces barbares vont avoir fait de vous ?

IV

Ils arrivaient, pleins de superbe, sans se presser. Ils laissaient, le mot est de M. de Bismark, qui se plaît à ces insolentes ironies, les Parisiens cuire dans leur jus. Le 9 septembre on les savait à Laon d'un côté, à Montmirail de l'autre ; le 20, Crespy et Compiègne étaient menacés au Nord, Coulommiers à l'Est, et déjà entre Coulommiers et Compiègne ils avaient vu Château-Thierry. Dans la journée du 11 (notre dernier dimanche, hélas !) Meaux télégraphiait qu'on voyait poindre les lances des uhlans au sommet de la côte de Jouarre. C'est en vain que, devant cette invasion de sauterelles, le génie faisait sauter nos ponts sur les fleuves, nos viaducs sur les chemins de fer; Guillaume écrivait paisiblement à Augusta : « Les Français ont grand tort de semer tant de ruines sur notre passage, notre marche n'en est pas arrêtée d'une heure. » Il ne disait probablement pas toute la vérité, mais il ne mentait de guère!... Le 15, les hussards bleus arrivaient devant Corbeil, que ve-

Les mobilisés.

naient d'évacuer deux régiments de nos dragons. Le soir, il y avait de la cavalerie dans la forêt de Sénart, devant Juvisy ; il y en avait même jusque sous le canon de Charenton et de Vincennes, en suivant les contours de la Seine et de la Marne. Le 16, la ligne d'Orléans était coupée entre Athis et Ablon ; le 17, le dernier train parti de Paris fut attaqué devant Choisy même. Versailles trembla. C'est à grand'peine que le soir une reconnaissance de cavalerie, envoyée par le général Ducrot, put passer par Meudon, jusqu'à ses grilles qui ne voulurent pas s'ouvrir. Toutes les routes, tous les champs se couvrirent d'ennemis, qui, à la hâte, s'élevaient de la rivière vers Meudon et Versailles.

Le 19... Arrêtons-nous un instant à cette date fatale, qui marqua le premier jour du siége régulier..

Quelle avait été la physionomie de Paris durant ces quatre ou cinq journées d'effarement et de trouble ? Très-agitée sans doute et tumultueuse. Je crois pourtant qu'un étranger, s'il se fût trouvé tout d'un coup débarqué en ballon sur le boulevard, sans rien savoir de nos aventures, ne se fût pas aperçu tout d'abord qu'il tombait dans une ville menacée, pour un temps si prochain, des dernières extrémités. La cité avait conservé toutes ses apparences de gaîté bruyante : les boutiques, le soir, étincelaient de lumières, et les cafés regorgeaient de consommateurs.

La population se promenait insoucieuse dans les rues, et rien, ni dans les toilettes, ni sur les visages, n'indiquait de préoccupations sombres. Les Parisiens seuls remarquaient à mille détails le changement profond qui s'était fait dans nos habitudes. La clientèle de ces cafés, toujours si animée et si bruyante, ne se composait plus guère que d'officiers de mobiles, avec qui venaient causer à haute voix et rire les filles du boulevard. C'étaient des échanges incessants de gais propos, des poignées de main, des cris, des rires, des allées et des venues sans fin, bras dessus, bras dessous : un spectacle légèrement

cynique qui finit par exciter les réclamations de quelques citoyens scandalisés, et que le préfet de police jugea à propos
de supprimer par ordonnance.

Il avait déjà fermé les théâtres. On ne voyait plus aux fron-
tons de nos salles ces cordons de lumière qui les rendaient si
gais à l'œil. Plusieurs n'avaient pas attendu l'ordonnance de
la police ; les théâtres, en effet, avaient été les premiers atteints
par la crise. Dès le 5 septembre, les directeurs de l'Opéra-
Comique (une scène subventionnée et chère aux Parisiens!)
s'étaient vus forcés de réunir leur personnel et leur avaient
avoué que la veille, *Zampa* étant sur l'affiche, il n'y avait eu
que 10 francs de location, et que trois jours auparavant la location ne s'était pas même élevée à 8 francs. Ils avaient
pris des arrangements avec leurs artistes et leurs employés,
et tous les directeurs s'apprêtaient à faire comme eux, quand
le préfet de police les tira d'embarras en décrétant, comme
signe de deuil public, la fermeture de tous les théâtres. Toute
la population qui va d'ordinaire au spectacle s'était trouvée
ainsi rejetée dans la rue, et comme on a l'habitude de se coucher tard à Paris, elle n'en était que plus agitée et plus
fiévreuse.

Dans le jour, c'était un fouillis incroyable d'uniformes qui se
croisaient de toutes parts : francs-tireurs aux costumes d'o-
péra-comique, cuirassiers, artilleurs, lanciers, et la ligne, et
la garde nationale, et les moblots. Aux voitures qui sillonnent
incessamment le macadam se mêlaient de lourds chariots
chargés de décombres, de pauvres charrettes où s'entassaient
pêle-mêle un maigre mobilier, et par-dessus, juchés sur
quelques matelas, et la femme et les enfants, qui regardaient,
ahuris, tout ce tapage ; ici, un troupeau de moutons conduit
par un berger, couvert du sayon traditionnel, et, plus loin,
des bœufs qui traînaient, attelés, d'énormes voitures de foin.

C'étaient tous les petits ménages des environs qui rentraient dans Paris, ramenant les épaves de leur fortune disper-

sée. Pauvres gens ! que de larmes avant de quitter leur chère demeure ! où allaient-ils reposer leur tête ! C'était pitié souvent de voir les misérables meubles qu'ils emportaient, des chaises boiteuses, des vases ébréchés, des ustensiles de cuisine qu'une domestique parisienne n'aurait pas ramassés dans la rue : toute leur fortune. D'autres, plus riches, n'étaient guère moins à plaindre. Quelques-uns en moururent de chagrin ; entre autres un joyeux vaudevilliste, Alexandre Flan, que nous aimions tous pour son esprit fertile en saillies franches et en bons mots. Il avait passé la meilleure part de sa vie à rassembler une collection de pièces de théâtre, qu'il avait fini par rendre à peu près complète. Il avait acheté, pour la loger, une jolie petite maison, à Neuilly, et il avait enfin réalisé, grâce à une vie de travail constant, le *hoc erat in votis* de son maître Horace. Un jour, on vint lui dire : Il vous faudra bientôt sortir d'ici, les Prussiens vont venir, et si le génie militaire ne démolit pas votre maison, les Prussiens la mettront à sac.

— Quitter d'ici ! répondait-il, non, cela n'est pas possible. J'attendrai, ils ne viendront pas.

Et tandis qu'il se promenait, inquiet, incertain, à travers le petit jardin, dont il avait de ses mains greffé tous les arbres, parcourant du regard tous ses volumes, qu'il avait recueillis avec tant de peine, et rangés avec tant de soin, voilà qu'il entendit heurter à sa porte. C'étaient les soldats du génie.

— Allons ! c'est fini ! il faut déloger, et ce soir même.

— Ce soir ! mais huit jours suffiraient à peine au déménagement de ma bibliothèque.

— Tant pis pour votre bibliothèque. La maison sera rasée demain.

Le malheureux garçon ne répondit rien. Il jeta un peu de linge et quelques hardes dans sa malle, et s'en fut sans trop savoir où. Au premier hôtel qu'il rencontra sur son chemin, il demanda une chambre, se coucha sans mot dire, et le lendemain, quand on entra chez lui, on le trouva mort dans son lit. Tous les liens qui l'attachaient à la vie s'étant rompus d'un seul coup, il avait fui dans l'éternel sommeil.

Son histoire est celle de bien d'autres dont on n'a rien su. Que de paysans, que de riches propriétaires à qui, jusqu'au dernier moment, on ne put persuader qu'il fallait sauver leurs récoltes, leurs provisions et leurs mobiliers, en les évacuant sur Paris!

— Mais, leur disait-on, les Prussiens arrivent, toutes ces richesses seront brûlées, c'est l'ordre du gouvernement, pour qu'elles ne tombent pas aux mains de l'ennemi.

On ne pouvait les décider au cruel sacrifice. Ils demeuraient stupides, hébétés, ne pouvant se résoudre à prendre aucun parti, et quand vint le moment fatal, ils se sauvèrent nus et pleurant de rage. Les propriétaires des villas qui entourent Paris furent en général plus avisés, trop avisés même, on peut le dire. Ils arrangèrent presque tous leurs maisons pour bien recevoir les hôtes qui se préparaient à y descendre, et les disposer à n'y faire aucun dégât. Ils murèrent la cave aux vins fins, mais emplirent l'autre de tonneaux et de bouteilles pleines. Ils laissèrent toutes les clefs sur les armoires qui regorgeaient de linge. Quelques-uns même poussèrent l'attention jusqu'à oublier négligemment sur le dressoir des pots de leurs meilleures confitures, et quelques flacons de liqueurs de ménage. On supposait que ces attentions délicates attendriraient nos farouches vainqueurs. Je ne crois pas qu'elles aient eu sur eux tout l'effet qu'en espéraient ces bourgeois prudents : il est vrai que les Prussiens ont mangé les confitures ; mais il est probable aussi qu'ils ont ensuite emballé le dressoir, qui a pris le chemin de l'Allemagne.

Que de dégâts nous aurons à constater quand sera enfin brisé le cercle de fer qui nous étreint ! que de milliards perdus ! que de joies envolées !

CHAPITRE IV.

CHATILLON. — FERRIÈRES. — VILLEJUIF.

I

Le 19 au matin, tous les Parisiens, en ouvrant leur journal, y purent lire un article à peu près conçu en ces termes : « Les dernières voies ferrées qui reliaient Paris avec la France et avec l'Europe ont été coupées hier soir. Paris est livré à lui-même. Il n'a plus à compter que sur ses ressources personnelles et sur son propre courage. L'Europe, qui a reçu de cette ville tant de lumières, et qui n'a jamais vu sa gloire sans une secrète envie, l'abandonne. Mais Paris, nous en sommes persuadé, prouvera qu'il n'a pas cessé d'être le rempart le plus solide de l'indépendance française. »

Toutes les feuilles publiques exécutaient des variations plus ou moins brillantes sur ce thème commun : Paris tiendra ; Paris doit tenir. Mais à mesure qu'approchait le moment solennel, la résolution du gouvernement de la défense nationale, mise en face des périls si extrêmes et d'une issue déplorable qu'il regardait comme certaine, semblait faiblir et reculer. Ces messieurs avaient rendu un décret par lequel ils convoquaient les électeurs parisiens à choisir un conseil municipal, et les Français à nommer une Constituante, qui pût résumer l'opinion de la majorité, et décider des destinées futures du pays. Au lendemain du 4 septembre, cette détermination de donner à la France une représentation vraiment nationale n'aurait soulevé aucune objection; mais après douze jours d'attente, elle indiquait une certaine lassitude du fardeau, dont on s'était imprudemment chargé; un secret désir de conclure la paix et d'en rejeter sur d'autres épaules la responsabilité trop lourde. C'était à ce moment-là le bruit public que le gouvernement *en avait assez ;* qu'ayant une médiocre confiance dans l'enthousiasme patriotique de la province, il ne voulait la convoquer que pour lui donner occasion de manifester son dégoût de la guerre actuelle; et ces on-dit de la foule semblaient confirmés par la nouvelle, incertaine encore, mais qui fut bientôt reconnue vraie, d'une démarche personnelle de notre ministre des affaires étrangères près de M. de Bismark et du roi Guilaume.

Les clubs jetèrent feu et flammes. Qu'allait faire M. Jules Favre au campement ennemi ? Avait-il oublié sa fière déclaration : *Ni un pouce de notre territoire, ni une pierre de nos forteresses.* Et les agitateurs, levant les bras au ciel ou montrant le poing, ajoutaient avec force imprécations : *Ni un écu de notre trésor.* C'étaient les premières manifestations de ce parti avancé, que nous retrouverons bien souvent dans la suite de ce récit. Il repoussait à ce moment la convocation d'une assemblée nationale et des conseils municipaux, par la même raison qu'il demandait lui-même à Paris la constitution de la *Commune.* C'est qu'il voulait le pouvoir pour lui, et que la continuation de la guerre était un puissant auxiliaire à ses desseins. Les hommes qui menaient cette faction étaient pour la plupart d'honnêtes gens, fermement convaincus qu'eux seuls pouvaient sauver la France; fanatiques de 93, et qui n'eussent reculé devant aucun moyen pour faire triompher leurs idées, en triomphant eux-mêmes. Ils n'avaient fait jusque-là qu'une guerre sourde au gouvernement du 4 septembre, ils rompirent définitivement avec lui par un article que leur chef, M. Delescluze, inséra au *Réveil*, et qui était une mise en demeure hautaine de souscrire aux volontés du peuple. M. Delescluze, esprit vigoureux, mais étroit, logicien subtil, net et ferme écrivain, possédait sur tout son parti une énorme influence, et il était respecté de tous les autres pour l'indépendance un peu grincheuse de son caractère, la loyauté de sa vie, et les longs sacrifices qu'il avait faits à sa cause. Il posait ses conditions en maître, des conditions exorbitantes !

Elles étaient soutenues dans les clubs par M. Delescluze lui-même et par ses acolytes. Leur plan, c'était d'organiser une grande démonstration, que justifiait l'anniversaire du 21 novembre. On devait se réunir place de la Concorde, en face de la statue de Strasbourg, et de là, en armes ou sans armes, peu importe, avait dit M. Delescluze, de sa voix douce et ardente, se rendre à l'Hôtel-de-Ville, pour affirmer la résolution de se défendre jusqu'à la mort.

Ces menées jetaient d'autant plus d'inquiétude dans Paris que sa constance avait reçu la veille une rude atteinte, et qu'elle était fort ébranlée. Il est probable que, plus tard, l'histoire, qui ne voit les événements qu'en gros et pour ainsi dire d'un seul bloc, célébrera l'héroïsme des Parisiens, contera aux générations futures qu'il ne se démentit jamais. Pour nous, qui avons été témoins oculaires et qui n'aimons que la vérité, nous serons bien obligé de noter les défaillances de l'esprit public, et de reconnaître qu'à ce moment même, un fait considérable avait d'un seul coup abattu la confiance de la population et tourné ses regards vers la paix ou tout au moins vers un armistice.

II

Les Prussiens, dans leur marche sur Paris, devaient, pour s'emparer de Versailles, tourner la ville vers le sud, et passer d'abord par Créteil, puis longer les hauteurs de Châtillon et de Clamart. Il n'y a qu'à regarder le premier plan venu pour se rendre compte de leur mouvement. On disait, dans le public, que l'inébranlable résolution de M. Trochu avait été d'abord de les laisser faire ; que ne se sentant pas capable, avec les troupes mal instruites dont il disposait, de leur opposer nulle part une résistance sérieuse, il n'avait formé qu'une espérance, c'était de se recroqueviller, pour ainsi dire, sous cette prodigieuse carapace de pierre, et de les attendre derrière des positions qu'il rendrait peu à peu inexpugnables. J'ignore si telle était en effet sa pensée ; je ne saurais trop répéter que je n'ai pas la prétention de conter ici le siége de Paris, mais les impressions que nous avons tous reçues, en plein cœur, du contre-coup de ces grands événements. M. Trochu se serait laissé persuader aux instances de M. Ducrot. M. Ducrot était un général qui, après avoir été fait prisonnier à Sedan, avait eu le bonheur de s'échapper, et à travers mille dangers, d'étapes en étapes et de déguisements en déguisements, était arrivé à Paris et avait offert son épée au gouvernement de la défense.

Il paraît, si j'en crois des hommes de guerre fort compétents, que son plan était des plus hardis et des mieux imaginés. Il s'agissait de couper, à Châtillon, les Prussiens en deux, de rejeter la moitié de leurs troupes du côté de Versailles, et de la détruire, tandis que l'autre serait refoulée vers le chemin de fer d'Orléans. Il ne rentre pas dans mes intentions de décrire cette bataille ; ce qu'il y a de certain, c'est que la droite de notre armée plia ; elle se composait de zouaves : les uns, jeunes recrues peu habituées au feu ; les autres, mauvais soldats, qui s'étaient déjà mal battus à Sedan. On ne les avait pas prévenus que les obus des Prussiens, au lieu de leur arriver de face, tomberaient derrière eux, sans qu'ils pussent voir d'où on leur tirait. Ils avaient l'imagination pleine de mouvements tournants. A peine eurent-ils vu quatre ou cinq obus éclater au milieu d'eux, sans faire grand mal, qu'ils ne crurent perdus, se débandèrent en jetant le redoutable cri : *Sauve qui peut !* Il dégarnirent ainsi tout un côté de la défense ; les Prussiens profitèrent de la faute et s'avancèrent en colonnes serrées. Le centre et la gauche tenaient bon ; mais les chefs s'aperçurent bien vite que si l'on ne battait pas en retraite, on allait être tourné, enveloppé, coupé. On se retira et même en assez bon ordre, abandonnant aux ennemis les hauteurs de Châtillon, et quelques pièces de canon qu'on ne put sauver.

A bien prendre les choses, ce n'était pas un désastre, mais un échec assez mince, où l'on peut même dire à l'éloge des soldats que la meilleure partie des troupes avait bien combattu ; car on avait repris deux fois les hauteurs de Châtillon, et l'on avait fait payer cher aux ennemis leur premier succès. Mais ceux-là seuls qui ont vu Paris en ce moment peuvent se figurer l'excès de son indignation et de sa terreur, et le désordre de son esprit.

Vers midi, il se répandit sur le boulevard une nouvelle qui prit feu comme une traînée de poudre : « Nous sommes perdus ! les Prussiens sont vainqueurs, ils vont entrer dans Paris ! » J'étais avec un ami qui avait ses entrées aux ministères. Nous courûmes à celui de l'intérieur, pour avoir des renseignements précis. Nous trouvâmes Gambetta, très-échauffé, qui sortait pour donner des ordres.

— Qu'y a-t-il ? lui criâmes-nous.

— Il y a... il y a que les gredins, à l'heure qu'il est, sont à la porte Maillot ! — Et il s'élança en voiture.

A la porte Maillot! c'était l'exagération du méridional. Nous allâmes au Champ-de-Mars. Là, c'était un effroyable et navrant pêle-mêle de chevaux sans maîtres, d'affûts sans canons, de militaires sans sacs et sans armes, d'officiers à la recherche de leurs compagnies. Les soldats nous étonnèrent par leur visage abruti et positivement idiot. Ils avaient l'air frappé. Nous voulûmes en interroger quelques-uns ; impossible d'en tirer une parole. Ils restaient muets, consternés, comme des gens touchés de la foudre. Nous montâmes au Trocadéro ; une foule énorme y stationnait, armée de longues-vues ; mais on n'apercevait rien, et nous nous fîmes conduire porte de Montrouge.

Je me trouvai avec un de mes collaborateurs, qui avait assisté, lui, en qualité de *reporter*, aux immenses désastres de Sedan : le spectacle que nous avions sous les yeux ne le touchait donc que médiocrement. Il en avait vu bien d'autres ! Pour moi, je n'oublierai jamais la sensation douloureuse dont je fus percé au cœur comme d'une flèche aiguë. C'était la déroute, la hideuse déroute. Des soldats de toutes armes arrivaient, débandés, seuls ou par pelotons, les uns sans sacs, les autres armés encore, mais portant sur toute leur personne le stygmate du fuyard. Des prolonges d'artillerie, des voitures d'ambulance, des chevaux sans maîtres, courant, se frayant un passage, dans un désordre inexprimable. De chaque côté de la route, sur les trottoirs, une foule énorme, mêlée de femmes et d'enfants, qui interrogeait, anxieuse, les survenants ou qui accablait de quolibets les hommes ivres ; car il y avait des misérables, en uniforme, qui s'étaient saoulés et battaient les murs. Des cris, des chants, des imprécations, des rires, des pleurs, et les gémissements des blessés, et les jurons des charretiers, et, par-dessus, ce murmure indistinct de la foule, ce grondement lointain semblable à celui de l'Océan les jours de tempête. Nous revînmes désespérés. Pendant ce temps-là, les boulevards étaient en proie à une exaltation qui tenait de la folie. On y disait tout haut que vingt mille de nos soldats avaient été complétement écrasés par cent mille Prussiens, près de Clamart; que toute l'armée avait jeté ses armes, déclarant qu'elle ne se battrait plus; que l'assaut allait être sur-le-champ donné par les troupes victorieuses, poussant nos fuyards dans les reins.

Tous ces bruits étaient exagérés ; mais la vérité même, qui se fit bientôt jour, ne laissait pas d'être mortellement inquiétante. Des gardes nationaux, furieux, mettaient la main au collet des soldats débandés, les traitant de lâches, et les conduisant, à coups de crosse de fusil, au poste ou place Vendôme. La foule exaspérée crachait au visage des misérables avinés, qui déshonoraient leur uniforme et le nom français. On apprenait que la mobile, au rebours des soi-disant vieilles troupes, avait tenu ferme et s'était bien battue. On criait : *Vive la mobile! à bas les zouaves! à bas la ligne!* On demandait qu'on passât les fuyards par les armes ; quelques-uns parlaient de leur brûler la cervelle, sans autre forme de procès.

Le soir, aux boulevards, la circulation était devenue impossible. Une foule énorme encombrait les trottoirs et la chaussée : foule impatiente et nerveuse, s'arrachant les journaux qui ne pouvaient cependant donner encore aucune nouvelle sûre. On se réfugiait dans les cafés, tout brillants de gaz, où les officiers de la mobile semblaient s'être donné rendez-vous, tant les uniformes y étaient nombreux. Beaucoup de femmes avaient pris place à côté d'eux, selon leur habitude, et, par un contraste qui est un des traits caractéristiques de la physionomie de Paris, tout ce monde causait avec animation, blaguait, s'amusait, riait. Le spectacle de cette gaieté agace des gardes nationaux qui passent, ils prennent à témoin le public; on se précipite sur les cafés, qui commencent à rentrer leurs tables en toute hâte. C'est une émeute du bon sens et du bon goût, d'où naît un désordre inexprimable. A dix heures et demie, tous les établissements de plaisir sont fermés ce jour-là, et le lendemain cette mesure est rendue générale par un arrêté du préfet de police.

L'émotion ne se calma pourtant pas tout de suite : des badauds, le nez en l'air, s'imaginent surprendre, aux derniers étages d'une maison du boulevard Montmartre, des lumières qui passent et repassent. Ce ne peuvent être que des signaux faits aux ennemis. La foule s'assemble, tumultueuse, irritée, menaçant de mettre les immeubles à sac. C'est la garde nationale qui intervient encore, fouille les étages suspects, n'y découvre rien, et disperse la multitude qui s'écoule lentement.

On dormit mal cette nuit-là dans la capitale. Il n'y a pas un de nous qui ait sérieusement fermé l'œil. On prêtait l'oreille au rappel des tambours, tant on était convaincu que les Prussiens, poussant leur avantage, attaqueraient vers deux heures du matin. A l'heure où j'écris, nombre de gens croient encore que s'ils avaient en effet usé d'audace, s'il avaient risqué le coup, ils auraient fait, en sacrifiant trente mille hommes, leur trouée dans nos murs, tant la démoralisation était effroyable. D'autres pensaient, au contraire, qu'ils seraient venus se briser contre la résistance de nos forts, qui, sans être encore aussi complétement armés qu'ils le furent depuis, avaient au service de chacun de leurs canons quatre cents coups à tirer. Je n'ai pas à me prononcer entre ces opinions contraires ; je n'ai d'autre désir que de peindre exactement nos émotions, ce jour-là et les suivants.

Le lendemain nous apporta deux pièces officielles : un rapport militaire sur la bataille de la veille, rapport bien pâle, où l'on remarqua cette phrase, qui devint célèbre à Paris : « Quelques-uns de nos soldats se sont repliés avec une précipitation regrettable. » Cette litote passa dans la conversation parisienne, qui la tourna en plaisanterie. On disait, en riant, d'un garde national qui ne faisait pas l'effet d'être un brave à trois poils :

» Il serait homme à se replier avec une précipitation regrettable, » et autres propos de cette espèce. Le second morceau était une proclamation très-ferme et très-nette de Gambetta qui instituait une cour martiale, pour juger et punir les soldats traîtres à leur devoir et à leur honneur.

Ces communications rassirent un peu les imaginations effarouchées. Mais la foi au succès avait été trop fortement ébranlée dans le public, et l'issue du combat de Châtillon avait donné trop raison à ceux qui croyaient la lutte impossible, pour que les esprits d'une grande partie de la population ne se tournassent point vers la paix. Le parti avancé le sentait bien ; il n'ignorait pas non plus que le gouvernement penchait vers un accommodement, et qu'il espérait aux négociations entamées par Jules Favre ; c'est pour cela qu'il s'agitait avec une fébrile ardeur, faisait feu de tous les journaux, soulevant les clubs, et se préparait à une *journée*, en sorte que la bourgeoisie se voyait, non sans une certaine mélancolie, entre les Prussiens, qui lui mettaient le pied sur la gorge, et ceux qu'elle appelait les rouges, et qu'elle ne voyait qu'armés de poignards, et dévorant par avance l'espoir du pillage. Je ne sais de ces deux maux lequel lui faisait le plus de peur : elle haïssait plus l'étranger, mais elle redoutait davantage les Bellevillois.

Ah ! si M. de Bismark eût su exactement ce qui se passait dans Paris, il eût répondu à M. Jules Favre de façon à laisser quelques espérances de paix future, et la guerre civile éclatait furieuse, désespérée. Qui sait ? c'eût été peut-être le parti vaincu qui eût ouvert les portes aux Prussiens, et se fût jeté dans leurs bras, les priant de remettre l'ordre dans la ville. Notre honneur voulut que M. le premier ministre du roi Guillaume, enivré de tant de victoires, et gonflé de son dernier succès sous les murs de Paris, répondît insolemment à M. Jules Favre, et, nous proposant des conditions inacceptables, réunît tous les cœurs divisés dans un commun transport d'indignation et de fureur.

III

Ce sera l'éternel honneur de M. Jules Favre d'avoir à ce moment confondu nos âmes dans un même élan de patriotisme, d'avoir arraché des larmes de tous les yeux, de généreuses larmes, des larmes de douleur et de vengeance. S'il nous avait conté, en style de diplomate, le résultat de son entretien à Ferrières, peut-être nous aurait-il laissés indifférents et froids. Mais M. Jules Favre est un homme et un citoyen. Il répandit son cœur dans ce manifeste, qui restera une des plus éloquentes pages qu'ait jamais pu écrire un orateur homme l'État.

Il était allé dire à M. de Bismark : « Cette guerre, née du caprice d'un seul, n'a plus de raison d'être aujourd'hui que la France est redevenue maîtresse d'elle-même. Elle veut la paix, mais une paix honorable, qui ne soit pas une courte et menaçante trêve. »

Et M. de Bismark avait répondu, que s'il avait la conviction qu'une pareille paix fût possible, il la signerait aussitôt. Mais avec qui la signer? Le gouvernement que Paris s'est donné est plus que précaire, et si dans quelques jours la ville n'est pas prise, il sera renversé par la populace...

A ce mot de populace M. Jules Favre s'était récrié. Jamais expression plus malheureuse n'était sortie des lèvres d'un diplomate. Elle tomba, comme un soufflet, sur la joue de la population parisienne. Il n'y eut qu'un cri de rage. Maintenant encore, après bien des jours écoulés, le souvenir de l'injure fait bouillir le sang dans les veines. Il suffit de dire, d'un certain ton : *la populace de M. de Bismark* pour voir les yeux s'enflammer de colère.

Le fond des choses était aussi douloureux que la forme en était déplaisante. M. de Bismark exigeait impérieusement la

Lorraine et l'Alsace, et comme M. Jules Favre lui objectait que les peuples qui habitent les deux provinces refuseraient sans doute leur assentiment : « Je sais fort bien, répondit le Machiavel prussien, qu'ils ne veulent pas de nous ; ils nous imposeront une rude corvée. Mais nous ne pouvons pas ne pas les prendre. Je suis sûr que, dans un temps prochain, nous aurons une nouvelle guerre avec vous. Nous voulons la faire avec tous nos avantages. »

Il était impossible d'être plus cassant et plus hautain. M. Jules Favre mit alors sur le tapis la convocation d'une Assemblée nationale. « Mais, interrompit le comte, pour exécuter ce plan, il faudrait conclure un armistice et je n'en veux à aucun prix. »

La discussion continua pourtant entre les deux négociateurs. Il faut lire ce récit, si douloureux, si fier et tout plein des émotions patriotiques qui, s'échappant de l'âme de l'écrivain, devaient se répandre sur tout un peuple et le rendre aux soins de sa gloire.

Je ne crois pas que jamais document diplomatique ait produit, depuis que le monde est monde, pareil effet sur une nation. Ce fut dans tout Paris un tressaillement d'indignation, une explosion de fureur et de colère, un inconcevable mouvement de fureur contre cette hautaine et absurde insolence. La population tout entière se trouva réunie, comme par enchantement, dans une commune résolution de tenir bon jusqu'à la mort. Un des orateurs les plus accrédités du club des Folies-Bergères déclara, aux applaudissements de l'assemblée, qu'il n'y avait plus désormais de partis, qu'il ne restait plus qu'à se serrer derrière le gouvernement et à marcher, tous ensemble, contre l'ennemi. Quant à la manifestation annoncée, qui devait avoir lieu, place de la Concorde, pour l'anniversaire de la fondation de la République (21 septembre), et d'où l'on craignait qu'il ne sortît une révolution, elle se passa le plus pacifiquement du monde. Parmi les orateurs, il n'y en eut qu'un, M. Vermorel, qui attaqua, par allusion indirecte, le gouvernement provisoire et M. Jules Favre. Il souleva des murmures unanimes.

— Ce n'est pas le moment de nous diviser ! lui cria-t-on de la foule.

— Seriez-vous capable de mieux faire ? ajoutait-on de toutes parts.

M. Vermorel put à grand'peine achever son discours ; et la multitude s'écoula sans bruit, et les agitateurs virent bien qu'il n'y avait plus espoir de la rassembler et de la jeter sur l'Hôtel-de-Ville. Tout le monde était d'accord. M. Bismark nous avait rendu le service d'effacer toutes les divisions, et d'échauffer nos âmes d'un même amour de la patrie, grossièrement insultée par ces fils de Vandales.

Un léger succès (le premier que nous eussions remporté dans cette guerre) acheva de ranimer notre courage et nos espérances. On avait entendu une forte canonnade du côté de Villejuif, et voilà que tout à coup on répandit dans Paris le bruit d'une grande victoire. On ne parlait rien moins que de vingt ou vingt-cinq mille Prussiens faits prisonniers, sans compter les tués et les blessés, qui étaient innombrables. La joie fut très-vive, mais on était instruit par trop de leçons ; on ne s'y abandonna qu'à demi. Ce ne fut point cette explosion d'enthousiasme dont nous avions été, au début de la campagne, les témoins et les victimes ; on craignit, cette fois, en se livrant à d'excessives démonstrations de joie, d'être encore pris pour dupe. Et cependant, telle est l'inconsistance du caractère français que nous ne sûmes encore, ce jour-là, maîtriser nos emportements. Nous avions cru tout perdu à Châtillon, et nous nous étions trompés. Nous nous imaginâmes tout réparé après Villejuif, et l'affaire n'était pas en réalité très-considérable.

Le matin, on chantait dans les rues le refrain à la mode parmi nos soldats :

Bismark, si tu continues,
De tous les Prussiens il n'en restera guère ;
Bismark, si tu continues,
De tous les Prussiens il n'en restera plus.

Il fallut déchanter le soir. Vérification faite, il ne resta de cette grande victoire qu'un léger avantage, qui était de bon augure, mais n'avait rien de décisif pour l'issue du siége. Les positions de Villejuif avaient été, après ce combat brillant, occupées par la division Maud'huy, qui s'y était maintenue. Ce résultat, quelque mince qu'il pût nous paraître, après les espérances exagérées que nous avions conçues, ne laissa pas de nous réconforter et de rasséréner notre imagination.

Le gouvernement rendit un décret par lequel les élections municipales de Paris, primitivement fixées au 28 septembre, n'auraient pas lieu, non plus que les élections à l'Assemblée nationale constituante, qui avaient été indiquées pour le 2 octobre, et cette question qui avait tant agité les esprits sembla résolue à jamais.

Elle n'était qu'ajournée.

CHAPITRE V.

PREMIERS JOURS DU SIÉGE. — PHYSIONOMIE MORALE DE PARIS.

I

Paris était un camp. Il n'était personne, jeune ou vieux, qui ne se fût fait inscrire dans la garde nationale. Jamais je n'ai mieux appris à connaître et à apprécier le caractère de la bourgeoisie parisienne, qu'en voyant fonctionner cette institution de la garde nationale. Là, éclatait à plaisir et ce goût d'indépendance frondeuse, qui touche à l'indiscipline, et cette honnêteté de sentiments, voisine de la grandeur, et ce courage tout plein de bonhomie narquoise, qui n'aurait qu'un pas à faire pour être de l'héroïsme, ce mélange inouï de qualités moyennes et de défauts tempérés, qui composent le bourgeois. Ce qui surnageait encore, c'est la bonne humeur, la gaieté saine et forte, cette gaieté que nous avons héritée des Gaulois nos ancêtres, et qui est la marque indélébile de notre race.

On était tout feu et tout flamme pour les exercices. Il n'y avait plus de police dans Paris, car aux anciens sergents de

Paris étant un camp, le képi devient la seule coiffure.

ville, trop haïs de la population pour rester en place, on avait substitué des gardiens de Paris, au menton bien rasé, à la face débonnaire, sans armes, et qui, se promenant tout le jour, trois par trois, semblaient d'honnêtes flâneurs, tout frais débarqués de province, plutôt que des constables. La garde nationale fut donc chargée du service de la sûreté. Elle occupa dans toutes les rues des postes, d'où elle sortait, pendant la nuit, pour faire des patrouilles à travers la cité. Je ne sais s'il faut lui en attribuer le mérite, mais ce qu'il y a de certain, c'est que jamais on ne signala moins de vols et de meurtres que dans cette période du siège. Il faut bien dire aussi que M. Trochu avait fait, avant l'investissement, enlever et jeter dehors nombre de *gredins* sans aveu, et que beaucoup d'autres trouvaient leur vie à marauder dans la banlieue de Paris, alors abandonnée à toutes les entreprises.

La grande, la vraie fonction de la garde nationale, c'était de veiller sur cet immense périmètre des remparts. Cette garde devint bientôt par le fait une sinécure, quand il fut certain que les Prussiens n'essayeraient pas de prendre la place de vive force, et borneraient le siège en blocus. Mais tout le monde était convaincu, en ces premiers jours, qu'ils allaient entrer par surprise, et qu'un beau soir, on recevrait, en plein, des boulets et des obus sur le chemin de ronde. On n'en partait pas moins gaiement pour les expéditions ; le temps ne s'était pas encore mis au froid, et elles étaient la plupart du temps égayées d'un beau et franc soleil. Que de jolis souvenirs elles nous laisseront à presque tous, et que nous aurons plaisir à les conter plus tard, au coin du feu, à nos petits enfants !

On a rendez-vous le matin, au lieu ordinaire de réunion de chaque compagnie. Les zélés et les novices arrivent à sept heures précises, heure militaire ! car les vrais soldats n'en connaissent pas d'autre. Les malins commencent à déboucher entre sept heures et demie et huit heures, de toutes les rues adjacentes. Ils se sont tous lestés d'une soupe bien chaude ou d'un café brûlant, préservatif recommandé par le comité consultatif d'hygiène contre les brouillards inquiétants du matin. A huit heures, on est tous en tas. Il s'agit de se débrouiller. Les officiers courent et crient. On se forme tant bien que mal en deux lignes ; chacun rentre son ventre ou tend son jabot. On se numérote. C'est là qu'éclatait aux yeux les moins clairvoyants ce qui fut longtemps le vice de la garde nationale. A côté d'un vieillard à barbe blanche, un jeune homme presque imberbe ; plus loin, un bon gros père dont la vaste bedaine trottait menu sur deux petites jambes ; d'honnêtes visages de bourgeois pacifiques mêlés à des figures martiales d'anciens soldats ; beaucoup de lunettes, qui témoignaient de myopies fâcheuses ; des nez rouges, qui accusaient la complaisance des marchands de vin ; c'était le plus étrange tohu-bohu de physionomies disparates qu'on pût imaginer.

Il semble qu'il eût facile d'introduire un peu d'ordre dans ce chaos ; le gouvernement avait en main une loi qui lui permettait d'appeler au service actif tous les jeunes hommes (mariés ou non mariés) de vingt-cinq à trente-cinq. Il aurait pu, de gré ou de force, extraire de la garde nationale des éléments plus vigoureux et en former le noyau d'une armée véritable. Il n'en faisait rien, et les mesures qu'il prit plus tard, et que nous indiquerons en leur lieu, ne furent pas encore aussi radicales et aussi simples que l'auraient exigé les circonstances. Pour le moment, il abandonnait cette masse à sa bonne volonté et à son indiscipline. Jamais la garde nationale en France n'a brillé pour son goût d'ordre et d'obéissance. La nôtre était horriblement frondeuse. Nous discutions les ordres, nous boudions nos chefs, après les avoir élus, et si quelque corvée nous paraissait inutile ou nous ennuyait, nous ne nous gênions qu'à demi pour envoyer tout au diable.

— Mauvais soldats ! comme disait si plaisamment Couderc dans la *Grande-Duchesse*.

Quelques bataillons même donnaient des inquiétudes plus

sérieuses. Outre que certaines habitudes de désordre s'y étaient introduites, ils affectaient vis-à-vis des pouvoirs établis une indépendance de parole qui pouvait inspirer des craintes pour l'avenir. On avait vu plusieurs compagnies mettre la main sur un général, commandant de secteur, qui, après une courte allocution, avait substitué au cri de *Vive la République!* le cri plus large de *Vive la France!* Le gouvernement ferma les yeux sur cette algarade, et, pour parer les suites, changea le général ; mais de semblables équipées ne donnaient pas à l'observateur une fière idée de notre discipline.

On arrive au bastion vers onze heures. C'est l'heure du déjeuner. Les uns tirent des profondeurs d'un inépuisable havre-sac les provisions entassées par la ménagère ; d'autres se jettent sur la cantine ; d'autres se répandent dans les auberges des environs. C'était le temps où il eût été bien difficile de faire comprendre à un garde national qu'un jour de garde n'était pas une promenade hors barrière, afin de fêter le petit bleu. Les bouteilles succédaient aux bouteilles, les tournées aux tournées, et les galons ne défendaient pas toujours celui qui les portait des lamentables conséquences de ces stations chez les marchands de vin.

Il n'y aurait eu qu'un moyen de préserver les hommes de ces hasards : c'eût été de les astreindre, même par contrainte, à un travail épuisant. La besogne ne manquait pas : remuer la terre, construire des casemates, dresser des abris, conduire des charrois, il y avait tout à faire. Mais point. On se promenait d'un bout à l'autre de la journée, tout le long des tentes où l'on devait se réfugier le soir. Quelques-uns jouaient au bouchon ; d'autres au whist ou au piquet. Beaucoup flânaient en groupe, ou lisaient le journal, ou dormaient au soleil.

Pas d'autre corvée que la garde ! De jour, par le superbe soleil d'automne, les deux heures de faction étaient vraiment délicieuses. Il vint plus tard des temps de pluie battante et de neige fondue, qui furent moins agréables. On y grelottait, sous la vaste capote du soldat, pris de froid jusqu'à la moelle des os. Mais à cette époque, c'était un plaisir.

Je me vois encore sur le terre-plein du rempart, où l'on m'avait mis en sentinelle. Du haut de cette espèce d'observatoire, la vue erre sur un paysage admirable, et derrière ce poudroiement lumineux, qui flamboie sur les extrêmes limites de l'horizon, dans un lointain obscur, on cherche, par la pensée, le noir fourmillement des casques ennemis. On n'est point troublé dans sa rêverie par l'ombre d'une crainte. Le danger n'existe pas encore. Cette image de la vie militaire, sans les effrois qui l'accompagnent ordinairement, la nouveauté de la situation, la beauté sévère du paysage, ou les réflexions mélancoliques qui naissent invinciblement de toute promenade solitaire, cette sensation de bien-être que donne un petit vent frais par un brillant jour de septembre, ce regard vague dont on enveloppe l'horizon, les deux mains appuyées sur le canon du fusil ; le qui-vive des sentinelles, qui vous rappelle de temps à autre à la réalité, en y mêlant je ne sais quelle réminiscence de drame à la Pixérécourt, tout cela émeut et charme ; et tandis que je me laissais aller au courant de ces impressions si nouvelles, je ne sais comment me remonta à la mémoire un couplet qui se chantait dans une des dernières bouffonneries d'Offenbach, Un roi arrivait, que ses sujets venaient de mettre à la porte, après une révolution :

> Ils m'ont pris mon bien, mon empire,
> Diamants, trône, et cœtera ;
> Mais m'eussent-ils encor fait pire,
> Je suis content d'avoir vu ça. (*bis.*)

Oui, nous avons éprouvé je ne sais quel contentement d'avoir vu ça. L'âme humaine est ainsi faite ! On sent comme un mystérieux plaisir à être témoin d'événements si prodigieux qu'aucun siècle n'en aura vu de pareils, et à pouvoir dire qu'on y a contribué pour sa faible part ! On fait de l'histoire, et de la grande, et c'est une jouissance qui n'est pas commune.

La faction de nuit était plus dure. Il faut dire aussi que nos chefs, par un zèle exagéré, et quelque peu turbulent, multipliaient plus que de raison le nombre des sentinelles. Ils en plaçaient de quinze en quinze pas, et la ligne de garde était partout double, quelquefois triple. Chaque factionnaire en sentait sa responsabilité amoindrie, et faisait son devoir avec plus de nonchalance. Plus tard, on y mit un peu plus de discrétion; sans quoi la garde nationale tout entière eût été bientôt sur les dents. Que de coryzas, que de bronchites, que de rhumatismes nous avons rapportés de ces nuits aux remparts !

On couchait encore sous les tentes, les casemates n'étant point achevées. La tente est pittoresque, mais elle a le tort grave, pour de bons bourgeois, d'être peu confortable et très-fraîche. Et puis, faut-il le dire ? nous n'entendions rien à tous les détails de cette organisation de campagne. On avait beau marquer à chaque garde national la place qu'il devait occuper sous cet abri, nous ne savions pas nous arranger, et c'étaient des querelles sans fin, qui ne laissaient pas d'avoir leur côté comique.

Il se trouvait toujours sous chaque tente deux ou trois gardes nationaux qui s'étaient couchés au premier endroit venu, et qui, la tête sur un sac de rencontre, dormaient tant bien que mal sur la paille du voisin. Les malheureux qui sortaient de faction arrivaient transis de froid ; ils pénétraient à tâtons sous les tentes, et cherchaient, en s'orientant de leurs deux mains jetées en avant, et la couverture et le sac qu'ils avaient laissés pour marquer leurs places. Ils les trouvaient toutes occupées par des têtes qui grognaient.

— Voyons ! messieurs, criait le premier, c'est absurde. On m'a pris mes affaires. Qui est celui qui n'est pas à sa place ?

— Ça n'a pas de nom ! disait un autre.

— C'est ignoble ! reprenait un troisième.

Tous les dormeurs se cramponnaient silencieusement à leur sac ; quelques-uns même poussaient l'audace jusqu'à ronfler plus fort. Le ronflement passe pour être l'indice d'une conscience pure. La colère montait peu à peu, et les gros mots :

— Si vous croyez que c'est drôle ! je suis gelé !... Eh ! monsieur... monsieur... c'est vous qui êtes à ma place... Je dis que vous êtes à ma place... mais, sapristi ! rendez-moi donc ma place, ou je vous jette dehors !

— Je voudrais bien voir ça !

— Vous allez le voir tout de suite !

— Ne me touchez pas !

La bataille va s'engager dans les ténèbres, quand un voisin conciliant intervient :

— Faites l'appel nominal.

— Vous êtes encore un singulier pistolet ! que je fasse l'appel nominal, quand il fait noir comme dans un four ! vous êtes stupide, mon cher !

— Oh ! mais, dites donc...

Au bruit, tous les dormeurs, même les plus convaincus, se sont éveillés.

— Mais, sacrebleu ! taisez-vous donc ! avec ça que c'est déjà aisé de dormir sur de la paille !

— Vous êtes encore bien heureux d'en avoir ! on m'a volé toute la mienne !

— Ce n'est pas moi !

— Je n'en sais rien !

— Comment ! vous n'en savez rien ? puisque je vous le dis !

— Fichez-moi donc la paix ! vous êtes ridicule avec vos susceptibilités !

— Oh ! vous savez, si vous voulez sortir, je suis votre homme, entendez-vous ?

— Vous croyez que vous me faites peur !

— Et vous donc !

A cette querelle qui débute, l'homme qui cherche son lit

entrevoit une faible lueur d'espoir, et d'un ton insinuant :
— C'est cela, messieurs, allez vous expliquer dehors.

Cette proposition laisse froids les deux adversaires, qui continuent à s'invectiver, comme les héros d'Homère, de loin et sans en venir aux mains. Ils se reprochent l'un à l'autre d'avoir trop bu, et tout porte à croire qu'ils ont raison tous les deux.

Et cependant l'autre pauvre diable continue de s'en aller, tâtonnant, trébuchant, maugréant, se heurtant à toutes les jambes qu'il rencontre, jusqu'à ce qu'une bonne âme tire une boîte d'allumettes de sa poche et allume une bougie. On aperçoit alors un sac sans propriétaire.

— Eh! le voilà votre sac, crie le chœur.
— Mais non, ce n'est pas le mien.
— Prenez-le toujours et que ça finisse.

Il le prend, de guerre lasse, mais ça ne finit pas. Il gémit, il jure qu'il ne peut pas dormir, tandis que les disputeurs, de l'un à l'autre bout de la tente, persistent à s'accabler d'invectives, ressassent avec un infatigable entêtement les mêmes raisons, et prennent à chaque instant l'assemblée à témoin que c'est l'adversaire qui a tort. Une voix se mêle à la discussion ; elle entonne *la Marseillaise*. Tout le monde se récrie.

— Tiens! si ces messieurs se chamaillent, je ne vois pas pourquoi je ne chanterais pas !

Et la querelle reprend sur de nouveaux frais.

Les plus sensés quittent la tente et vont faire un tour. Aussi bien le ciel est-il plein d'étoiles et la nuit d'une sérénité admirable. On voit à l'est l'horizon qui blanchit doucement, et finit par se colorer en rose vif. A travers la brume indistincte du matin passent, comme des ombres, les vieilles femmes qui apportent de grandes gamelles, et sur des tréteaux improvisés distribuent au plus juste prix et la soupe à l'oignon et le café noir. On boit son bol debout, autour d'un feu de bivac qu'on vient d'allumer sur la route, tout en échangeant avec les camarades quelques phrases de bienvenue : « Brrr ! qu'il fait froid ce matin !... Aïe, la rosée est pénétrante !... Avez-vous entendu le canon cette nuit ?... » Et autres menus propos.

La diane a sonné ; le camp s'éveille. Tous les gardes nationaux sortent, les yeux chargés de sommeil, dans des tenues impossibles. L'un s'est enveloppé dans une vaste robe de chambre et se promène gravement, la pipe à la bouche, dans cet accoutrement peu guerrier; l'autre disparaît sous une vaste couverture d'où la tête émerge par un trou rond. Les plaids d'Écosse, les pardessus américains en caoutchouc, les peaux de bêtes roulées à la taille, les manteaux qu'on rejette sur l'épaule à l'espagnole, tous les costumes les plus invraisemblables se sont là donné rendez-vous. Et quels visages ! tous fatigués par une nuit d'insomnie ! On est morne, affaissé, et les dents claquent lugubrement ! Une demi-heure se passe, il n'y paraît plus ! l'esprit a remonté les ressorts de la machine, et l'on rentre gaillardement, au son du tambour et du clairon mêlés, dans la grande ville, qui a dormi une nuit paisible, tandis qu'on veillait sur elle.

La gaieté ! la gaieté ! Je ne saurais trop insister sur ce point qui est si caractéristique ! Elle n'a jamais été, même aux plus cruels jours d'affliction, sérieusement mise en déroute. Elle est la forme, essentiellement parisienne, dont s'enveloppent ici toutes les douleurs, même les plus cuisantes ; toutes les besognes, même les plus sévères. Jamais la consigne ne fut plus respectée tout à la fois et plus (passez-moi l'expression) et plus blaguée que par le garde national parisien. On s'en moquait, et on la faisait exécuter avec une bien plus rigoureuse exactitude que n'eussent fait de véritables soldats, que l'habitude a rendus plus coulants. Rien de plus curieux à cet égard qu'une ronde, faite la nuit, à la suite d'un officier, à travers les sentinelles d'un secteur. Chacun était à son poste, mais c'était à qui s'ingénierait à trouver des drôleries, dont eût frémi une vieille moustache de l'armée régulière.

— Qui vive ? criait la sentinelle, debout sur le rempart.

— Ronde major, répondait l'officier.

Et le garde national, d'un air d'étonnement respectueux, sur trois tons différents :

— Ronde major ! Oh !... oh ! oh...

En imitant la voix de Gil-Pérez.

Ou bien encore, si c'était un ami qui fît la ronde, et criât :

— Ronde d'officier.

— Oh ! tu sais, répondait-il, il ne faut *pas me la faire* ; j'ai reconnu ta voix... vieux farceur, va...!

— Allons ! pas de bêtises ! disait le faiseur de rondes. Dis-moi le mot d'ordre.

Le mot se trouvait être *Mostaganem*.

— Mange-ta-gamelle ! répondait le factionnaire d'une voix caverneuse.

Et de rire ! Oui ; mais à travers ces excentricités et ces folies, qu'on chargeât ces mauvais plaisants d'une consigne dont ils comprissent la portée, ils étaient intraitables sur le moindre détail, et n'admettaient pas d'excuses. Ils poussaient le rigorisme jusqu'au ridicule. On avait pris un arrêté, par lequel il était défendu à tout homme portant un uniforme de sortir de Paris ou d'y entrer. La mesure visait les mobiles, qui s'échappaient trop souvent des forts et venaient en bordée à Paris. Le garde national l'appliquait sans pitié à tout insigne militaire. J'ai vu de braves bourgeois retenus aux portes, parce qu'ils portaient, en guise de chapeau rond, le képi à la mode.

— Mais, disaient-ils, je n'ai pas d'autre coiffure !

— Ça ne me regarde pas, répondait le garde national, à cheval sur la consigne.

J'intervins, et pris un moyen très-conciliant.

— Fourrez-moi votre képi sous votre paletot, et restez nu-tête. Vous aurez droit de passer ; vous n'êtes plus dès lors qu'un bourgeois sans chapeau.

Ces souvenirs resteront parmi les meilleurs et les plus amusants que nous ayons emportés du siège. La garde nationale eut plus tard occasion d'en recueillir qui furent héroïques ; mais le moment n'était pas encore arrivé des beaux dévouements et des sacrifices suprêmes. La garde aux remparts et la police à l'intérieur formaient tout son service.

Cette police se compliquait alors d'une foule de détails dont la postérité ne se doutera guère. Qui s'imaginerait qu'une de ses plus sérieuses occupations fut, pendant les premiers jours du siège, la chasse aux espions prussiens ? Il faut connaître Paris pour comprendre à quels excès peut se porter une idée fixe, chez cette population bouillonnante, où tous les sentiments sont en quelque sorte surchauffés et s'extravasent avec un bruit de fumée qui s'échappe. Il y eut une semaine ou deux où toutes les têtes furent à la lettre tournées et renversées par cette préoccupation de l'espionnage ennemi, préoccupation terrible, qui avait fini par tourner en folie. On voyait des espions partout.

On arrêtait à tort et à travers les plus honnêtes gens du monde, qui avaient grand'peine à se soustraire aux fureurs de la foule ameutée. On les conduisait au poste le plus voisin, où ils se faisaient reconnaître, et recevaient des excuses. C'est ainsi que notre confrère Lomon, qui a bien la plus placide apparence qui soit au monde, fut traîné à la préfecture. C'était son air bienveillant qui lui avait joué ce tour. Tant de bonhomie devait être feinte et avait paru suspecte. On assure même que le général Trochu fut arrêté lui aussi par des gardes nationaux trop zélés, et rit beaucoup de la méprise. Malheur à qui parlait avec l'accent alsacien ! il était sûr de son affaire. Je sais tel de mes amis, enfant de la patriotique Alsace, qui s'était condamné à ne plus dire un mot en public. Il avait été deux fois victime de ces erreurs désagréables. La plaisanterie, comme il arrive toujours en cette ville, s'en était mêlée. Les mystificateurs criaient *au Prussien !* et se tenaient les côtes, en voyant la figure ahurie du pauvre diable appréhendé au collet. Un débiteur, pressé dans la rue par un tailleur ou un bottier indiscret, le désignait à haute voix comme espion, et se sauvait en riant de tout son cœur.

Parfois, le soir, on voyait se former lentement des groupes de nez tendus en l'air ; le groupe ne tardait pas à devenir foule. Qu'est-ce qu'on regardait avec cette attention?... Une lumière qui brillait au quatrième étage, et se promenait de chambre en chambre. Une lumière ! à dix heures du soir ! au haut du toit d'une maison ! ce ne pouvait être que des signaux ! « Ce sont des signaux... Tenez ! voyez-vous le reflet vert ? » Et les commentaires allaient leur train... « Je connais le portier ; sa femme est Prussienne ; elle cache des espions, cela est sûr... ils veulent livrer Paris... » La garde nationale arrivait, une escouade s'emparait du concierge tremblant, et montait avec lui sous les combles. Là, on trouvait presque toujours une honnête famille causant ou lisant sous la lampe fidèle...

— Mais ces mouvements de la lumière qui passait d'une fenêtre à l'autre?

— C'est que nous étions allés chercher quelque chose dans l'autre chambre.

— Et le reflet vert ?

— C'est que notre papier de tenture est en effet de nuance verte.

Un jour, ou plutôt un soir, un objet extraordinaire, dont la couleur passait du rouge au vert et au bleu, sous la lumière d'une bougie, qu'on voyait se promener avec des allures inquiétantes, ameuta tout un quartier, qui, ne pouvant expliquer ce phénomène, parlait de saccager et de brûler cet observatoire. On fit invasion dans le domicile, et derrière la fenêtre on trouva sur son perchoir, un perroquet empaillé, sur qui se jouaient les rayons d'une bougie en mouvement. Le grave *Journal des Débats* conta le lendemain, d'un ton de bonhomie narquoise, cet épisode de l'espionomanie. Ce fut le coup de grâce. Les folies chez nous ont cela de bon, c'est qu'elles sont courtes, si elles sont vives. Celle-là passa vite, et l'on ne songea plus aux espions que pour arrêter les vrais, ces misérables de la dernière classe, qui, sous prétexte d'aller en maraude, sortaient de Paris avec un sac qu'ils devaient rapporter plein de choux ou de pommes de terre, et donnaient aux ennemis nos journaux et les brins de renseignements qu'ils pouvaient attraper de côté et d'autre.

Y en eut-il d'autres? et parmi tous ces gens arrêtés, s'en trouvait-il qui fussent en effet des hommes payés par la Prusse pour surprendre nos secrets? Je n'en sais rien; la chose est probable. Ce qu'il y a de sûr, c'est qu'à part le procès de Hart, un espion authentique, qui fut passé par les armes quelques jours après le commencement du siège, on n'entendit parler d'aucune poursuite et d'aucune exécution. Il faut en conclure que les charges n'étaient pas bien sérieuses contre les personnes sur qui l'on avait mis la main. Autrement l'autorité n'aurait pas manqué de faire grand bruit de leur condamnation, ne fût-ce que pour calmer un peu les imaginations effarées.

II

Cette passion tomba donc faute d'aliment. Deux autres traits distinctifs de ce siège devaient, au contraire, aller s'accentuant chaque jour davantage. Ils étaient à peine sensibles en ces premiers moments, ils devinrent par la suite extrêmement douloureux. Le premier, ce fut le manque absolu de nouvelles. Paris, où venaient aboutir tous les bruits du monde entier et qui les renvoyait en quelque sorte multipliés et grossis comme par un prodigieux écho, se trouva brusquement coupé du reste de l'univers. Nous avions vécu jusque-là sur cette idée qu'un investissement complet de la grande capitale était parfaitement impossible, à moins de douze cent mille hommes, et nous savions que l'ennemi était loin de disposer d'une aussi énorme quantité de troupes. Force nous fut bien d'en rabattre et de nous rendre à l'évidence. Il n'entrait plus chez nous ni un journal, ni une lettre, ni un courrier. La poste avait dépêché dans plusieurs directions un certain nombre de facteurs qui devaient traverser les lignes prussiennes et nous rapporter des correspondances ; aucun n'était revenu. Parmi les ambassadeurs, trois nous avaient quittés, ceux d'Angleterre, de Russie et d'Autriche. Les autres étaient restés, et avaient demandé à l'état-major prussien qu'on leur laissât la voie libre avec leurs gouvernements respectifs. M. de Bismark avait insolemment répondu que leurs lettres et les réponses à ces lettres passeraient, mais décachetées, après avoir été lues et estampillées du chancelier. La prétention était exorbitante, inadmissible ; elle n'en prouvait que mieux l'implacable résolution de nous tenir en chartre privée, au secret ; on voulait faire de Paris un immense Mazas.

Nous fûmes très-surpris et fort déconcertés. Le résultat poursuivi et obtenu par nos ennemis dépassait toutes nos prévisions. Ce fut d'abord notre amour-propre qui souffrit. Nous avions tant dit et répété, sous toutes les formes, que Paris était le grand ressort de la pensée humaine, que s'il cessait d'émettre des idées et des sentiments, toute la machine de l'univers s'arrêterait à la suite, et que ce serait comme un long évanouissement de la civilisation ! Il fallut bien reconnaître que, si nous tenions en effet une place importante dans le monde, nous n'en étions pas tant le cœur que cela, et qu'une fois Paris retranché des nations, la terre n'en poursuivait pas moins sa course accoutumée autour du soleil, l'humanité n'en continuait pas moins de penser et d'agir ; elle allait d'un même pas vers l'éternel progrès. Fâcheuse découverte ! désillusion amère ! L'Europe et l'Amérique se pouvaient à la rigueur passer de nous ; et nous, l'univers tout entier nous manquait ! Comme des marins perdus sur la vaste mer, nous avions soif de nouvelles. Que faisait le reste de la France ? c'était pour nous une question grave, et à laquelle nous ne savions pas de réponse.

Quelques jours avant que l'investissement fût consommé, le gouvernement avait délégué à Tours deux de ses membres pour organiser la levée en masse et soulever l'enthousiasme des départements. Mais nous n'avions qu'une médiocre confiance aux hommes à qui incombait cette mission difficile. C'étaient deux vieillards, MM. Glais-Bizoin et Crémieux, connus l'un et l'autre pour la sincérité de leurs opinions, mais dont l'âge avait affaibli les forces. Ces mains défaillantes suffiraient-elles à cette tâche redoutable ? Nous ne l'espérions guère, et c'était pour nous une bien pénible angoisse de ne pouvoir enfoncer nos yeux dans cette nuit, qui se dérobait à nos regards. On nous avait prévenus que M. Thiers, mettant au service du gouvernement nouveau sa longue expérience et sa grande autorité, était parti pour porter des propositions aux divers cabinets d'Europe ; qu'il avait dû aller à Londres, puis de là à Saint-Pétersbourg, et, repassant par Vienne et Florence, revenir à Tours. Qu'était-il advenu de ce voyage ? Où notre ambassadeur en était-il de ses négociations ? Nous aimions si fort à nous flatter d'espérances chimériques, qu'à cette époque nous croyions encore possible de nouer une coalition européenne contre la Prusse victorieuse. C'est surtout — voyez notre naïveté incurable ! sur la Russie que nous comptions. Nous nous disions qu'elle comprendrait assez ses intérêts pour redouter qu'un jour la Prusse toute-puissante, enivrée de ses triomphes, ne vînt lui demander ses provinces allemandes, et, sur un refus, les lui arracher de force. « Qui sait ? nous disions-nous ; peut-être l'alliance est-elle conclue à cette heure », et nous calculions combien de temps il fallait à une armée russe pour tomber sur Berlin et forcer nos ennemis à se retourner contre ce nouvel assaillant. Quel chagrin, quelle irritante inquiétude de ne pouvoir rien apprendre de précis sur des points qui nous touchaient de si près et d'une façon si sensible !

Mais il y avait encore pour chacun de nous, dans cette

absence de nouvelles, une privation bien plus amère, la plus cruelle de toutes assurément. Nous avions tous envoyé nos mères, nos femmes, nos enfants, nos familles, les uns à l'étranger, les autres sur les plages normandes ou bretonnes, d'autres dans l'intérieur de la France. Aucun de nous n'avait prévu le blocus, et nous les avions laissées là-bas sans argent que pour un petit nombre de jours. Que devenaient-elles, et surtout qu'allaient-elles devenir? Comment les rassurer sur notre compte? car nous pensions bien que M. de Bismark emplissait les journaux du bruit mensonger de nos guerres civiles, et nous représentait tous comme voués à l'assassinat ou au bombardement. Et nous-mêmes, par quelle voie apprendre si ces êtres, qui nous étaient si chers, vivaient en bonne santé ? Nous comptions avec angoisse les heures qui s'écoulaient ; ces heures si fertiles en maladies, en accidents, en craintes vagues, en désespoirs, et nous nous sentions le cœur tout plein d'amertume et d'ennui. C'est la seule souffrance dont aucun de nous n'ait pris son parti. J'ai vu la blague parisienne s'attaquer à tout, et railler avec sa desinvolture satirique les maux les plus sérieux du siége ; elle a toujours respecté celui-là ; la voix lui eût manqué, et la raillerie se fût terminée en sanglots. Paris était plein de veufs, qui, le soir, prenant leur bougeoir chez le concierge :

— Eh bien! pas de lettres? interrogeaient-ils.
— Non, monsieur, pas de lettres, répondait le portier.

Et c'était tous les jours pour eux un coup nouveau et douloureux. Je me souviendrai longtemps qu'un soir je dînais au restaurant, avec trois Parisiens des plus sceptiques, et que tout en mangeant fort mal nous faisions des mots sur le dîner qu'on nous servait, et sur les horreurs du siége ; nous étions tous animés de cette gaieté un peu factice qui pétille dans l'esprit boulevardier, comme la mousse sur le champagne. A quatre pas de nous, sur une table séparée, dînaient un vieillard, et en face de lui, une jeune femme, sa fille, sans doute, qui avait à côté d'elle un petit enfant de trois ou quatre ans, blond, les cheveux bouclés, et babillant avec l'ingénuité de son âge. Il vit sur notre table une poire, et en demanda à sa mère. L'un de nous se détacha, et, après s'être excusé près de la jeune femme, offrit un quartier du fruit au bambin et l'embrassa. Quand il revint, il avait les yeux tout pleins de grosses larmes, qu'il cherchait à dissimuler, et tous quatre, bravement, nous nous mîmes à pleurer, les uns devant les autres, en face de notre assiette, sans mot dire.

L'administration fut tout d'abord prise au dépourvu, et ne sut rien imaginer dans cette détresse. C'est une chose à remarquer combien, dans toute cette guerre, il y eut chez nos gouvernants peu d'ingéniosité, de ressources et de fécondité d'invention ; beaucoup de bon vouloir, et pas la moindre originalité. Il fallut que dans tous les ordres d'idées ils reçussent du public impatienté l'impulsion qu'ils auraient dû donner eux-mêmes. Ils ne s'avisèrent qu'assez tard d'organiser un système de ballons montés. Ils se servirent d'abord de ballons libres, où l'on devait mettre des cartes sans enveloppes et affranchies d'un timbre de dix centimes. Ce que sont devenus ces ballons et les lettres que nous leur avons confiées, je n'en sais rien encore à l'heure qu'il est, car j'écris ces impressions avant que Paris soit débloqué, pour les avoir plus fraîches. Ce ne fut qu'après deux ou trois semaines de tâtonnements qu'ils organisèrent un service régulier de grands et vrais ballons. Nous y reviendrons, quand l'occasion s'en présentera, dans quelqu'un des chapitres suivants. Bien plus tard encore ils purent, grâce aux pigeons voyageurs, nous procurer quelques courtes et rares nouvelles de nos chers délaissés. Ces messagers ailés ont fait un petit nombre d'heureux.

Que d'autres attendent encore !

III

La seconde surprise et la seconde misère du siége commençant, ce fut la rareté soudaine des vivres. Le gouvernement avait engagé les particuliers à faire leurs provisions d'avance. Mais personne, ou presque personne, n'avait pris cet avertissement au sérieux. Je ne saurais trop répéter qu'on ne prévoyait point un blocus à Paris. Quelques bourgeois prudents avaient rempli leurs caves de provisions de bouche; mais c'était le très-petit nombre. Les autres avaient acheté, par mode, par blague, un jambon d'York, quelques boîtes de sardines, quatre à cinq kilogrammes de riz et de légumes secs, et des pots de confitures. On allait chez les grands épiciers comme en partie de plaisir. Les femmes du monde arrivaient en grande toilette à la porte de Potin; elles entassaient, au hasard, dans leurs calèches, les pots, les boîtes, les quartiers de salaisons et de fromage, payaient en or, et s'en allaient riant comme des folles de leur équipée.

On s'aperçut très-vite que le siége allait tourner au blocus, et que ces approvisionnements, faits à la hâte, sans ordre, et par manière de plaisanterie, ne dureraient pas longtemps. Toute la ville, alors, d'un même mouvement, se précipita, les mains tendues, chez les marchands de comestibles. Du jour au lendemain, tout haussa de prix. Il se formait aux portes des épiciers et des charcutiers de longues queues de ménagères, qui venaient chercher du fromage, des jambons, des saucissons et autres victuailles. On riait encore, à ce moment-là, de cet empressement; on ne se doutait guère que l'heure était si proche des détresses réelles et des sérieuses souffrances.

Il se produisit un phénomène bien curieux, et qui serait difficile à croire, si nous ne l'avions tous constaté : c'est l'appétit dévorant dont Paris fut sur-le-champ saisi. Jamais il n'avait *fait si faim* dans la grande ville. Jadis on y mangeait pour vivre, et sans trop faire attention aux morceaux. Il eût été bien difficile de trouver un Parisien qui raisonnât son déjeuner. Aussitôt le siége commencé, nous entendîmes tous nos entrailles crier d'une étrange manière. Nous contemplions, en passant, les vitrines des magasins de comestibles avec des yeux de convoitise; les énormes piles de boîtes en fer blanc, les rangées de pots où étincelaient les confitures jaunes ou rouges, ces tonnes de harengs pressés, tout cet appareil de la mangeaille qui s'étale aux montres des épiciers nous mettait l'eau à la bouche, et nous jetions sur cet espoir de nos repas futurs des regards mouillés de tendresse. Tel qui déjeunait de deux œufs sur le plat et d'un morceau de fromage, ne voulait plus se contenter à moins d'un bifteack saignant arrosé d'une bouteille de bordeaux. L'estomac parlait-il plus haut? l'écoutait-on davantage? Grave question, et que je laisse à résoudre aux moralistes. Ce qu'il y a de certain, c'est qu'en prévision des jours d'abstinence forcée, chacun s'appliquait à manger plus et mieux. La chère était plus abondante et plus délicate. Il semblait qu'on se dît à part soi : Autant de pris sur l'ennemi; encore un que les Prussiens n'auront pas!

Jamais dans la classe bourgeoise les invitations ne furent plus nombreuses qu'en cette première phase du blocus. — Un dîner de siége!... c'était l'expression consacrée. Et l'on prenait je ne sais quel plaisir à narguer les Prussiens en servant à ses convives de bons morceaux, qu'ils engloutissaient, en se plaignant des horreurs de la famine. Toutes ces railleries durèrent peu, les boucheries ne tardèrent pas à se sentir de l'investissement. Il fallut rationner le public, et cette question devint une des plus épineuses à résoudre. A l'époque où nous sommes, on n'en sentait pas encore toutes les difficultés. Outre que la viande fraîche de bœuf et de mouton était encore assez abondante pour fournir à la consommation normale de la population, la chair de cheval abondait, et comme elle était re-

La queue des boucheries.

poussée par le préjugé populaire, il était facile de s'en procurer.

Je me souviens qu'en m'en allant, le matin, aux exercices de la garde nationale, je passais devant les queues qui s'allongeaient à la porte des bouchers, et j'entamais la conversation avec les ménagères, qui piétinaient, bleues de froid, riant et causant, tandis qu'elles attendaient leur tour.

— Mais, leur disais-je, pourquoi êtes-vous ici, sous la pluie, les pieds dans la boue, avalant l'air humide du matin, quand au bas de chez moi, il y a une boucherie de cheval ouverte, et qui ne parvient pas même à débiter toute sa marchandise ?

— Du cheval ! s'écriaient les commères avec horreur.

Le fait est que moi, j'en mangeais tous les jours, et le trouvais fort bon ; que mes amis en mangeaient comme moi, et que toute la bourgeoisie riche s'y mit sans répugnance. Mais il fallut, pour y amener les ouvriers et leurs femmes, l'aiguillon de la faim. Je pus suivre les progrès du blocus, en observant la boucherie de mon voisin, le marchand de cheval. Sa clientèle s'accrut à mesure que les subsistances diminuaient dans Paris. C'est vers le milieu de novembre que des queues interminables commencèrent à s'étendre le long de sa boutique, et il finit par ne plus ouvrir qu'à certaines heures, et par ne plus délivrer de viande qu'aux porteurs de bons.

Chaque mairie organisa le rationnement comme elle l'entendit. Les plaintes s'élevèrent de tous côtés, et la plupart étaient assez justes. Car de pauvres ménagères passaient des demi-journées pour obtenir un petit morceau de mouton ou de bœuf, et l'on aurait pu leur épargner ces longues stations en plein air. Il faut bien reconnaître pourtant que ce n'est pas chose commode que de nourrir, par mesure administrative, deux millions d'hommes, frondeurs par tempérament, et qui ne cherchaient qu'à tromper la vigilance de l'autorité. A l'heure où j'écris, l'organisation est encore très-défectueuse ; tel arrondissement est mieux partagé que tel autre ; le système de numéros d'ordre, délivrés aux consommateurs, est plus ou moins commodément arrangé ; mais les habitants ont fini par prendre leur mal en patience ; tout cela s'est *tassé*, comme dit le peuple. On souffre peut-être davantage, on geint moins haut.

Nous retrouverons plus d'une fois, dans le cours de ces souvenirs, cette question des subsistances. Reprenons, où nous l'avons laissé, le fil interrompu des événements.

CHAPITRE VI.

LE BOURGET. — METZ RENDU. — MANIFESTATION DU 31 OCTOBRE.

I

Le manifeste de Jules Favre et le léger succès de nos armes qui l'avait suivi de près avaient relevé tous les cœurs et tendu les nerfs de la population parisienne. On venait de faire une nouvelle provision de courage, et il faut avouer qu'on en avait grand besoin. La situation était cruelle. On se trouvait entre deux dangers, dont l'un ne semblait pas moins menaçant que l'autre : au dehors les Prussiens, et les émeutiers au dedans. Je crois bien qu'à cette époque-là, vers les derniers jours de septembre, la bourgeoisie avait plus peur encore des émeutiers que des Prussiens ; et peut-être n'avait-elle pas tort, car ils étaient, sans le savoir, les alliés sur lesquels les Prussiens comptaient le plus fermement pour entrer à Paris. M. de Bismark n'avait pas caché ses espérances. Il avait sur tous les tons, dans toutes ses lettres publiques, et dans toutes ses conversations privées, dont les échos revenaient à Paris, dit que les portes de la ville lui seraient ouvertes par la guerre civile, et il parlait d'avance avec mépris de ce peuple chez qui le plus extrême danger de la patrie n'avait pu étouffer le goût inné de la discorde.

Entre ces deux ennemis on conçoit que nous ne fussions pas trop à notre aise. Comment les Prussiens nous attaqueraient-ils? quel coup de foudre devait sortir du nuage où ils enfermaient leurs desseins? Pour l'heure, nous n'en savions rien exactement. Nous ignorions qu'ils se fussent résolus de nous prendre uniquement par voie de blocus, et d'attendre, l'arme au pied, que l'émeute ou la faim leur livrât la place. Nous aurions dû le soupçonner, car les grands capitaines n'ont guère eu jamais, comme le renard de la fable, qu'un tour dans leur sac. Ils inventent une combinaison nouvelle, où ils reviennent sans cesse, jusqu'à ce qu'ils l'aient apprise à leurs adversaires, et se soient fait battre enfin avec leurs propres armes. M. de Moltke avait toujours usé du mouvement tournant, et forcé, par un prodigieux enveloppement, l'ennemi de se rendre par capitulation. Il était bien probable qu'il procéderait de même contre Paris, qu'il l'enserrerait avec toutes les forces de l'Allemagne, et laisserait ensuite au temps à faire sa besogne. Mais nous n'étions pas assez philosophes pour faire ces sortes de réflexions, dont la justesse n'apparaît jamais qu'après coup...

Durant tout le mois d'octobre, nous avons cru à une attaque de vive force, ou tout au moins au bombardement. Pour le bombardement, il n'y avait pas à en douter. Tous les jours on nous disait : Vous savez, c'est pour demain, ou après-demain au plus tard. On nous l'annonçait pour le 9, puis pour le 14, anniversaire de la bataille d'Iéna, puis pour le 27, anniversaire de l'entrée de Napoléon à Berlin, puis pour le jour de fête de Guillaume, d'Augusta, de Fritz. Les proclamations affichées sur les murs des rues nous recommandaient de garder chez nous des tonneaux pleins d'eau, de dépaver nos cours, de nous jeter par terre quand nous verrions tomber un obus, d'étouffer les feux naissants avec des linges mouillés ; et chacun de nous visitait sa cave d'un air rêveur : La voûte sera-t-elle assez solide pour résister à l'effondrement subit de la bâtisse? Les musées déménageaient leurs trésors dans les sous-sols ; les bibliothèques blindaient leurs toits et calfeutraient leurs fenêtres ; l'Institut lançait à l'Europe civilisée une protestation contre les barbares qui méditaient l'incendie de tant de chefs-d'œuvre. Le *Times*, dans un numéro qui parvint jusqu'à nous (ces numéros-là arrivaient toujours), disait qu'après tout le bombardement de Paris n'était point une monstruosité si extraordinaire ; que c'était sa faute : pourquoi avait-il le mauvais goût de se défendre? d'arrêter ces bons Prussiens? de leur faire de la peine? ils en auraient bien du chagrin, mais c'était notre maudite opiniâtreté qui les contraignait à ces mesures un peu rigoureuses ; nous en porterions la responsabilité devant l'histoire… — Ah! le *Times* peut se flatter de nous avoir fait passer de méchants quarts d'heure, et si jamais !… mais, patience, patience ! tous les comptes seront réglés un jour. Nous ne recevions pas de journal allemand qui ne traitât *ex professo* des effets de ce bombardement si attendu, et qui ne le promît comme récréation dernière à ces honnêtes et loyaux fils de la blonde Allemagne. Les officiers prussiens, dans les conversations d'avant-postes, en parlaient avec douleur à nos compatriotes, comme d'un malheur inévitable. Nous ne saisissions pas sur un soldat mort ou blessé une lettre où il ne fût question de ce bombardement. La jeune et mélancolique Gretchen, aux yeux bleus, ne manquait jamais, dans ses épîtres sentimentales, où se mêlaient en purée et les baisers de son âme, et les bas de laine, et les confitures et le bon Dieu, et Beethoven, et la petite fleur cueillie au bois, d'ajouter avec un soupir de satisfaction : On dit que c'est demain que le bombardement commence ! Nous nous rappelions ces fameux krupp, qui nous avaient éloignés par l'énormité de leur bouche, à l'exposition universelle. On assurait qu'ils pouvaient porter à huit et même à dix et à douze mille mètres. L'*Illustration* avait donné la distance qui en séparait les différents points de Paris, et, de ce travail, il résultait évidemment que des boulets de cent cinquante livres pouvaient tomber sur la place du Théâtre-Français. Il s'était fondé une association mutuelle contre les dégâts que l'on prévoyait, et elle avait en quelques jours réuni un capital de plusieurs millions.

Un bon quart des maisons de Paris était surmonté de drapeaux d'ambulance ou de drapeaux d'ambassade et de consulat. On s'imaginait que les artilleurs ennemis apercevraient à trois lieues de distance ce mouchoir de couleur hissé au bout d'un bâton, et respecteraient les immeubles protégés par ce signe !

Tout le monde sait qu'il n'y a rien de plus inquiétant que l'attente. Ce fut donc chez nous, durant un long mois, comme un agacement quotidien. On était surexcité, nerveux. On se demandait : Que vont-ils faire? et l'on ajoutait : Pourquoi ne faisons-nous rien?

Ceux que le hasard avait mis à notre tête étaient d'honnêtes gens, de braves cœurs et des hommes de mérite. Mais on n'avait pas foi en leur génie... On aurait voulu qu'ils sortissent des sentiers battus, qu'ils étonnassent chaque jour le monde et nous-mêmes par quelque action d'éclat, par quelque invention singulière. On rappelait toujours le souvenir des guerres de la sécession, et ces hardis coups de tête par où se signalaient les généraux improvisés de la jeune Amérique. Le général Trochu n'était qu'un bon militaire, qui marchait prudemment par les chemins frayés. Il semblait résolu à n'engager que de petites actions, des escarmouches sans importance, où il aguerrirait peu à peu des troupes encore neuves et peu solides, et à profiter du répit laissé par les adversaires pour achever jour à jour le réseau de nos fortifications. Pouvait-on faire plus et mieux? Je laisse la question à résoudre à des personnes plus compétentes. Je me contente, pour moi, de décrire l'effet qu'à ce moment de la lutte faisait sur nous cette tactique. Elle était violemment blâmée des uns, et ceux même qui l'approuvaient tout haut, qui faisaient des phrases sur la temporisation, et comparaient le général Trochu à Fabius Cunctator, sentaient comme un secret dépit de ne pas voir les choses marcher plus vite. Nous ressemblions à un fiévreux, qui accuse toujours son médecin, quand la maladie ne cède pas assez vite à ses ordonnances.

Le général Trochu est Breton ; c'est dire qu'il est pourvu d'une assez forte dose d'obstination. Il est de la race de ceux qui enfoncent des clous dans la muraille en usant de leur front comme d'un marteau. J'ignore si les épigrammes des journaux, si les effervescences de l'opinion publique lui étaient très-sensibles ; mais il faisait à petit bruit et lentement une besogne qui fut plus tard reconnue excellente. Il achevait de fortifier Paris ; sur le front de cette immense ligne de défense, ici il raffermissait les points faibles, là il ajoutait encore à la force de ceux qui craignaient moins ; il mettait la ville en état de faire tête partout où l'ennemi se pourrait présenter. Il la rendait imprenable. Il est vrai que dans le même temps les Prussiens menaient à bien leur circonvallation ; en sorte qu'un officier allemand, causant un jour avec un de nos médecins d'ambulance, lui disait : Il vous sera aussi difficile de sortir de Paris qu'il nous le serait à nous d'y entrer.

Ce travail de taupe, long et patient, n'est pas de ceux qui éblouissent les imaginations. Aussi n'en savait-on aucun gré, faute de l'apercevoir, ni au général Trochu qui l'avait commandé, ni au génie qui en surveillait l'exécution. Ni l'un ni l'autre n'y purent tenir, et le 18 octobre, ils publièrent un rapport officiel sur les travaux exécutés autour de la capitale durant ces journées qu'on les accusait d'avoir si mal employées. Il y constataient, non sans un légitime sentiment d'orgueil, qu'au lendemain des grands désastres de l'armée du Rhin, l'immense enceinte de la capitale était non-seulement dépourvue de tout armement, mais qu'elle n'avait ni abris, ni casemates, ni magasins à poudre, ni traverses ; qu'aucun des forts ne se trouvait en état de défense, et que tous les ouvrages extérieurs étaient effacés par le temps. Je n'entre pas dans le détail des travaux exécutés ; ces rapports appartiennent à l'histoire proprement dite, et je n'y touche pas. C'est affaire à elle de compter par le menu le nombre prodigieux de sacs de terre remués, de bouches à feu mises en place, d'ouvrages construits, de mètres de terrain conquis par la sape sur l'ennemi ; je n'ai à constater que le résultat définitif ; il était vraiment admirable, et le général Trochu pouvait s'en applaudir avec raison ; car il fut démontré, à partir de ce jour, que Paris, pour qui l'on avait toujours craint quelque surprise, était désormais à l'abri d'une attaque de vive force et qu'il lui était permis de dormir en repos derrière tant d'obstacles accumulés. Les barricades, dont on avait dans le premier moment jugé à propos de couper ses promenades et ses rues, devenaient à peu près inutiles ; il était bien évident que l'ennemi n'entrerait jamais, s'il devait entrer, que par capitulation. Et de fait, la commission instituée pour les établir cessa de fonctionner ; Rochefort, qui en était le président, n'eut plus là qu'un titre honorifique. Admirez en passant l'ironie des événements ! C'était le pouvoir qui avait créé lui-même une commission des barricades, et Rochefort en avait été nommé chef ! Comme il est vrai ce mot de Talleyrand qui dit qu'en France tout arrive !

Se garder était bien ; attaquer eût mieux valu. C'est un axiome de guerre, que la défense d'une place assiégée doit être offensive. Ces deux mots, qui font antithèse : défense offensive, semblaient avoir résumé toutes les opinions du public parisien sur le siége. Pourquoi, se disait-on, le général Trochu n'attaque-t-il pas à fond ? Les impatients, les émeutiers, les

Bellevillois ne parlaient que de sorties en masse. Il fallait marcher tous ensemble, quatre ou cinq cent mille environ, sur un point donné et tout culbuter ; comme s'il était possible de mettre en ligne, de déployer et de faire manœuvrer une armée aussi considérable de citadins, qui savaient à peine manier un fusil ! Les gens plus sages n'en demandaient pas tant ; ils auraient souhaité néanmoins qu'on se tînt moins sur la réserve, qu'on ne se bornât pas simplement à de fortes reconnaissances. Ils critiquaient, les uns poliment, les autres avec aigreur.

Le général Trochu n'en tenait compte. Il avait son plan. Il eut même un jour l'imprudence (ces petites mésaventures sont le châtiment des chefs qui écrivent trop) de publier une proclamation dans laquelle il disait en substance : — Laissez-moi tranquille ; j'ai mon plan et n'en démordrai point. Je ne me suis encore trompé sur aucune des conjectures que j'ai portées sur la présente guerre, ainsi qu'on pourra s'en assurer, quand on lira le testament que j'ai déposé chez mon notaire, Me Ducloux. Pourquoi voulez-vous que je n'aie pas encore cette fois confiance en mon jugement ? Attendez. — Cette naïveté, par trop bretonne, fit sourire les Parisiens. Le plan de Trochu, ce plan invisible, devint un texte de plaisanteries sans fin. On le mit en caricatures et en chansons. Tout Paris répétait des couplets assez drôles, improvisés sur l'air de : *On va lui percer le flanc*.

>Je sais le plan de Trochu,
>Plan, plan, plan, plan, plan !
>Mon Dieu ! quel beau plan !
>Je sais le plan de Trochu :
>Grâce à lui rien n'est perdu.
>
>Quand sur du beau papier blanc,
>Il eut écrit son affaire,
>Il alla porter son plan
>Chez maître Ducloux, notaire.
>
>C'est la qu'est l'plan de Trochu.
>Plan, plan, plan, plan, plan !

> Mon Dieu! quel beau plan!
> C'est là qu'est l'plan de Trochu :
> Grâce à lui rien n'est perdu!

La chanson passait ensuite en revue, dans une foule de couplets qui allèrent s'ajoutant les uns aux autres, toutes les sottises qu'on supposait avoir été faites, et toujours ce diable de refrain :

> C'est dans le plan de Trochu,
> Plan, plan, etc.

Nous avons bien ri de cette plaisanterie, qui n'était pas d'ailleurs d'excellent goût. Et je crains que le général Trochu ait été plus sensible que de raison à ces légères piqûres.

Il n'en resta pas moins fidèle à ce plan, qu'il connaissait seul, et qui consistait, au moins pour le mois d'octobre, à mener les jeunes troupes au feu, par petits corps détachés, sans autre but que de les aguerrir ; à substituer aux sorties en grandes masses des reconnaissances multipliées, sans parler du feu incessant des forts, qui, jour et nuit, canonnaient à distance les travaux des Prussiens. Je ne me mêle point de blâmer ce système, mais je prie ceux qui me lisent de se représenter l'état d'une population très-impressionnable et violemment surexcitée, quand, tous les matins, ouvrant son journal, elle trouvait des notes ainsi conçues : *Hier, le Mont-Valérien a envoyé une douzaine d'obus sur une batterie en construction ; il l'a démontée et a forcé les soldats ennemis de s'enfuir...* ou encore : *Les francs-tireurs de la Seine ont dans la nuit exécuté une sortie heureuse sur les bords de la Marne ; ils ont rencontré un parti d'ennemis et ont engagé avec lui une très-vive fusillade, qui a duré deux heures. Personne n'a été blessé dans cet engagement, qui fait le plus grand honneur à nos volontaires.* Bien maigre en vérité pour notre impa=

tience ! et comme, à Paris, on trouve le moyen de rire de tout, les journaux, parodiant les rapports quotidiens : *Hier, disaient-ils, on a aperçu un léger flocon de fumée sur les hauteurs de Saint-Cloud. On suppose que c'est un de nos obus qui a éclaté, par mégarde, sous la patte d'un chien. Le chien a eu la queue emportée. Il a reçu du roi Guillaume la médaille militaire.*

Les grosses reconnaissances, celles que le général Trochu faisait faire soit par Ducrot, soit par Vinoy, avec dix ou douze mille hommes, ne nous satisfaisaient pas davantage. Les rapports officiels parlaient toujours de l'entrain merveilleux de nos soldats, des pertes sérieuses éprouvées par les ennemis, de la victoire que nous avions touchée du bout des doigts; mais elle nous avait échappé, et, en fin de compte, nous revenions toujours de ces expéditions sans en rapporter un gage matériel, quel qu'il fût, de nos prétendus succès. Ce qui contribuait plus que toute autre chose à irriter la population en ces sortes d'affaires, c'est que les on dit du premier soir nous faisaient toujours croire à un brillant triomphe, et que la déception du lendemain en était plus cruelle. Un jour on nous disait : Ah! si nous avions eu seulement deux batteries de plus !... et le public, qui n'y entendait pas malice, répondait à ces plaintes : Eh bien ! pourquoi n'aviez-vous pas les deux batteries ? Une autre fois, on eût coupé dix mille Prussiens, si l'on fût parti deux heures plus tôt... Et bien ! disait le public, il ne fallait pas partir si tard... Il y avait pourtant, disaient les gens du métier, un petit sentier qui nous eût menés droit dans les flancs de l'ennemi; ah ! si nous l'avions connu !... Que n'aviez-vous une carte? objectait le bourgeois. Quel dommage, s'écriaient les militaires, que nous n'ayons été là que dix mille, leur affaire était faite...! Eh bien ! répondait le public, il fallait être vingt mille et leur faire leur affaire. Les journaux, qui étaient devenus aussi nerveux que la population parisienne, avaient fini (même les plus modérés et les plus sages) par s'impatienter sérieusement ; ils demandaient qu'on n'entamât jamais une expédition sans un but déterminé, un point à conquérir et à garder, comme marque du succès obtenu. On pense les cris que jetaient les opposants à tous crins.

Il n'entre pas dans mon plan de conter par le menu ces faits d'armes ; je n'ai voulu donner que la physionomie générale. D'autres diront la valeur de nos troupes, les combinaisons stratégiques auxquelles elles ont servi, les noms des héros qui tombèrent en ces combats pour la patrie ; il me suffit d'avoir montré le contre-coup de ces événements sur les âmes parisiennes. Il fut le même après l'affaire de Thiais, au 2 octobre, après celle de la Malmaison, le 8, après celle de Châtillon, Bagneux et Clamart, le 13 ; il prépara l'explosion de désappointement qui devait éclater le 1er novembre après celle du Bourget. — Mais comme c'est là un des moments climatériques du siége, nous nous y arrêtons un peu davantage. — Reprenons l'analyse des causes qui amenèrent ce grand mouvement d'opinions.

Nos armes n'étaient pas très-heureuses à l'intérieur. Que pouvions-nous attendre du dehors ? Nos frères de province, ceux pour qui j'écris spécialement ce livre, doivent s'imaginer avec quelle ardente anxiété nous cherchions à percer du regard la nuit épaisse qui nous couvrait leur histoire ! Comme nous tressaillions au moindre bruit qui nous arrivait de leurs efforts ! Combien faibles et rares, ces bruits qui se glissaient, de temps à autre, à travers les lignes ennemies ! Le croirait-on ?... nous restâmes jusqu'au 7 octobre, sans lire un journal des départements. C'est à cette date que le *Gaulois* eut la bonne fortune de recevoir un numéro du *Journal de Rouen*. Ah ! il me souviendra longtemps de notre joie quand on nous l'apporta. Notre ami Beuzeville, qui rédige cette feuille avec bien du talent, ne se doute guère du succès qu'il obtint ce jour-là chez nous.

Il fallait voir au bureau de rédaction tous les visages émus, et tous les yeux curieusement fixés sur le lecteur. Des nouvelles ! nous allions donc enfin avoir des nouvelles ! Le cercle de silence où nous étouffions depuis tantôt dix-neuf jours allait donc être brisé ! Un poids nous tombait de dessus la poitrine. Non, je ne saurais trop le redire, il n'y a pas de pire supplice que de vivre retranché de l'univers, dans la capitale du monde civilisé, comme Robinson dans son île. Oh ! ce supplice irritant de ne rien savoir, avec quelle impatience et quelle sourde colère nous le subissions ! Les bruits les plus alarmants circulaient, propagés par l'universelle inquiétude. Car on croit aisément ce que l'on craint aussi bien que ce que l'on espère. — Les Prussiens ont pris Rouen... Ils assiégent le Havre... Ils ont battu l'armée de secours... Le gouvernement de Tours nous trahit... Et toutes ces rumeurs étaient recueillies, commentées, grossies par un public nerveux et affolé. La vérité nous arrivait enfin ! nous la tenons ! la voilà ! Béni sois-tu, petit carré de papier noirci qui nous l'apportas à travers l'armée d'investissement ! Jamais lettre ne nous donna autant de réconfort et de joie que ces dépêches officielles où nous était contée l'histoire de la France en ces derniers jours. Joie ou malheur, il n'importait ; tout nous valait mieux que le silence.

— Pas bien bonnes, hélas ! les nouvelles que nous apportait le journal, ni celles qui, à la suite, pénétrèrent chez nous par d'imperceptibles fissures. Je ne parle pas de la prise de Strasbourg et de celle de Toul, que nous avions apprises trois ou quatre jours auparavant, grâce à l'aimable empressement des Prussiens. La chute de ces deux places nous avait attristés profondément, sans nous décourager, car elle était prévue, et nous savions bien que faute d'être secourues, elles seraient obligées de se rendre. Mais ce qui nous inquiétait plus que le sort de ces deux villes, c'était d'apprendre enfin ce que pensait la province et ce qu'elle faisait. Ah ! comme nous sentions alors que ce mot n'est pas véritable, qui prétendait que Paris, c'est la France ! Non, Paris n'est pas la France ; Paris sans elle n'est rien, et nous nous demandions chaque jour avec une anxiété croissante : La France se lève-t-elle ? Un journal avait traduit cette universelle préoccupation sous cette forme humoristique de la blague, qui est familière au génie parisien : un bourgeois au lit prend sa montre sur la table de nuit, et, regardant le cadran : « Sept heures ! dit-il, allons, tant mieux ! la province se lève. »

Elle ne se levait pas ! Le peu que nous pouvions deviner de son histoire nous la montrait hésitante et divisée : à Tours, un gouvernement de vieillards sans énergie ; partout des menées bonapartistes ou orléanistes. On nous disait même que quelques-uns des membres de la famille d'Orléans étaient venus, offrant leur épée à la France, compliquer la situation déjà si embrouillée ; les grandes villes, en proie aux factions extrêmes et affichant la prétention de se gouverner seules ; chaque province, oubliant le salut commun pour ne songer qu'à sa défense personnelle ; et par-dessous, dans les bas-fonds de cette société, les menaces d'une Jacquerie que nous croyions tout près d'éclater. Que la province nous pardonne, si à ce moment nous avons douté d'elle ! Nous ne savions pas, peut-être ignorait-elle elle-même que de cette éparse et vaste fermentation jaillirait bientôt une flamme de patriotisme qui embraserait tous les cœurs ; que tous ces éléments d'énergie virile allaient se concentrer et s'unir en de grandes armées, et que la France tout entière, animée d'un même souffle, emportée de l'immortel élan de 1792, s'avancerait au secours de Paris et marcherait à la conquête de sa capitale.

C'est alors qu'on prit la résolution d'envoyer Gambetta à Tours, pour prêter à la délégation du gouvernement l'appui de sa jeune popularité. Gambetta nous était fort utile à Paris, car il possédait un ascendant réel sur les hommes du parti avancé, et il servait de trait d'union entre eux et la bourgeoisie. Mais il est évident qu'il y avait pour lui un plus grand rôle à jouer en province. Il partit donc le 6 octobre, échappa heureusement aux Prussiens, et nous apprîmes bientôt qu'il avait ressaisi la direction des affaires et donné à l'esprit public une nouvelle impulsion. M. de Kératry le suivit bientôt, chargé d'une mission particulière, que nous ne connaissions pas ; puis, Ranc, dont le nom sans doute n'était pas fort répandu en province, mais qui avait ce mérite d'être à la fois un honnête homme, un homme d'action et un bon républicain.

Que firent-ils dans les départements ? Il est probable que quelque journaliste de province écrit cette histoire pour nous, à ce moment même où j'écris pour lui la nôtre. Je ne puis parler que des bruits qui nous arrivaient de loin en loin. Tantôt c'était quelque dépêche de Gambetta. Mais Gambetta, qui est d'origine méridionale, préfère volontiers l'effet de la phrase oratoire à l'exactitude du détail précis ; et au lieu de nous dire le nombre juste, et la force, et la position des corps d'armée levés par la province, il nous annonçait pompeusement que la résistance de Paris faisait l'admiration de l'univers. On souriait ici de ces exagérations de langage, et l'on pensait à part soi que si le premier ministre nous cassait ainsi l'encensoir sur le nez, c'est qu'il n'avait rien de meilleur à nous dire. D'autres fois, c'étaient des journaux, les uns français et venus de province, les autres américains et anglais, que nous recevions le plus souvent par le canal de l'ambassade américaine. Ils n'étaient pas bien consolants. Ils nous contaient de beaux faits d'armes : Saint-Quentin défendu contre un gros de Prussiens par un de nos confrères du *Siècle*, M. Anatole de Laforge, qui fut glorieusement blessé dans le combat ; et plus tard cet héroïque dévouement de Châteaudun qui résolut de s'ensevelir sous ses ruines plutôt que de se rendre. Nous pouvions bien conclure de ces lambeaux d'événements portés çà et là à notre connaissance, qu'il y avait dans un rayon assez étendu une guerre de reconnaissances et d'escarmouches rudement menées par des troupes de partisans ; qu'il bouillonnait dans toute cette partie de la province une effervescence patriotique, féconde en actions d'éclat ; mais se formait-il une armée régulière qui ramassât toutes ces forces éparses et les jetât sur les derrières de l'ennemi ? Sur ce point, le plus important de tous, impossible d'obtenir le moindre renseignement.

Une espérance nous restait : Bazaine tenait toujours à Metz. C'est à Metz, avait dit un des généraux les plus distingués de la guerre d'Amérique, qu'est la clef de la situation. C'est par Metz qu'il faut débusquer les Prussiens de Paris, parce que le meilleur moyen de faire retourner un chien est de lui marcher sur la queue. Cette image pittoresque avait beaucoup frappé les esprits. On aimait à se figurer Bazaine, rompant le cercle de fer dont il était enserré, et tombant sur les lignes du siége avec une armée qu'on estimait au moins à 80,000 hommes, les meilleures troupes de France ! Et quand bien même, disaient les plus modérés, il ne pousserait pas jusqu'à Paris, dût-il rester dans les Vosges, il intercepterait les convois de l'ennemi, le prendrait par la famine, le forcerait de revenir en arrière; et alors, nous Parisiens, nous nous lancerions à sa poursuite..... Et déjà, nous répétions la fameuse phrase : Il n'en sortira pas un vivant de la terre de France !

Ces illusions n'étaient pas sans fondement. On avait trouvé un jour, au coin d'un buisson, un ballon tombé, dont la nacelle était toute pleine de lettres, que la garnison de Metz avait écrites et confiées au vent. Ces lettres respiraient toutes la plus entière confiance. Elles disaient que le pain ni la viande ne manquaient dans la ville assiégée, que le moral de la garnison était excellent, que Bazaine ferait quand, où et comme il voudrait, sa fameuse trouée. Les journaux anglais nous apportaient le récit de ses sorties continuelles, sorties qu'ils qualifiaient de *furieuses*, et où les Prussiens perdaient à chaque fois énormément de monde. Il finira par les user, pensions-nous, et les mettre en pièces. Qui sait? peut-être est-il en route à cette heure ! — Et nous prêtions l'oreille.

Qu'on s'imagine donc l'émotion de Paris, quand, un matin (le 28 octobre), nous lûmes, en nous éveillant, dans le *Combat*, journal de M. Félix Pyat, ces mots en grosses lettres, TRAHISON DU MARÉCHAL BAZAINE, et au-dessous, un entre-filet, encadré de noir, où était relatée une prétendue capitulation de l'armée de Metz, qui renouvelait la honte de Sedan. Il y eut d'abord un moment de stupeur dans le public ; la stupeur fit bientôt place à l'indignation et à la colère. D'où le journaliste tenait-il ces nouvelles étranges ? On courut au ministère. Les membres du gouvernement répondirent qu'ils n'avaient aucun renseignement sur Bazaine. La foule se porta aux bureaux du journal menaçant de tout briser. En l'absence de M. Pyat, on somma son fondé de pouvoir de citer la personne qui avait affirmé le fait. Il nomma M. Flourens, qui à son tour renvoya à Rochefort. La chose devenait grave ; car Rochefort faisait partie du gouvernement. Mais Rochefort affirma n'avoir rien dit de pareil, et Flourens se rabattit sur un personnage important, dont il était obligé de taire le nom.

On tint donc la nouvelle pour apocryphe, et cependant une inquiétude sourde continua d'agiter les esprits. Les journaux ne parlaient plus de rien ; mais on se disait mystérieusement à l'oreille :

— Vous savez ! le fait est malheureusement vrai, Bazaine a capitulé.

— Allons donc ! de qui tenez-vous cela ?

On ne s'expliquait pas ; on hochait la tête. Les incrédules (ils étaient nombreux) persistaient dans leurs dénégations. Le 31, il fallut bien se rendre. La nouvelle était officiellement annoncée ; notre dernier espoir tombait du coup, et c'était juste au moment où nous subissions l'échec du Bourget.

Il n'était rien en lui-même, cet échec, et nous en avions subi de plus cruels sans en être affectés. Mais il s'était présenté dans un bien mauvais moment, et sous la forme la plus désagréable qu'il pût revêtir. Le 28 au soir, une compagnie de francs-tireurs s'était glissée près du Bourget, petit village en avant de Saint-Denis, avait surpris le poste qui l'occupait, et, après un combat de nuit, qui n'avait pas eu grande importance, s'en était emparé. La position était, à vrai dire, médiocre, et ne valait pas trop la peine d'être conquise ni défendue. Les Prussiens y revinrent au matin, avec des forces plus nombreuses ; mais ils attaquèrent mollement, ils furent repoussés. On resta maître du village. Ce n'était qu'un succès d'amour-propre, car le Bourget ne pouvait servir à rien, et mieux eût valu l'abandonner tout de suite après. Mais on eut le tort de faire sonner bien haut cet avantage à la population parisienne ; on lui annonça, dans une proclamation officielle, qu'on avait élargi le cercle de fer qui nous entourait, et forcé les Prussiens de reculer. Du moment qu'on parlait ainsi, il fallait se fortifier au Bourget, et en faire une tête de ligne sérieuse. Soit négligence du gouverneur, soit oubli du général, on n'envoya ni renforts ni artillerie. Nos soldats, qui avaient déjà passé toute une nuit et tout un jour à se battre, restèrent là, sous une pluie furieuse, les pieds dans la boue, recrus de fatigue et morts de froid. On assure même qu'un grand nombre, ayant trouvé les caves pleines, eurent le tort de s'y enivrer. Ce qu'il y a de sûr, c'est qu'au point du jour, les Prussiens revinrent avec toute une division, et pourvus d'une excellente artillerie. Ils couvrirent de feux le Bourget, et tandis que nos soldats, aveuglés par une mitraille infernale, tiraient au hasard, un gros d'ennemis tourna la position. Il fallut se replier ; ceux qui s'obstinèrent à la résistance furent pris ; c'est là que M. Ernest Baroche se fit héroïquement tuer et racheta par une mort glorieuse l'impopularité du nom qu'il portait.

Le Bourget fut perdu. La perte n'était pas grosse, puisqu'on n'en pouvait rien faire, mais l'effet moral fut immense à Paris. Il n'y eut qu'un cri d'indignation, de douleur et de désespoir. Ce serait donc toujours la même chose ! jamais assez d'artillerie ! nos soldats sans vivres et sans ordres ! à quoi bon poursuivre une lutte impossible! Il serait difficile de dire l'excès d'abattement où tomba le public : le Bourget repris et Metz rendu, c'était trop à la fois.

Un autre incident vint encore incliner à la paix des esprits qui n'y étaient déjà que trop portés. M. Thiers avait, on s'en souvient, reçu du gouvernement de la défense, quelques jours avant l'investissement, une mission dont nous ignorions les termes, près des divers cabinets d'Europe. Il était parti en pleine saison d'hiver pour Londres, et de là pour les autres grandes capitales. Il nous arrivait de temps à autre, par de courtes notes insérées dans les journaux, quelques nouvelles de ces voyages ; nous y lisions : « M. Thiers est en ce moment à Saint-Pétersbourg, où il est admirablement reçu. Toute la noblesse de Russie est venue s'inscrire à son hôtel...M. Thiers n'est resté que quelques jours à Vienne. On lui a fait le meilleur accueil. Espérons qu'il fera comprendre à M. de Beust que les intérêts de l'Autriche sont liés à ceux de la France, etc., etc. » — Espérons ! répétions-nous ; mais on n'espérait guère et l'intervention des puissances avait passé à l'état de chimère, quand tout à coup un bruit se répandit dans la ville que M. Thiers arrivait, porteur de propositions très-sérieuses d'armistice, et qu'à la demande du czar, il avait obtenu de M. de Bismark un laisser-passer à travers les lignes prussiennes. Un avis officiel confirma bientôt ces rumeurs.

Le même raisonnement se fit jour à la fois dans tous les esprits. Si M. de Bismark laisse communiquer M. Thiers avec le gouvernement de la défense, c'est qu'il ne regarde pas l'armistice comme impossible ; or, l'armistice, c'est la préface de la paix. La France nommera une Assemblée nationale, qui traitera avec les Prussiens, et nous délivrera du fardeau de cette horrible guerre. Il est évident que si les puissances européennes se sont, à la sollicitation de M. Thiers, entremises en faveur de la France, cette intervention ne peut être platonique. Elles entendent peser sur les résolutions de la Prusse autrement que par de bonnes raisons et des prières. Elles savent que les coups de canon sont encore les plus irrésistibles de tous les arguments.

Il y eut à ce souffle de paix prochaine comme un amollissement de toutes les âmes qui se détendirent. On s'abordait dans la rue :

— Eh bien ! que pensez-vous de l'armistice?
— Je pense qu'il est conclu.
— Cela est évident.

Il y eut de cette foi universelle au débloquement de la ville par la paix, un symptôme bien curieux et bien amusant. Toutes les vitrines des magasins de comestibles étaient depuis longtemps dégarnies de leurs marchandises. Les jambons, les morceaux de lard, et toutes sortes de bonnes victuailles sortirent, comme par enchantement, des caves où elles se cachaient prudemment, dans l'attente de la hausse, et reparurent triomphantes à la montre des charcutiers inquiets. On souriait d'aise à toute cette mangeaille inopinément revenue : *Le cochon c'est la paix*, disaient les caricatures. Les avant-postes avaient cessé le feu, et le Mont-Valérien ne tirait plus. On en concluait qu'il y avait une trêve tacite entre les deux armées ennemies, et de cette trêve à un armistice, et de cet armistice à la paix générale, il n'y avait qu'un pas. C'était une joie universelle.

Universelle, non ; on aurait pu compter un certain nombre de citoyens, fermement dévoués à leur patrie, qui se refusaient à tremper dans une transaction, probablement déshonorante, douteuse à coup sûr; d'autres, plus avisés, qui regardaient les choses avec des yeux moins prévenus, et, connaissant de plus longue date les détours de la politique prussienne, étaient persuadés que ces atermoiements cachaient quelque nouveau piége de M. de Bismark, et qu'il nous amusait par ces vaines espérances. Mais ceux-là se taisaient, et gardaient pour eux leurs réflexions plus tristes. A ce moment du siége, la bourgeoisie parisienne, presque tout entière, s'abandonna aux illusions de la paix, et le témoigna par des signes non équivoques.

Aussi est-ce cette heure de notre histoire que le parti avancé choisit pour tenter une révolution et s'emparer du pouvoir. Il fit ce qu'on appelle aujourd'hui la journée du 31 Octobre; mais il est besoin, pour la faire comprendre au lecteur, de remonter un peu plus haut.

II

J'ai déjà touché quelques mots des Bellevillois et des craintes qu'ils inspiraient à la bourgeoisie sérieuse. Je pense bien qu'ils n'étaient pas si noirs qu'on les faisait dans nos journaux. Il y avait dans toute cette population ouvrière qui habite les hauteurs de Belleville, de Ménilmontant, de Montmartre et de Clignancourt, une foule de travailleurs honnêtes et dont la conduite a bien prouvé dans la suite du siège les sentiments profondément patriotiques. Mais tous ne leur ressemblaient pas ; c'était de là qu'autrefois étaient parties ces fameuses *blouses blanches,* qui, sous l'empire, avaient épouvanté Paris. C'était là que s'était recrutée cette petite bande de blanquistes, qui, le 15 août, le jour même de la fête de l'empereur, étaient tombés à l'improviste sur un poste de pompiers, et avaient proclamé la République, en tuant à coups de pistolet trois ou quatre passants inoffensifs. C'est enfin là, dans ces bas-fonds de la misère et de la haine, que bouillonnaient sans cesse des ferments d'envie, de paresse et de colère, qui à tout instant menaçaient d'éclater en révolte. Il ne manquait pas d'ambitieux pour exploiter ces passions et ces besoins: les uns, convaincus peut-être qu'en soulevant cette lie, ils travaillaient au bonheur de la société; les autres qui, emportés par un désir furieux du pouvoir, étaient hommes à ne reculer devant rien pour le saisir et le posséder, ne fût-ce qu'un jour.

Les partis affichent rarement leur vraie prétention, qui se réduit presque toujours à la phrase si connue : Ote-toi de là que je m'y mette. Ils inscrivent sur leur drapeau le titre de quelque réforme, et poussent en avant, sous le couvert de ce nom respecté. Les chefs de la faction bellevilloise avaient pris pour enseigne le mot de *Commune*. Au fond, ce n'était pas le moins du monde le principe de la représentation municipale qui leur tenait au cœur ; et la preuve, c'est que demandant la Commune pour Paris, ils repoussaient l'élection des conseils municipaux en province. Mais ils sentaient bien qu'un gouvernement qui ne tenait son origine et sa force que de l'acclamation populaire ne pourrait durer longtemps contre une Commune, sortie d'élections régulières, et ils se flattaient de composer la Commune à eux tout seuls, d'y avoir au moins la majorité. Ils savaient bien que dans tout corps délibérant, ce sont les exaltés qui mènent les autres et décident souverainement.

Que de charlatans, hélas! dans un parti! et que de fous! M. Félix Pyat (qu'il fût l'un ou l'autre) était un des plus actifs et des plus dangereux ; il rédigeait le *Combat,* avec une verve enragée et des formes de romantisme, qui faisaient sourire les lettrés, mais frappaient d'admiration les esprits peu éclairés. Blanqui avait fondé la *Patrie en danger*, qui disparut plus tard, vers le milieu de décembre, faute de lecteurs, mais qui en ce temps-là était fort demandée sur la voie publique. C'était un sophiste bien habile que ce Blanqui ; très-adroit à flatter les passions mauvaises des siens et à toucher juste l'endroit faible de ses adversaires. Son journal était écrit avec autant de talent que de mauvaise foi, et ce n'est pas peu dire. Les citoyens du *Rappel,* Vacquerie, Paul Meurice et les fils Hugo ; ceux de la *Cloche,* Ulbach et ses amis, n'étaient pas précisément de cette bande. Ils ne hurlaient pas avec les loups; ils aboyaient derrière. A côté des écrivains, les hommes d'action. Flourens était le plus connu d'entre eux; il excitait une certaine sympathie par son courage incontestable, ses nombreuses aventures, et son goût des coups de tête. Ceux qui l'avaient approché prétendaient qu'il avait ce que le peuple appelle un grain ou un coup de marteau. Si ce qu'on rapporte est vrai (car je ne me suis jamais trouvé en rapport avec lui, et n'en parle que par ouï-dire), il était travaillé d'une vanité maladive et incurable. Il s'était de sa propre autorité constitué chef de cinq bataillons de la garde nationale, et comme on n'avait pas voulu lui conférer le titre de colonel, qui n'existait pas, il s'était de sa grâce, créé major, sans souci du ridicule qu'emportait avec lui ce nom, qui n'appartenait plus qu'aux découpeurs de table d'hôte. Je ne sais plus que journal l'avait appelé major d'apocalypse. Au-dessous de lui brillaient les noms d'autres chefs de bataillon : de Sapia, qui fut un jour pris par ses hommes qu'il exhortait à marcher contre l'Hôtel-de-Ville, et conduit à l'état-major ; de Mégy, qui n'avait d'autre titre à la confiance de ses soldats que d'avoir tiré un coup de pistolet sur un sergent de ville de l'empire ; de Vallès, un écrivain d'un talent vigoureux, égaré dans cette bagarre, et de beaucoup d'autres, qu'il serait trop long et parfaitement inutile d'énumérer.

Les journalistes du parti poussaient aux manifestations ; les chefs de bataillon les organisaient. On manifestait à propos de rien et à propos de tout. Le 5 octobre, c'était M. Flourens qui, à la tête des bataillons de Ménilmontant et de Belleville, débouchait sur l'Hôtel-de-Ville, musique en tête. Il demandait des chassepots pour ses hommes. Le gouvernement paraissait en corps, et répondait : « Nous n'avons plus de chassepots, mais nous fondons beaucoup de mitrailleuses. — Ah! répondait Flourens, vous n'avez plus de chassepots ! Eh bien ! moi, j'en ai promis à mes gardes nationaux, et je donne ma démission. — Voilà qui est au mieux, reprenait le gouvernement, nous l'acceptons. — Vous l'acceptez, disait fièrement Flourens ; c'est donc pour me taquiner ? je la retire ! »

Toute cette histoire a l'air d'un conte, ou plutôt d'une charge d'atelier. C'est la vérité pure. Il fallait que tous les jours le gouverneur Trochu et Gambetta reçussent des délégués, de n'importe qui et de n'importe quoi, et s'épuisassent en explications de toutes sortes que l'on n'écoutait pas ; ils y consacraient leur après-midi, et le lendemain c'était à recommencer. Et cependant les journaux avancés redoublaient leurs attaques et jetaient feu et flamme. Ils mêlaient dans leurs élucubrations forcenées l'*ithos* et le *pathos*, dont n'a jamais été chiche leur école amie de la phrase ; et au bout toujours le même sempiternel refrain : Il nous faut la Commune. La Commune devait, par sa seule vertu, nous assurer des provisions, nous donner des munitions et des hommes, chasser les Prussiens, ramener l'âge d'or sur la France. Ces gens-là répétaient : *La Commune ! la Commune !* avec autant de bon sens et d'à-propos que le marquis de Molière répliquait à toutes les objections : *Tarte à la crème ! tarte à la crème !*

Le nuage finit par crever. Le 8 octobre, il y eut une grande manifestation à l'Hôtel-de-Ville. Trois ou quatre mille gardes nationaux, les uns en blouse, les autres sous la vareuse, descendirent de Belleville. Ils portaient de grandes pancartes, sur lesquelles était inscrit en lettres énormes le mot de ralliement de l'émeute, et ils criaient tous ensemble : *Vive la Commune !* Mais le gouvernement avait pris ses précautions. De toutes parts le rappel bat dans Paris. Plusieurs bataillons arrivent au pas de course, pénètrent sur la place, et, se formant en carré par un mouvement habile, contraignent la foule à reculer. Jules Favre, suivi de la plupart de ses collègues, sort de l'Hôtel-de-Ville, tandis que Trochu, accompagné de son état-major, et le général Tamisier se promènent de rang en rang. Ils sont accueillis tous par des cris longuement répétés : *Vive la République ! à bas la Commune !* La manifestation avait

l'action de nuit. Où sont-ils!

manqué son coup. Les organisateurs essayèrent de la recommencer le lendemain ; mais ce premier échec n'était pas fait pour encourager leurs adhérents, et puis, ce jour-là, c'était un dimanche, il pleuvait à torrents, et la pluie est la plus efficace de toutes les douches sur les exaltations parisiennes. Le gouvernement restait donc encore une fois maître de la situation. Mais ce n'était là, tout le monde le sentait bien, qu'un succès provisoire. Il demeurait entre les deux partis comme un levain d'irritation qui ne pouvait manquer de fermenter en dedans et d'éclater à nouveau quelque jour.

— Ah çà! disaient les anciens bataillons, est-ce qu'il va falloir sauver tous les jours l'Hôtel-de-Ville ? Nous passons déjà quarante-huit heures par semaine aux remparts, nous serons encore obligés de nous en aller chaque après-midi, sous la pluie, en armes, faire le pied de grue sur la place publique ! Ce n'est pas drôle, et l'on devrait bien en finir avec tous ces farceurs-là ! Eux, de leur côté, sentaient vivement le déplaisir d'avoir échoué. Le gouvernement, rassuré par l'attitude de la population, venait de déclarer, dans une proclamation, qu'il ne céderait jamais à la menace, et qu'il ne permettrait pas qu'on fît des élections municipales à Paris. Ces messieurs avaient tout d'abord rongé leur défaite en silence ; mais, s'ils guettaient une occasion favorable de revenir à la charge, ils sentaient, à des signes certains, la partie absolument perdue pour le moment. Rochefort, qu'ils avaient sommé de donner sa démission à la suite de ces événements, avait nettement refusé dans une lettre très-patriotique, très-digne, et qui fait le plus grand honneur à la rectitude de son esprit. Blanqui, qui avait jugé à propos de déposer son grade de chef de bataillon, et d'en appeler derechef au vote de ses électeurs, voyait ses explications fort mal accueillies par les gardes nationaux, et les choses tournèrent pour lui de si piteuse façon qu'il fut, le 21, blackboulé à une grande majorité par son infidèle bataillon. Dans les clubs, où se manifeste volontiers l'opinion publique, la question de la Commune était presque abandonnée ; elle y soulevait en tout cas moins d'orages.

Le feu couvait sous la cendre. Les chefs épiaient le moment de rentrer en scène. La prise du Bourget, l'occupation d'Orléans, la reddition de Metz, et par-dessus tout la mission de M. Thiers leur fournirent une merveilleuse thèse à déclamation, qu'ils exploitèrent avec beaucoup d'habileté et de verve. Ils frappèrent à coups redoublés sur des esprits déjà émus, qui, mécontents des choses et d'eux-mêmes, surexcités, nerveux, ne savaient à qui s'en prendre de tant de malheurs les accablant à la fois. Ils leur peignirent en traits de feu le gouvernement infidèle à sa mission ; partout la trahison ; des soldats sacrifiés volontairement au Bourget pour jeter le désespoir dans toute l'armée ; Bazaine d'accord avec le gouvernement, qui entretenait sans doute des intelligences secrètes avec quelque prétendant ; Thiers, agent des orléanistes, et travaillant à la paix pour le compte du duc d'Aumale.

—Balayons tous ces gens-là, répétaient les chefs de la faction bellevilloise, et installons la Commune !

La Commune, c'était eux. Beaucoup de gens ont cru trouver dans ces événements la main et l'argent de Bismark, et le gouvernement semble avoir cru lui-même à cette complicité ; car il déclara plus tard que M. de Bismark, qui attendait une révolution dans Paris, avait rompu les négociations sur l'armistice, à la nouvelle qu'elle s'était enfin accomplie. Je ne pense point du tout pour moi qu'il y ait eu trahison. Les Delescluze, les Pyat, les Blanqui, les Flourens trouvaient tout naturel de faire contre le gouvernement de la défense nationale ce que celui-ci avait fait contre l'empire. L'occasion avait été bonne le 4 septembre pour l'ancienne gauche ; elle était excellente le 31 octobre pour la nouvelle, et ils ne se firent pas faute d'en profiter.

La lumière n'est pas encore faite sur les détails de cette journée, et la part qu'y prirent les divers chefs du mouvement.

Durant huit jours, les journaux furent pleins de rectifications, de récriminations et de démentis, au travers desquels il est impossible à un homme qui aime la vérité de la reconnaître. Il faut attendre que les acteurs de cette grande scène l'aient contée chacun à son point de vue pour composer de tous ces récits une narration unique qui aura plus de chance d'être exacte. Je me contenterai d'en donner en gros la physionomie générale.

Dès le matin du 31, on battait le rappel dans tous les quartiers, et vers onze heures nombre de bataillons prenaient le chemin de l'Hôtel-de-Ville. Savaient-ils bien ce qu'ils y allaient faire? Étaient-ils parfaitement décidés? Quelques-uns sans doute, dans un sens ou dans l'autre. La grande masse, j'imagine, flottait irrésolue. Elle sentait vaguement que la guerre civile était un affreux malheur ; mais entre les bras de qui se jeter pour en éviter les horreurs? Elle n'avait pas d'opinion bien arrêtée. On allait et elle allait, on criait et elle criait. Tout cela n'est pas fort héroïque, mais je tâche de dire les choses telles que je les ai vues.

Ce ne fut pendant toute l'après-midi qu'une manifestation. Les membres du gouvernement tinrent tant bien que mal tête à l'orage, se ralayant les uns les autres pour parler à la foule qui répondait par des clameurs très-confuses. Le maire de Paris, Étienne Arago, et après lui Rochefort, et Trochu enfin, Trochu en personne, essayèrent le pouvoir de leur éloquence sur cette foule qui allait grossissant de quart d'heure en quart d'heure. Mais leur voix se perdait dans un trouble inexprimable. Vers deux heures, une députation avait demandé d'être introduite à l'Hôtel-de-Ville, dans la salle où délibérait le gouvernement. Elle se composait d'une cinquantaine de personnes, en tête de qui marchaient MM. Maurice Joly, Chassin et Lefrançais. Ils demandent des explications sur la malheureuse affaire du Bourget ; on leur en donne ; on met la faute au compte du général Bellemare, qui avait agi sans ordres.

— C'est faux ! c'est faux ! s'écrie M. Maurice Joly.

Au milieu de l'orage que soulève cet incident, on remet un billet au général Trochu, qui devient fort pâle en le lisant.

— C'est la fin de la France, murmure-t-il.

Le papier n'est autre qu'un projet de décret que les émeutiers veulent imposer au gouvernement. « Les électeurs seront convoqués dans trois jours pour nommer la Commune de Paris ; la Commune se composera de quatre-vingts citoyens, parmi lesquels seront les membres du futur cabinet, responsables envers la Commune, de même que la Commune l'est envers le peuple français. Les pouvoirs de la Commune expireront lorsque le territoire sera évacué par les troupes ennemies et qu'une Assemblée constituante aura pu être régulièrement élue. »

Les membres du gouvernement se retirent pour en délibérer. Mais, sur la place le tumulte augmente. Des coups de feu sont tirés sans qu'on sache bien d'où ils partent. A la faveur du trouble, nombre de gardes nationaux forcent les portes de l'Hôtel-de-Ville et se répandent dans les salles. La manifestation se tourne en révolution. Voilà MM. Delescluze et Félix Pyat dans la place. Ils dressent une première liste, où à la suite de leurs noms ils mettent ceux de MM. Ledru-Rollin et Dorian. Les fenêtres s'ouvrent, et par les croisées des mains fébriles jettent les noms des nouveaux gouvernants. Les listes ne sont pas toutes les mêmes ; car en cette heure de désordre, chacun faisait la sienne ; mais quelques noms s'y retrouvent toujours, et notamment celui de M. Dorian que la foule voulut, je ne sais comment ni où, nommer dictateur, et qui eut toutes les peines du monde à s'en défendre.

Et cependant la salle où se sont retirés les membres du gouvernement est envahie par l'émeute. On les injurie, on les menace. Quelques factieux même les couchent en joue. M. Jules Favre reste impassible, M. Jules Simon trace dédaigneusement quelques dessins sur la table, M. Trochu regarde d'un œil calme les fusils tournés contre sa poitrine.

— Sortez, général, lui dit quelqu'un; on va vous massacrer.

— Je suis soldat, monsieur, répond-il; je dois mourir à mon poste.

Tous attendent la mort; seul, M. Ernest Picard, le ministre des finances, s'est esquivé. Il ne perd point la tête. Il court à son ministère, expédie des ordres aux chefs des bataillons qu'il tient pour fidèles, prévient l'administration des télégraphes, envoie une estafette au général Ducrot, et voilà la générale qui bat dans tous les quartiers de Paris.

Il est huit heures du soir; les bataillons dévoués s'assemblent précipitamment et accourent. Aux cris de *Vive la Commune!* ils répondent par celui de *Vive Trochu!* Ils pénètrent dans la place, et c'est miracle que, dans la confusion de cette mêlée et dans les ténèbres de la nuit, il n'y ait eu personne d'écrasé ni de tué. Tandis que ce mouvement s'opérait, on conte qu'un bataillon de mobiles du Finistère, entrant dans l'Hôtel-de-Ville par un souterrain, dont l'issue n'était connue que des familiers, délivrait le général Trochu, qui disparaissait par une porte dérobée, comme par une trappe de féerie. Deux ou trois autres des membres du gouvernement auraient profité du mouvement pour s'échapper aussi. Il est vrai que Jules Favre et Jules Simon étaient restés aux mains des factieux, ainsi que le ministre Dorian. Mais la partie était désormais perdue pour l'émeute. Les émeutiers, cernés dans l'Hôtel-de-Ville par des forces supérieures, n'avaient plus qu'à se rendre. Vers deux heures, le gouverneur Trochu passe devant le front de la garde nationale, massée devant la rue de Rivoli: il est accueilli par de chaudes acclamations; il rentre chez lui, autant en font les citoyens soldats, qui s'écoulent de tous les côtés. Il ne reste au bivouac que trois bataillons de mobiles, qui gardent la place. La révolution est décidément avortée.

Le lendemain, Paris, en s'éveillant, apprit qu'il l'avait échappé belle cette nuit-là. Une affiche, signée Dorian et Étienne Arago, l'avertissait qu'il avait à nommer, par vote régulier, un conseil municipal; et une autre affiche, apposée quelques heures après, lui enjoignait de ne tenir aucun compte de la première, et que le gouvernement, resté maître de la situation, était fermement résolu à ne pas s'embarrasser d'une Commune. Comment avait-on lancé cette première proclamation pour la démentir aussitôt? Ce fait n'est pas encore nettement expliqué. Quelques journaux assurèrent que plusieurs des membres du gouvernement avaient engagé leur parole qu'ils prêteraient les mains à l'élection du conseil municipal, et il les sommèrent, cette promesse n'étant pas tenue, de donner leur démission. Rochefort seul crut devoir obéir. Et encore ne suis-je pas bien sûr que ce fût pour obtempérer à ces injonctions. Il était las de partager la responsabilité d'actes qu'il n'approuvait point; et puis, peut-être se sentait-il trop journaliste pour avoir le tempérament d'un ministre. Étienne Arago quitta bientôt après la mairie de Paris, mais ce fut aussi par fatigue, pour prendre d'autres fonctions moins absorbantes. Dorian demeura à son poste, où il était indispensable.

En d'autres temps, la réaction eût éclaté furieuse, après cette victoire de la bourgeoisie. On a bien vu ce qu'elle avait fait après les journées de 48. On se contenta d'arrêter quelques-uns des fauteurs de l'émeute, et l'on ne tarda pas à relâcher, les uns après les autres, les plus compromis, les meneurs de l'affaire. Les journaux de leur parti recommencèrent à crier à la trahison, et on les laissa dire. Félix Pyat imprima dans le sien qu'il avait été, lui, un bon citoyen et homme d'ordre, bousculé dans l'Hôtel-de-Ville par les *émeutiers* de la garde nationale, et ce fut un éclat de rire universel; on était trop content que cette aventure se fût terminée sans une goutte de sang répandue. On respirait plus à l'aise ; on sentait une sorte de soulagement inexprimable à voir tout danger de guerre civile écarté pour le moment, à n'avoir plus affaire qu'aux Prussiens.

Le gouvernement même jugea à propos de demander un bill d'indemnité. Étrange retour des choses d'ici-bas ! Tous les hommes qui le composaient avaient-ils assez déblatéré contre le fameux plébiscite, où l'empereur avait mis le peuple français dans la nécessité de voter pour ou contre l'ordre de choses existant, par *oui* et par *non !* Ils eurent, eux aussi, recours à ce mode de suffrage qu'ils avaient tant critiqué, et la ville de Paris confirma leurs pouvoirs, le 9 novembre, par 340,000 *oui,* chiffre rond, contre 54,000 *non.*

Ce qu'il y eut de plus bizarre, et ce qui peint bien l'esprit parisien tout entier, c'est que cette même population parisienne, qui venait de rompre d'une façon si éclatante avec les émeutiers, ne manqua pas, trois jours après, quand elle fut appelée à élire ses maires et leurs adjoints, de nommer justement la plupart de ceux qui avaient fomenté et dirigé la révolte, Delescluze entre autres, qui fut d'ailleurs un aussi piteux administrateur qu'il était un bon écrivain.

Quant à l'Hôtel-de-Ville, il avait repris son aspect accoutumé. Dès le lendemain, il ne restait plus trace d'émeute ; on y avait balayé. La paix était donc rétablie à l'intérieur ; une paix précaire, on le sentait bien, et l'on ne se gênait pas pour exprimer tout haut les doutes qu'elle inspirait : Tout ça, disait-on couramment, finira par des journées de Juin. Perspective peu consolante ! Et voilà qu'on apprit, pour comble de chagrin, que les négociations entamées par M. Thiers avec M. de Bismark, à l'instigation des quatre grandes puissances, n'avaient pas abouti, que tout était rompu.

C'est sur la question de ravitaillement qu'on ne s'était pas entendu. M. Thiers demandait, si l'on signait une suspension d'armes, que Paris fût ravitaillé au jour le jour, selon le nombre de ses habitants, dans une proportion qu'il serait facile de débattre. Cette proposition était fort juste. Car le propre d'un armistice étant de laisser les choses en l'état, jusqu'à la paix ou à la reprise des hostilités, il était évident que forcer les Parisiens à manger leurs provisions, durant les vingt-cinq ou trente jours d'armistice, c'était ôter à cette place de guerre vingt-cinq ou trente jours de résistance possible. M. de Bismark avait semblé le comprendre; le rapport que M. Thiers adressa plus tard aux chancelleries étrangères, sur la conduite de toute cette affaire, laisse même assez clairement entrevoir que ce point lui avait paru être accepté d'abord par le ministre prussien. Mais notre négociateur s'aperçut que d'une entrevue à l'autre le vent avait tourné. M. de Bismark, au lieu de discuter sur des détails d'exécution, contestait le principe même du ravitaillement: sans ravitaillement, point d'armistice; sans armistice, point d'Assemblée nationale; sans Assemblée, point de paix possible. Toutes ces choses tenaient l'une à l'autre par un lien très-étroit. Que s'était-il donc passé? Pourquoi le chancelier avait-il changé d'avis ou tout au moins de langage?

Est-ce parce qu'il avait appris, dans l'intervalle, la révolution du 31, et qu'il avait compté sur de longs troubles et une bonne guerre civile, à la suite de cette échauffourée? M. Thiers ne le dit pas expressément; mais on peut le conclure de la façon dont son récit est tourné, et plus tard le gouvernement l'affirma dans une proclamation officielle qui fut affichée sur les murs de Paris. Ne serait-il pas plutôt vrai que la nouvelle de la reddition de Metz, se jetant au travers de ces négociations, inspira une telle confiance au ministre prussien qu'il ne pensa plus avoir de ménagements à garder, et rejeta bien loin des conditions qu'il se fût cru autrement obligé d'accepter? Ne peut-on pas encore supposer que M. de Bismark, en ouvrant ces négociations, n'avait aucune idée de les voir aboutir, qu'il n'agissait ainsi que pour leurrer, par de fausses marques de déférence, les quatre grandes puissances européennes, pour affaiblir l'esprit de résistance qu'il voyait se déployer chez les Parisiens et détendre les ressorts de leur courage? C'eût été là un calcul bien machiavélique, mais très-digne de ce politique astucieux et fourbe. Quoi qu'il en soit de ces hypothèses, le résultat définitif était le même. M. Jules Favre annonça aux Parisiens, dans un langage douloureux et noble, qu'il fallait renoncer à tout espoir d'armistice, qu'on ne convoquerait pas d'Assemblée nationale, et qu'il ne restait plus qu'un parti à prendre, celui de résister à outrance.

Il y eut là pour la population un moment triste et cruel. Les âmes s'étant positivement amollies au souffle de la paix espérée, le terrible mot : A quoi bon ? voltigeait sur beaucoup de lèvres. A quoi bon attendre la province, si la province ne se levait pas? A quoi bon prolonger une lutte dont chaque jour se chiffrait par des cent millions de perte ? Tous ces découragements se rassemblèrent dans un article de M. Edmond About, article écrit de main de maître, et qui fit dans Paris une sensation profonde.

L'écrivain du *Soir* démontrait que la paix était nécessaire et qu'il n'y avait d'autre moyen pour y arriver que la convocation d'une Assemblée générale, qui seule aurait autorité pour la conclure, payerait aux Prussiens l'indemnité demandée, et, subissant leurs conditions, si dures qu'elles fussent, les renverrait chez eux. L'article excita des sentiments très-divers. Il avait le tort de dire tout haut et sous une forme bien vive ce que nombre de gens, très-découragés, pensaient tout bas.

Qui nous eût dit qu'au fond de cet abîme où nous étions plongés, luirait à nos yeux surpris le premier rayon d'espoir, qui devait réconforter nos cœurs? qu'après un tel abattement nous allions, sous le coup d'une nouvelle inattendue, rebondir à l'héroïsme, à la joie? que de cette défaillance d'un jour, nous devions nous relever si vite, prêts à tous les sacrifices, et nous retrouver tout entiers? Telle est pourtant l'élasticité merveilleuse de l'esprit parisien ; et à trois jours de là, ce même Edmond About, tout heureux de se contredire, déchirait avec le public la page où il avait désespéré, pour revenir aux conseils du vrai, du grand patriotisme.

Un seul mot avait changé les choses de face. La province s'était levée. La province arrivait. Il n'était que temps!

CHAPITRE VII.

VIE INTIME DE PARIS AUX MOIS D'OCTOBRE ET DE NOVEMBRE.

Arrêtons-nous à cette date, qui a été un des moments climatériques du siége. Nous avons conté l'histoire publique de Paris durant le mois d'octobre et pendant ces premiers jours de novembre, si pleins à la fois et si tristes ; notre tableau ne serait pas complet si nous ne recueillions pas quelques-uns des plus curieux détails de sa vie intime.

Je n'étonnerai sans doute personne en disant que la grande question du siége fut celle du déjeuner ; et après la question du déjeuner, celle du dîner. Le prix du pain n'augmenta pas durant toute cette période, grâce aux tarifs de l'administration. Celui du vin se maintint aussi, car les provisions en étaient très-abondantes, et la hausse sur cet article fut, au moins durant les premiers mois, insignifiante pour ne pas dire nulle. La viande de bœuf et de porc fut aussi taxée de bonne heure, en sorte que s'il devint assez vite très-difficile de s'en procurer, au moins ne paya-t-on qu'un prix raisonnable le peu qu'on en avait. Il en fut de même bientôt pour celle de cheval, que l'on soumit également à la taxe. Elle dura bien plus longtemps que celle du bœuf; car chaque affaire sous les murs de Paris en jetait une certaine quantité sur le marché. Comme le foin était devenu très-rare et l'avoine introuvable, la plupart de ceux qui possédaient des chevaux eurent le triste courage de les nourrir avec du pain. L'autorité eut vent de ce gaspillage ; elle finit par requérir tous les chevaux qui n'étaient pas absolument nécessaires aux services publics, et côte à côte s'en allèrent à la boucherie, et l'humble rosse qui traînait le fiacre numéroté, et le cheval de selle du sportman, qui avait coûté mille écus, et se revendait, au poids, quatre ou cinq cents francs.

Tous les autres objets de consommation montèrent rapidement à des taux excessifs. J'ai pensé que ce serait un document sérieux à conserver que le prix des denrées, à diverses époques du siége. Voici, pour celle où nous sommes arrivés (première semaine de novembre), un aperçu de ce qu'il en coûtait pour se nourrir, quand on ne se réduisait pas au pain, au vin et aux 30 grammes de viande réglementaires qu'allouait par jour l'administration à chaque citoyen.

« Avant le siége (j'emprunte ces chiffres à un journal qui porte la date du 9), une oie ordinaire était cotée de 6 à 7 francs; en ce moment le prix courant d'une oie est de 25 à 30 francs : un bon poulet était offert aux halles au prix de 3 francs et de 3 fr. 50 c.; ce prix est aujourd'hui de 14 à 15 francs. Nous avons vu vendre une paire de poulets ordinaires 25 francs, une paire de pigeons trouve acheteur à 12 francs. Pour les dindes, elles sont d'une rareté extrême, au point qu'on n'en offre plus sur le marché. Nous en avons vu vendre une sur le marché 53 francs ; en temps ordinaire, elle eût été bien vendue 10 fr., 12 francs au plus. Les lapins sont plus communs ; ils n'en sont pas moins chers pour cela ; une paire de lapins a été vendue sous mes yeux 36 francs. Ils auraient valu, avant le siége, 6 à 7 francs au plus. Le cours ordinaire est de 28 francs. La viande salée et la charcuterie sont hors de prix ; elles n'existent d'ailleurs, chez quelques marchands, qu'à l'état d'échantillons. Ainsi le jambon fumé est vendu 16 francs le kilogramme ; le saucisson de Lyon 32 francs. Le prix normal du premier était jadis de 2 fr. 50 c., et celui du second de 8 francs le kilogramme.

« Le poisson de mer n'existe plus, et pour cause. Le poisson d'eau douce est rare. Une belle carpe, qui au plus haut prix valait 2 francs à 3 francs, se vend, à l'heure qu'il est, 20 francs. Nous en avons vu même payer une 30 francs. Elle était de grosseur médiocre. Une modeste friture de poissons blancs ou de goujons se payait 1 fr. 25 c. ; on ne se la procure plus qu'au prix de 4, 5 et 6 francs, suivant que la pêche a plus ou moins donné.

« Le poisson salé n'offre guère plus de ressources. La livre de morue se vend 2 francs ; un hareng va jusqu'à 2 fr. 50 c. Les légumes ont subi, eux aussi, une hausse exagérée. Le boisseau de pommes de terre, que l'on payait 1 franc avant la guerre, coûte en ce moment 6 francs, et ce prix va en augmentant chaque jour. Les œufs sont inabordables à la masse des consommateurs, et la poule qui les produit est une véritable poule aux œufs d'or. Ils valaient hier 4 fr. 50 c., la douzaine ; les tout frais coûtent 75 centimes et 1 franc pièce.

« Les maraîchers tiennent également leurs légumes frais à des prix vraiment extraordinaires. Ainsi ils vendent un chou jusqu'à 1 fr. 50 c., un pied d'escarole 75 centimes, un chou-fleur 2 francs, une botte de carottes 2 fr. 25 c., et les autres légumes dans la même proportion. Quant aux légumes secs, tels que haricots, lentilles, pois et fèves, il n'en existe plus pour la vente. Avant leur subite disparition, ils se sont vendus quatre fois leur valeur réelle. L'accaparement les a fait tout à coup surenchérir, en sorte qu'ils manquaient complétement à l'alimentation publique. Un litre de haricots, qui coûtait 60 centimes en temps ordinaire, a été payé 5 francs sous mes yeux.

« Sous le rapport des condiments, la pénurie est extrême et la cherté n'a pas de limite. Le lard n'est plus qu'un mythe. Il n'en existe plus dans Paris. Le beurre frais, qui était d'une rareté excessive, s'est vendu d'abord 28 francs le kilogramme et plus tard jusqu'à 45 francs à des restaurants en renom. Le beurre salé a suivi une élévation proportionnelle. On en trouve à 14 francs, mais il est de mauvaise qualité. L'huile a triplé seulement son prix ordinaire. Quant à la graisse de porc ou de volaille, elle est inconnue au marché, mais elle a été remplacée par un horrible mélange de graisse de bœuf et autres animaux, que l'on vend 3 fr. 50 c. et 4 francs le kilogramme.

« Il n'existe plus aucune sorte de qualité de fromage. Le roquefort, le gruyère, le hollande et le brie ont été enlevés à des prix fous, dès les premiers jours du siége. Chaque morceau vaudrait aujourd'hui son pesant d'or. Il n'existe plus de fruits secs dans les magasins; les raisins, les figues, les amandes et les noix ont disparu. Il reste quelques lots de pruneaux avariés, qui sont vendus à raison de 80 centimes la livre.

« Le combustible, et notamment le charbon de bois, commence à nous manquer; il se vend de 22 à 25 francs le sac de 50 kilogrammes, soit à raison de 44 à 50 centimes le kilogramme.... En résumé, les objets de consommation générale ont, en moyenne, plus que quintuplé à Paris durant cette première période du siége. »

La classe sur qui pesa le plus durement cette extrême cherté des vivres fut celle de la petite bourgeoisie; modestes rentiers, employés à 1,500 francs ou à 1,000 écus, chétifs industriels, tous ceux qui n'ont jamais que peu d'avances dans leur secrétaire, et vivent au jour le jour, dans cette situation qui tient le milieu entre la pauvreté et l'aisance, plus proche, hélas! de la première que de la seconde. Pour beaucoup, le travail s'était arrêté; ils se sentaient trop fiers pour exposer leurs besoins au public, et ils n'étaient pas faits aux rudes privations de la misère. Ils ne se plaignaient point, ils supportèrent avec une résignation qui touche à l'héroïsme, des privations cruelles, dont ils gardèrent le secret, et donnèrent l'exemple d'une inébranlable fermeté d'âme. On a pu remarquer, durant tout le cours de ce récit, que je ne suis pas prodigue de grandes phrases, que je hais les récits pompeux et vides, et que je tâche de ne surfaire ni les événements ni les hommes. Eh bien ! je ne sais rien de plus touchant, ni même de plus digne d'admiration que la simplicité mâle avec laquelle ces braves gens (le cœur de la population parisienne) se résolurent à souffrir des maux qui allaient croissant chaque jour et dont personne ne voyait la fin. Les femmes se montrèrent peut-être plus déterminées que les hommes. C'étaient elles qui portaient le plus lourd fardeau ; car c'étaient elles qui, chargées de l'approvisionnement du ménage, faisaient queue aux boucheries, aux épiceries, aux cantines ; qui laissaient au mari le pauvre morceau de viande à grand'peine acheté, qui soignaient les enfants, et s'efforçaient d'éclairer encore d'un rayon de joie la tristesse du foyer éteint. Ah ! nos Françaises ! nos Françaises ! quels trésors de dévouement, d'abnégation, de force morale on peut faire jaillir de leur cœur quand on sait frapper au bon endroit ! Il n'y avait que les couches supérieures de gâtées par le luxe, la mollesse et la *benoîtonnerie* du second empire ; la nation était demeurée saine, et on le vit bien au jour du sacrifice.

La haute bourgeoisie n'eut pas à endurer les mêmes souffrances physiques. Elle a généralement de l'argent devant soi, et j'ai déjà dit que la plupart de ceux qui la composent avaient envoyé au loin leurs enfants et leurs femmes. Il lui était facile soit d'acheter des provisions, si chères qu'elles fussent, soit de dîner au restaurant. Quelques-uns de ces établissements avaient fermé, mais le plus grand nombre était resté ouvert. Par quels prodiges arrivaient-ils à nourrir leur clientèle ? Ce tour de force, renouvelé tous les soirs, passe l'imagination. Mais on comprend que la carte n'y était pas des plus variées, et que les *additions* ne laissaient pas d'être salées. C'est là qu'on dînait le plus souvent ; ceux qui avaient conservé un *home* invitaient leurs amis, et l'on faisait partie d'essayer les mets les plus étranges. Je ne parle pas du mulet et de l'âne, qui se vendaient couramment ; et à ce propos me sera-t-il permis de dire que la chair de l'âne est vraiment bonne, celle du mulet exquise, tout à fait supérieure à celle du bœuf, et qu'un rôti de mulet est un plat délicieux ? Mais les animaux les plus fantastiques du Jardin d'acclimatation y passèrent : nous tâtâmes tour à tour de l'ours, de l'antilope, du kanguroo, de l'autruche et de l'yack, que sais-je encore ! Il y avait une boucherie anglaise, où se débitaient ces animaux extravagants à des prix qui ne l'étaient guère moins ; j'ai mangé de l'antilope qui avait coûté 18 francs la livre, et je jure sur l'honneur qu'un simple lapin sauté aurait mieux fait mon affaire. Pour faire pendant à cette boucherie aristocratique, il y eut des boucheries de chats, de chiens et de rats. Un chat valait bien 6 francs, et un rat 30 sous. Ce qu'il y a d'amusant, c'est que chats, chiens et rats, c'était la grosse bourgeoisie qui mangeait toutes ces bêtes, réputées immondes jusque-là, par bravade de dilettantisme.

—Servez le rat, sauce madère, disait l'amphytrion.

Et l'on s'écriait : Du rat ! voyons ! Et l'on en mangeait, du bout des dents, moitié chipotant, moitié blaguant, non sans quelque hésitation de fourchette. Et ce qui amusait le plus, c'était de voir, quand une feuille allemande nous arrivait par hasard, ces braves journalistes conter à leurs compatriotes que nous en étions réduits à manger du rat ! « Ils mangent du rat, ils n'ont donc plus de vivres » ! S'ils avaient su que c'était pour faire une niche aux horreurs du siége, par goût français de se railler soi-même ! Ces nourritures invraisemblables étaient un texte perpétuel de plaisanteries. Un bourgeois venait de manger son chien à la broche, et, regardant les os sur son assiette : « Quel dommage ! disait-il avec mélancolie, ce pauvre

Fox s'en serait-il régalé ! » Cham représentait une bourgeoise furieuse contre son mari :

— Comment ! tu as promis notre fille au boucher ?
— Dame ! ma chère, c'était pour avoir un gigot !

Cette gaieté, un peu factice, il faut bien l'avouer, cachait aussi, dans cette classe de la population, de bien amers et de bien dignes sacrifices. De tous ces hommes, qui riaient si spirituellement au nez de leurs misères, il n'y en avait pas un qui ne fût tombé d'une grande fortune ou d'une haute espérance à ne plus posséder que la somme mise de côté pour les besoins du moment. Les uns étaient des financiers, et il n'y avait plus de Bourse ; les autres, de grand négociants, et tout commerce avait disparu ; les autres de riches propriétaires, et les maisons ne rapportaient plus rien ; les autres des rentiers, et parmi les valeurs mobilières beaucoup avaient sombré. Que vaudront, à la fin de la guerre, celles qui tenaient bon encore ? Tout ce monde était ruiné, et en avait pris allégrement son parti. On se soulageait par-ci par-là en accablant les Prussiens d'injures : *Ces canailles de Prussiens ! ces gueux de Prussiens !* Mais de traiter avec eux, personne ne l'eût conseillé tout haut, même à ces heures de découragement général que j'ai contées. J'ose dire que toute la bourgeoisie parisienne, la grande comme la petite, déploya en ces temps difficiles une constance très-méritoire ; on ne doit pas moins la reconnaître sous le manteau de blague dont elle s'était couverte, dont se revêtent à Paris tous les sentiments, même les plus tendres et les plus nobles.

L'ouvrier avait aussi sa large part de souffrances. Le grand malheur de l'ouvrier parisien, c'est qu'il s'inquiète rarement de mettre de l'argent de côté. Il le dépense, et souvent fort mal à propos, à mesure qu'il le gagne, en sorte que le chômage le prend presque toujours à l'improviste et dépourvu de toute avance. Celui que fit la guerre de 1870 et le siége de Paris fut terrible ; car il tomba sur un nombre incroyable d'industries à la fois. La plupart des ouvriers demeurèrent sans travail, et ceux mêmes pour qui il en restait, ne se soucièrent point d'en profiter. C'est un trait particulier du caractère de l'enfant de Paris : il travaille dur quand il est à la besogne ; mais il est volontiers flâneur et, comme il dit en son langage, *rigoleur*. Il ne voit pas pourquoi il se donnerait du mal, quand le camarade à côté de lui ne fait rien. Les soins multiples de la défense réclamaient pourtant beaucoup de bras, et pour toutes sortes d'emplois. Il fallait tailler des habits, couper des chaussures, fondre des canons, moudre des grains, creuser des tranchées, élever des remparts, fabriquer des cartouches, étirer l'acier des fusils ; que sais-je, moi? la guerre met en œuvre toutes sortes d'industries. Il fut impossible, dans les premiers temps, de trouver pour toutes ces besognes des ouvriers de bon vouloir. Les ouvriers, admis pour la première fois depuis si longtemps à l'honneur de porter un fusil, étaient comme enivrés de ce plaisir si nouveau pour eux. Rien ne leur paraissait plus beau, plus digne d'un homme libre, que de jeter un *flingot* sur l'épaule, et de monter la garde sur les remparts. Ils considéraient avec mépris le travailleur qui préférait l'atelier au corps de garde. Ils l'auraient presque traité de lâche, comme si en vérité il eût fallu être doué d'un courage surhumain pour se promener sur une plate-forme, à six mille mètres des Prussiens. On avait beau leur répéter dans tous les journaux et sur tous les tons : « Mais non, vous êtes victimes d'une illusion. Celui-là est plus vraiment patriote, qui, sachant l'état de cordonnier, chausse nos soldats pour la bataille, que celui qui apprend l'exercice en douze temps. Tout individu valide est après tout capable de tirer un coup de fusil ; mais il n'y a pour tailler le cuir des souliers que l'homme qui a appris ce métier. Il est plus glorieux de fabriquer un chassepot que de le manœuvrer ; car si personne ne fabriquait de chassepots où en seraient ceux qui sont si fiers de le porter et qui en font parade? » Ces conseils, si sages qu'ils fussent, tombèrent la plupart du temps dans l'oreille des pires sourds, qui sont, comme on sait bien, ceux qui ne veulent pas entendre. Ils trouvaient plus amusant de se réunir tous ensemble, sous couleur d'exercice, ou d'élections, ou de garde, et là, on passait le temps gaiement à causer, à jouer, à rire, à boire... à boire surtout! L'ivrognerie, la hideuse ivrognerie a été la lèpre d'une bonne partie de la garde nationale. Ce vice est allé s'atténuant, à mesure que le siége se continuait. Il a pourtant duré, et nous avons lu avec tristesse, deux ou trois jours même avant des actions décisives, dans le mois de décembre, des ordres du général Clément Thomas qui signalaient à l'opinion publique la conduite de tel ou tel bataillon, aussi oublieux de ses devoirs que de la sobriété.

Ces gardes nationaux recevaient une solde de 1 fr. 50 c. par jour.

Cette indemnité était par malheur donnée aux hommes mêmes, au lieu de l'être à leur ménage. Ils la buvaient le plus souvent ensemble, à la santé de la patrie, n'en gardant que juste ce qu'il fallait pour ne pas mourir de faim. Ces habitudes de fainéantise militaire et de dissipation soldatesque leur plaisaient; ils se dégoûtaient du travail. Je me souviens qu'un jour ayant besoin de cartes de visite, j'allai chez un graveur, qui me dit : Pendant le siége, monsieur, nous n'avons pas d'ouvriers; comme ils ne gagnent que 3 fr. 50 c. ou 4 francs à travailler dans notre partie, ils aiment mieux recevoir 1 fr. 50 c. à ne rien faire. C'étaient les fameux ateliers nationaux de 48 qui revenaient sous une autre forme. Cham avait traduit cette ressemblance dans un de ces dessins où il met tant de bon sens et tant d'esprit. Il avait représenté un garde national, légèrement pris de boisson, qui embrassait avec ferveur son fusil.

— Mon ami, mon trésor, disait-il, mon bien, ma joie, ma consolation, mon atelier national!

Cette redoutable question pend encore sur nos têtes à l'heure où j'écris, et l'avenir seul se chargera de décider si les craintes que nous en avons conçues étaient légitimes ou chimériques. Un peu plus tard on reconnut que, pour les hommes mariés, l'indemnité d'un franc cinquante ne suffisait pas, et l'on ajouta soixante-quinze centimes pour les femmes, et dans quelques bataillons, m'a-t-on dit, vingt-cinq centimes par enfant. Comme il se trouva qu'en même temps un décret appelait à l'armée active tous les hommes entre trente et quarante-cinq qui n'étaient pas mariés, on vit se produire un résultat curieux, et qui ouvre à l'observateur un jour singulier sur les mœurs parisiennes. Les mairies affichèrent une incroyable quantité de mariages *même rue, même numéro.* On sait que cette indication désigne presque toujours des unions illégitimes, qui consentent enfin à se faire consacrer selon la loi, devant le maire et le curé. Le nombre de ces quasi-mariages est énorme dans Paris, surtout dans un certain monde, où vous apprenez que Monsieur un tel, qui vit depuis vingt ans avec une femme, qui en a des enfants, qui est, du reste, le modèle des époux, n'est son mari que devant Dieu. Les exigences de la guerre chassèrent ces faux maris de la situation interlope où ils complaisaient; et ces mariages, qu'on qualifia du nom plaisant de *mariages à quinze sous,* furent un triomphe pour la morale officielle ; mais le philosophe put se demander, à voir sortir ainsi de dessous terre et pulluler tant de ménages illégitimes, s'il n'y avait pas, soit dans la législation existante, soit dans nos mœurs, quelque vice caché qui écartât du vrai mariage tant de gens qui en acceptent les charges sans en revendiquer la dignité légale.

Ceux qui souffrirent peut-être le moins du siège, parce que leur vie n'est en tout temps qu'une longue souffrance, ce furent les pauvres authentiques, inscrits, qui vivent de l'assistance publique. Jamais elle ne fut plus large et plus prévoyante qu'en ces temps d'universelle misère. Comme on savait que cette classe d'indigents se recrutait et s'augmentait de ceux qui n'osent ordinairement tendre la main, et dont le besoin le plus pressant peut seul vaincre tous les scrupules de pudeur, la charité s'ingéniait à multiplier les secours. Les bons de pain, de viande, de bois, de charbon, de riz, furent répandus à profusion dans certains quartiers, et l'excès même de ces largesses administratives donna lieu à quelques abus. Mais encore vaut-il mieux être volé que s'exposer à laisser les gens mourir de faim. On institua des cantines municipales, des fourneaux économiques, où l'on délivra, soit contre des bons pris d'avance, soit contre argent à des prix excessivement réduits, des aliments cuits, tels que bouillon, haricots, bouilli, que pouvaient consommer sur place ou emporter à la maison ceux à qui on les distribuait. Quelques dames charitables voulurent bien, dans certains quartiers, se charger de la distribution de ces mets : elles avaient fini par connaître la plupart de ces pauvres, et par s'intéresser aux plus méritants.

Nous y sommes toujours de notre poche, me disait l'une d'elles, qui avait pris ses fonctions au sérieux; et le fait est que lorsqu'une pauvre femme arrivait sans *bon* ni *sou*, il eût été bien dur de lui refuser l'assiettée de soupe qu'elle implorait, un enfant au bras. Les enfants, hélas ! il est bien difficile d'en parler sans que les larmes montent aux yeux. Les femmes mal nourries ne pouvaient leur donner qu'un lait insuffisant; le lait de vache était rare et coûtait fort cher, malgré les soins de l'administration, qui avait requis toutes les vaches laitières, et suppliait la population de se priver du classique café au lait du matin. Les ménagères, forcées d'aller faire queue, soit aux boucheries soit aux cantines, n'avaient plus le temps de donner à ces petits êtres si chétifs tous les soins qu'ils réclament. Ils mouraient comme des mouches. Je sais une pauvre fille qui, rentrant chez elle, après trois heures de station devant une cantine, trouva son enfant (un bébé de dix-huit mois) gelé dans son berceau ; elle le réchauffa comme elle put, mais elle avait attendu trop longtemps, il n'en réchappa point. Jamais ne fut plus vrai le vers d'Horace :

<blockquote>Bellaque matribus detestata !</blockquote>

Puisse ce cri des mères en deuil appeler sur la tête des empereurs et des rois qui ordonnent ces guerres, toutes les malédictions et toutes les vengeances du destin ! Et cependant, elles ne se plaignaient pas non plus, ces femmes, ainsi éprouvées par tant de misères ! elles aussi, elles faisaient bonne contenance devant le siége, et si elles connurent comme nous les heures de découragement, ces défaillances furent courtes et passagères. On peut dire que jamais l'esprit de solidarité, qui naît d'un malheur commun, n'éclata en traits plus admirables qu'en cette grande catastrophe, qui unissait toutes les pensées comme elle confondait toutes les infortunes. Jamais on ne fut plus pauvre, et jamais on ne donna davantage. Jamais on ne se rapprocha plus de cet idéal de fraternité, où la pauvre humanité tend sans cesse. Peut-être fut-on plus grand en 92, jamais on ne fut meilleur : c'est un témoignage que l'histoire impartiale rendra, je crois, à la population parisienne; et songez que nous ne sommes pas encore arrivés à l'heure des dévouements magnifiques, simplement accomplis.

Je ne parle que pour mémoire de ceux qu'on appelait à Paris *les réfugiés.* C'étaient les habitants de la banlieue, qui, à l'approche des Prussiens, s'étaient repliés sur Paris. Il avait bien fallu les loger. On avait requis, pour les y mettre, des appartements vides, où ils s'étaient installés avec l'insouciance un peu brutale du paysan. Que dans le nombre il se rencontrât de fort honnêtes gens, et même délicats, cela est évident; mais la plupart étaient étrangers aux raffinements de la civilisation parisienne, et comme on avait traité en pays conquis leur humble demeure, ils crurent pouvoir user de représailles contre celles qu'on leur avait assignées. Les propriétaires y trouvè-

Les réfugiés. — Visite du propriétaire au fermier en chambre.

ront leurs traces, et leurs traces peu odorantes, quand le blocus s'ouvrant leur permettra de rentrer chez eux. De ces paysans, les uns agissaient ainsi par ce sentiment de basse envie qui aigrit trop souvent le cœur du pauvre ; un de mes amis en vit un qui dirigeait un horrible jet de salive sur une magnifique tenture : — Tiens ! répondit-il à une observation bien méritée, ça donnera de l'ouvrage aux ouvriers. Chez d'autres, c'était bêtise ; en plein Paris, ils se croyaient aux champs, et prenaient un petit hôtel de grande cocotte pour une ferme. Le *Figaro* conta à ce propos une de ces légendes parisiennes, qui ont le privilége d'amuser la gent des boulevardiers. Il s'agit d'un propriétaire qui a mis le premier étage d'une de ses maisons à la disposition d'une famille de réfugiés. Quinze jours après, son concierge le vient voir et lui conte que, depuis l'intrusion des nouveaux venus, une odeur infecte se répand dans les escaliers et incommode le voisinage ; qu'il a voulu pénétrer chez eux pour s'assurer d'où provenaient ces exhalaisons, mais qu'on lui a toujours refusé la porte. — C'est bien ! répond le propriétaire. J'irai voir ce que cela veut dire.

Et voilà, en effet, notre homme, qui, le lendemain, rend visite à son immeuble. A peine est-il entré sous la porte cochère, qu'il entend le chant d'un coq qui s'égosille sur le balcon du premier étage ; à ce cri répond un troupeau de poules qui gloussent.

Un peu étonné, il monte. A la porte, il lui faut parlementer, discuter, se fâcher, car le fermier en chambre entendait n'être dérangé par personne, et ne reconnaissait pas au propriétaire le droit d'intervenir dans sa vie privée. A force d'insistance, il pénètre dans l'appartement. De l'antichambre, notre campagnard a fait une cour de ferme. Les pieds s'enfoncent dans une sorte de boue, un vague composé de détritus de volière et d'étable, légèrement recouvert d'une couche de paille, qui promettait un excellent fumier pour la saison prochaine. La pièce qui venait après était disposée en parc à lapins et contenait une opulente provision de denrées de toutes sortes, où dominaient le chou, l'ail et l'ognon. Dans la chambre voisine, — une chambre à coucher, s'il vous plaît ! — on voyait au beau milieu un large bassin, fait d'un vieux fond de barrique. Il était plein d'eau et servait aux ébats de quelques canards.

Le propriétaire était stupéfait. Il alla de chambre en chambre, et le fermier le suivait pas à pas, de l'air d'un agronome enchanté de faire admirer à un amateur l'intelligente exploitation de son domaine.

— Et mon salon ? murmura le propriétaire atterré.

— C'est là qu'est le *monsieur*, dit le paysan avec un rengorgement d'orgueil.

On ouvrit la porte du salon. C'était le bouquet. Dans un coin, sur une litière faite d'immondices de toute provenance, un superbe porc se prélassait, repu et grognant.

— Mais, malheureux ! pourquoi me fourrez-vous votre… monsieur dans mon salon, quand vous aviez en bas une cour superbe où vous auriez pu l'installer, et vos poules et vos canards avec lui ?

— Ah ! j'vas vous dire, monsieur. C'est que le temps des semailles va venir, et alors où est-ce que je ferais mes orges ?

Telle était la légende du *Fermier en chambre*, que l'on chargeait à volonté des détails les plus fantaisistes. Il y avait sous ces extravagances un fond de vérité. Le vrai service que rendirent ces émigrés à la population parisienne, ce fut de s'enrégimenter sous les ordres de M. Joigneaux, un agronome bien connu par ses écrits, de mettre en culture les vastes espaces restés libres autour de Paris, et de transformer ces terrains vagues en jardins maraîchers, qui devaient nous fournir, vers la fin du siége, de légumes frais, de choux et de salades. En attendant que leurs produits parussent sur le marché, nous en fûmes réduits à ceux que de hardis maraudeurs allaient chercher, presque sous le feu de l'ennemi, dans les campagnes devenues désertes. C'était un spectacle curieux et triste que de les voir revenir. Pour quelques honnêtes physionomies de pauvres femmes, qui rentraient courbées sous leurs sacs, que de faces patibulaires! que de figures hasardeuses de pâles gavroches! Tout ce monde, insolent, gouailleur ou plaignard, rapportait sa moisson, qui de pommes de terre, qui de poireaux et de choux, qui d'artichauts et autres légumes. Tel jour, ils étaient quatre à cinq mille, les dimanches particulièrement; tel autre, on n'en comptait que cinq à six cents, les habitués, la lie de la population. Des revendeurs, plus éhontés peut-être que ces misérables, les guettaient au passage, et leur achetaient leur tas, moitié force, moitié persuasion, pour un prix minime, et s'en allaient ensuite le revendre fort cher aux bourgeois de Paris. C'est ainsi que les voleurs étaient volés par cette horde d'exploiteurs. Tout cela, au milieu de cris, de jurons, de bousculades ; un indescriptible tohu-bohu, des scènes à la Callot. La garde nationale, qui veillait aux portes, fermait les yeux sur ces trafics, sous le couvert desquels s'est plus d'une fois cachée la trahison. Car ces maraudeurs étaient protégés de messieurs les Prussiens, dont ils traversaient impunément les lignes. A quel prix? On le suppose aisément. La bande ensuite se dispersait dans Paris ; elle allait se défaire, comme elle pouvait, du fruit de ses rapines. Des marchés improvisés grouillaient au milieu des plus belles places de Paris, et tous les jours je passais, rue des Martyrs, à travers des rangées de choux, de navets, de carottes, de lapins, que se disputaient les ménagères, avec force cris, qui dégénéraient parfois en querelles et en coups de poing. Un trait qui en dira plus long que quoi que ce soit sur ce côté de l'histoire du siége : On a vu, huit jours durant, en plein boulevard des Italiens, devant Tortoni, une revendeuse étaler des navets et des poireaux sans étonner ni scandaliser personne. Le spectacle semblait tout naturel!

Ceux auxquels on était habitué jadis avaient disparu. J'ai déjà conté comment les théâtres avaient été fermés par ordre de la police. Ce fut une question de savoir si on les rouvrirait ;

les journalistes l'agitèrent longtemps, devant le public, avant qu'on s'arrêtât à un parti. Les uns disaient que ces réjouissances étaient malséantes au milieu de ce deuil universel; les autres soutenaient que le Parisien a besoin de spectacles, que la joie lui relève le moral, que la réouverture de quelques théâtres serait une sorte de défi jeté aux Prussiens, et comme une bravade de gaieté, ce qui était tout à fait dans les traditions françaises; qu'il serait facile de choisir des pièces en harmonie avec le sérieux de la situation; qu'on donnerait ainsi du pain à toute une classe de pauvres gens, employés, costumiers, gagistes, qui se trouvaient sur le pavé, sans parler des artistes mêmes, dont la position était également cruelle. Dans beaucoup de théâtres, le foyer avait été converti en ambulance. Qu'importe! répondaient les partisans de la réouverture. Le public n'ira pas au foyer, et il n'en sera pas davantage.

Ils l'emportèrent à la longue. Ce ne fut pas précisément parce que leurs raisons étaient les meilleures; c'est que Paris s'ennuyait; c'est que le blocus une fois commencé, personne n'en prévoyait la fin, et qu'on songeait avec horreur à la quantité de journées vides qu'il faudrait traverser. Le seul expédient dont on s'avisa pour corriger la prétendue inconvenance qu'il y avait à ces représentations, fut de les afficher au profit d'une bonne œuvre. Un jour, c'était pour les blessés, un autre pour les orphelins, un autre pour les cantines municipales; chaque bataillon organisa une matinée ou une soirée, dont le produit fut destiné à l'achat d'un canon ou d'une mitrailleuse. Ce fut M. Pasdeloup qui donna le signal, en ouvrant des concerts populaires, le 23 octobre. L'abbé Duquesnay se chargea de désarmer les susceptibilités les plus délicates, dans une allocution qui fut très-goûtée et fort applaudie. L'orchestre attaqua ensuite *la symphonie en la* de Beethoven, et quand il vint à *l'andante*, l'effet de cette phrase si douloureuse, si poignante sur l'assemblée tout entière fut inexprimable. Des larmes montèrent à tous les yeux, et je ne crois pas que jamais le chef-d'œuvre du maître ait été plus vivement senti que ce jour-là. Toutes les cordes de notre âme vibraient à l'unisson.

Le directeur de l'Opéra donna tous les dimanches des soirées musicales, où il mêla aux plus beaux morceaux de la musique symphonique des fragments d'opéras célèbres, et ces séances furent suivies d'un public très-nombreux et très-assidu. La Comédie-Française rouvrit également, sous le patronage de M. Legouvé, qui inaugura ces matinées littéraires par une conférence sur l'alimentation morale durant le siége de Paris. Ces représentations avaient une physionomie toute particulière. Éclairage sombre, public de gardes nationaux et de femmes en robes montantes, sur la scène point de décors ; les acteurs, presque tous en toilette de ville ; et à travers des fragments de pièces du répertoire classique, quelques odes de circonstance, improvisées par de jeunes poëtes, MM. Bergerat, Delpit, Abraham Dreyfus, sans oublier Banville, qui s'amusait à conter, jour par jour, dans la langue des dieux, nos tristesses, nos joies, et les curiosités de nos émotions les plus diverses. Dans la grande avant-scène, autrefois loge impériale, les blessés convalescents assistaient au spectacle, et tous les yeux se tournaient vers eux avec attendrissement. Il y avait des visages pâlis par la fièvre, des bras en écharpe, des têtes entourées de linge, et parfois, quelque noir enfant du désert, dont les yeux étincelaient dans l'ombre comme ceux du lion, son compatriote. Et cependant, à quelques pas de là, de pauvres diables souffraient et mouraient sur le lit de douleur de l'ambulance. Le contraste de ces plaisirs mondains et de ces douleurs navrantes a été rendu à merveille par Théophile Gautier, contant dans le *Moniteur* sa visite aux blessés du Théâtre-Français, un jour de représentation :

« En passant par le couloir qui mène de la scène à la salle, nous rencontrâmes deux religieuses, deux sœurs hospitalières, dont l'une demandait à l'autre : « Où donc est la sœur Madeleine? — Au théâtre du Palais-Royal, répondit la sœur interrogée, du ton le plus naturel du monde. Au moment même où passaient les sœurs, débouchait du foyer des acteurs Basile, avec sa longue robe noire, son rabat blanc, et ce bizarre chapeau que les prêtres espagnols portent encore. Il s'effaça contre le mur, saluant de la façon la plus respectueuse. On jouait un acte du *Mariage de Figaro*. C'était un pur hasard, vous le pensez bien. Mais n'accuserait-on pas d'invraisemblance un auteur qui risquerait un tel contraste? Quelle série étrange d'événements vertigineux n'a-t-il pas fallu pour faire se coudoyer le Basile de Beaumarchais et de vraies religieuses dans un couloir de la Comédie-Française! La chanson de Béranger: *l'Actrice et la Sœur de Charité*, nous revenait en mémoire; mais ici la réalité est au-dessus de l'invention, car ce n'est pas dans l'autre monde que la rencontre a lieu. Rien de plus convenable et de plus décent que les rapports des comédiennes et des religieuses. Les artistes de la Comédie-Française sont de vraies dames, et elles ont pour ces saintes filles la vénération qui leur est due et qu'elles méritent si bien... Au retour, nous ne retrouvions plus notre route. Des corridors, des couloirs, des passages avaient été barrés pour séparer l'ambulance du théâtre, et nous fûmes obligé de demander notre chemin à une sœur, qui nous remit avec beaucoup d'obligeance dans la bonne voie, et nous accompagna jusqu'à la dernière porte. Un feuilletoniste ayant pour Ariane à travers le dédale du Théâtre-Français une brave sœur hospitalière, n'est-ce pas là, comme disaient certains journaux, *un signe des temps?* »

Un autre, plus étrange encore, ce fut l'apparition des *Châtiments* sur la scène: *les Châtiments!* ce livre proscrit, qui circulait en cachette de main en main, et qui, saisi chez un républicain, se tournait en accusation contre le détenteur, cette effroyable satire du régime impérial, toute pleine de personnalités et d'invectives, la plus virulente qui ait jamais été écrite à aucune époque, contre aucun tyran. On fermait jadis les portes pour la lire entre amis ; les plus beaux morceaux et les plus violents furent récités, en plein théâtre, à la Porte-Saint-Martin, devant trois mille spectateurs ; ils émigrèrent de là à la Comédie-Française, et se répandirent ensuite dans tous les concerts et spectacles qui s'organisaient de toutes parts. Victor Hugo avait enfin son jour, celui qu'il avait attendu dix-huit années.

Au premier bruit de l'empire renversé, il était accouru ; toutes les places étaient prises, et il est bien probable, qu'y en eût-il eu quelqu'une de vide, il ne l'eût pas acceptée, ne trouvant que la première digne de lui. Il avait, après le premier éclat d'un triomphant retour, beaucoup vécu dans la retraite, ne se mêlant point des choses du gouvernement, et refusant son nom à la plupart des manifestations, qui n'eussent pas mieux demandé que de le mettre en avant. Il semblait ne vouloir retirer d'autre fruit de son long exil que le plaisir de voir ses œuvres de théâtre reprises, et ses *Châtiments* récités en public. C'est le 3 novembre que Berton lut, devant un auditoire émerveillé, cette admirable pièce de l'Expiation ; que Melle Favart dit Stella, de sa voix harmonieuse et vibrante, et que Coquelin prêta son organe mordant aux lamentations *d'un conservateur à propos d'un perturbateur*. Le succès fut immense : on était surpris et charmé d'écouter, en plein théâtre, ces invectives dont l'événement avait fait des prophéties et qui soulageaient la conscience publique. Ce n'est qu'après, à la réflexion, qu'on sentit l'inconvenance qu'il y avait à traîner ainsi sur la claie, aux applaudissements de la foule, des noms d'hommes qui n'étaient plus là pour se défendre, et que leur titre de vaincus devait préserver de ces outrages. Les représentations suivantes excitèrent un enthousiasme moins vif, et peu à peu *les Châtiments* disparurent des affiches. En revanche, l'édition qu'en publia Victor Hugo s'enleva très-rapidement à vingt mille exemplaires, en un temps où l'on regardait à se payer un simple journal. Les spectacles suivirent la fortune du siége, plus nombreux lorsque les nouvelles étaient bonnes, et que le vent soufflait à l'espérance ; plus rares, ou même s'arrêtant tout à fait, quand les événements, plus douloureux, jetaient sur nos âmes le noir crêpe du deuil.

A défaut des théâtres, les clubs offraient une distraction quotidienne à la population de Paris. Cette assimilation irrespectueuse fera sans doute bondir les promoteurs de réunions publiques et ceux des habitués qui les prenaient au sérieux. Je leur en fais bien mes excuses ; mais tout ce que j'en ai vu, sauf de rares exceptions, m'a paru plus propre à entretenir une gaieté douce qu'à sauver la *patrie*. Le grave *Journal des Débats* s'était fait une sorte de spécialité de conter tous les matins les incidents de ces réunions, et tout Paris riait à lire ces comptes rendus étincelants de malice et de verve.

Parmi tous ces clubs, celui des *Folies-Bergères* avait sa physionomie à part ; c'était le club fantaisiste par excellence. Comme il était situé à deux pas du boulevard Montmartre, dans un quartier central, nombre de Parisiens parisiennant allaient le soir, en guise de passe-temps, y fumer un cigare, et ils n'avaient pas tardé à y porter cet esprit de blague qui est le fond de tout boulevardier. On y tournait tout en raillerie ; il s'engageait des dialogues impossibles entre les orateurs et le public ; j'ai vu là de bien bonnes scènes : les unes sérieuses, les autres bouffonnes, tandis que le président agitait désespérément sa sonnette pour rétablir l'ordre.

Tous les autres clubs appartenaient, comme on pense bien, au parti le plus avancé. Peut-être y avait-il des nuances dans ces rouges, mais nous ne les distinguions pas très-nettement. On y parodiait avec un sérieux imperturbable les violences de 93. Les motions les plus insensées et les plus burlesques y étaient apportées à la tribune par des énergumènes qui soulevaient des applaudissements frénétiques. Il n'eût pas fait bon manifester une opinion contraire. On eût été cueilli dans la foule, passé de mains en mains, comme un colis vivant, et jeté à la porte. Tous ces gens-là se croyaient des Robespierre, des Marat au petit pied.

C'était à la salle Favié. Un orateur se présente en vareuse de garde national, barbe farouche, visage menaçant, il tire un papier de sa poche et le déploie. Il commence à lire : c'est la condamnation à mort (condamnation par contumace) qui a été prononcée à l'unanimité par le club voisin contre le traître Bazaine et ses complices, Canrobert, Lebœuf et Coffinières. L'orateur invite tous les citoyens de Belleville à la confirmer. Toute la salle se lève, et la condamnation à mort est confirmée par acclamation. Il reprend alors la parole et ajoute que les citoyens sont invités à exécuter eux-mêmes la sentence. Cette proposition jette un froid. Abordant ensuite la question sociale et religieuse, l'orateur déclare que le moment est venu de remplacer la théologie et la métaphysique par la géologie et la sociologie ; et s'emportant peu à peu au souffle de l'indignation, il frappe du poing sur la table et s'écrie : « Je ne crains pas la foudre, citoyens ; je hais le Dieu, le misérable Dieu des prêtres, et je voudrais, comme les Titans, escalader le ciel pour aller le poignarder. » Cette seconde condamnation à mort obtient un peu moins de succès que la première ; cependant quelques fidèles applaudissent : « Faudrait un ballon ! » crie une voix gouailleuse. Les femmes se regardent effarées. Après cette escalade titanesque, l'orateur effectue sa descente, il va s'abattre au milieu des bataillons de guerre de la garde nationale.

Cette scène, prise au hasard parmi tant d'autres, peut donner une idée des sottises qui se disaient couramment dans ces clubs. Je ne voudrais pas les condamner trop sévèrement ; car je n'ai pas suivi bien exactement ces réunions ; je n'ai assisté qu'en curieux à deux ou trois de ces séances, et ne les connais que par les spirituels comptes rendus des *Débats*, qui s'en amusaient. Si pourtant il est permis de juger un arbre à ses fruits, il ne me paraît pas que les clubs révolutionnaires aient mis la moindre idée juste en circulation, qu'ils aient exercé sur les esprits une action utile, et contribué en rien aux intérêts de la défense. Ils ont fait plus de bruit que de besogne. Du reste le parti dont ils étaient les organes était beaucoup moins nombreux que ne le croyait la bourgeoisie, dans ses effarements de terreur. Et la preuve, c'est que la *Patrie en danger*, le journal de Blanqui, fut obligé de disparaître faute d'acheteurs.

Comme il faut que Paris soit toujours la ville des excentricités, il s'y fonda un club de femmes, où les hommes n'étaient admis que comme spectateurs. Le président était une présidente, les assesseurs des assesseuses. J'ignore s'il tint plusieurs séances. Le récit de celle qui eut lieu au gymnase Triat, dans le courant d'octobre, amusa tout Paris. Le citoyen Jules Allix, secrétaire du comité de ces dames, y soutint deux propositions : la première, c'est que les femmes devaient être armées pour aller aux remparts; la seconde, c'est qu'elles étaient invitées à protéger leur honneur contre les ennemis, et par quel moyen ? Ici l'orateur prit un temps habile, et repartant d'une voix forte : Au moyen de l'acide prussique. L'acide prussique ! le citoyen Jules Allix, avec un fin sourire, fait alors remarquer combien il est curieux que l'acide prussique puisse servir à tuer les Prussiens. Puis il entame la description d'un appareil avec lequel il sera facile de tuer tous les Prussiens qui entreraient dans Paris. L'inventeur avait appelé cet appareil : le doigt de Dieu ! mais le citoyen Jules Allix croit qu'il vaut mieux l'appeler *le doigt prussique*. Il consiste en une sorte de dé en caoutchouc que les femmes se mettent au doigt. Au bout de ce dé est un petit tube contenant de l'acide prussique. Le Prussien s'approche, vous étendez la main; vous le piquez, il est mort; tandis qu'autrement la femme ne sortirait de leurs mains que folle ou morte. Si plusieurs Prussiens s'approchent, celle qui a le doigt prussique les pique; elle reste tranquille et pure, ayant autour d'elle une couronne de morts. Ainsi parle le citoyen Jules Allix, et les femmes versent des larmes d'attendrissement, et les hommes rient à se tordre. On aborde ensuite la question du costume, et le citoyen Jules Allix va reprendre la parole, pour discuter les avantages de la ceinture hygiénique, quand une voix fait remarquer qu'en sa qualité d'homme le citoyen Jules Allix devrait être exclu du bureau. Le citoyen Jules Allix interpelle le possesseur de la voix et le défie de se montrer. Le possesseur de la voix est un garde national de six pieds de haut, qui saute d'un bond à la tribune. A sa vue éclate un tumulte épouvantable : présidente, assesseuses et zouavesses se jettent sur lui, le pincent, l'égratignent, et il ne s'échappe qu'en lambeaux de leurs mains... Ne mettons pas au compte de la population parisienne ces extravagances, qui naissent presque partout des grandes commotions politiques et sociales.

Une autre excentricité qui occupa plus sérieusement l'opinion publique, ce fut la croisade entreprise par certains maires, contre les images du Christ, qu'ils firent enlever des ambulances, et contre les frères des écoles chrétiennes, qu'ils fermèrent de leur autorité. M. Mottu, le maire du 11ᵉ arrondissement y a attaché son nom. La question fut passionnément discutée dans les clubs, et souleva d'innombrables articles de journaux. L'autorité donna tort à M. Mottu qu'elle destitua. Elle ne fit en cela que suivre le mouvement de l'opinion publique, qui s'était énergiquement prononcée contre ces mesures au moins inopportunes. Il ne resta rien de toute cette agitation ; les classes reprirent, comme à l'ordinaire, aussi bien chez les frères et les sœurs, que dans les lycées ; M. Jules Simon, le ministre de l'instruction publique, écrivit une belle circulaire pour dire qu'au-dessus de ces vaines tempêtes de la politique devaient planer les soins de l'éducation et de la science, et, en conséquence, il décida que l'Institut enverrait par ballon un de ses membres, chargé d'observer l'éclipse totale de soleil, qui devait être visible en Algérie.

II.

C'est durant cette période que fut définitivement réglée l'organisation de la poste, qui envoyait nos lettres par ballon, et nous en rapportait les réponses trop rares, hélas! et trop courtes, par un service de pigeons messagers. Le gouvernement établit une grande fabrique de ballons, de façon à en avoir toujours un prêt à partir, aussitôt que le vent serait favorable. C'était de jour, aux premiers temps du siége, que ces ballons prenaient leur vol, mais on ne tarda pas à s'apercevoir que les Prussiens, avertis de l'heure du départ, en guettaient le passage et lançaient sur l'aérostat ou des fusées incendiaires ou des balles de fusils à longue portée, dits fusils de rempart. On se résolut donc à ne plus partir que de nuit. C'était presque toujours dans une gare que les aérostats étaient gonflés et s'envolaient : gare du Nord ou d'Orléans. Jamais ceux qui ont assisté à ce spectacle ne l'oublieront de la vie. Au milieu d'une vaste cour, le ballon, à demi gonflé, se démène furieusement sous l'effort de la rafale ; il est en taffetas jaune, et les lanternes à réflecteur des locomotives jettent sur la route des lueurs fantastiques. Tout autour s'agitent, dans l'ombre, des hommes que l'on prendrait pour des démons, s'acharnant à quelque œuvre infernale. Dans un coin, le directeur des postes, M. Rampont, tire sa montre, d'un air soucieux, interroge le vent, et semble demander conseil à l'aéronaute, M. Godard, avec qui il cause à voix basse. Il est évident qu'il y a danger. Trois hommes doivent partir : un voyageur dont le nom est un mystère, il est enveloppé de fourrures ; il se promène inquiet et pâle, et tâche, quand il se sent regardé, de faire bonne contenance. Un marin, il fume insouciamment sa pipe ; on sent qu'il montera dans la nacelle, du même cœur indifférent et résolu dont il saute à l'abordage : c'est affaire de service. Un employé des postes ; il est très-occupé, le fourgon des imprimés vient d'entrer ; c'est lui qui transporte les précieux sacs et les dispose autour de la nacelle. Cinq petites cages arrivent, contenant trente-six pigeons adorables, des noirs, des blancs, des dorés, des pigeons qui ont des noms de victoire : *Gladiateur, Vermouth, Fille-de-l'Air.* C'est le propriétaire lui-même qui les apporte, et veille à leur installation. Au moment de partir, on s'aperçoit qu'aucun des voyageurs n'a songé aux provisions ; on court, on se fouille, on finit par réunir trois petits pains, deux tablettes de chocolat et une bouteille de vin. Ce retard a eu son bon côté. Un aide de camp entre essoufflé : *Une dépêche du gouverneur !* L'aéronaute la prend; la nacelle est fixée ; on entend le sacramentel : Lâchez tout ! Le ballon s'élance d'un bond, il penche sous l'effort du vent, qui le courbe avec violence. C'est une seconde d'émotion inexprimable ; nous sommes tous, là, retenant notre souffle, les yeux fixés sur cette masse noire, qui se rabat dans une convulsion effroyable. Sera-t-elle brisée ? non, elle s'élève, et à peine le ballon a-t-il dépassé le toit vitré de la gare, que déjà la nuit s'est refermée sur lui ; il se fond en quelque sorte dans l'obscur brouillard. — Adieu ! adieu ! nous crient les voyageurs, et nous leur répondons par des souhaits de bon voyage, en agitant nos drapeaux. — *Vive la France !*

Les pigeons qu'ils emmènent avec eux nous reviendront bientôt, à moins que le froid, la brume, l'épervier ou la balle d'un Prussien ne les arrête en route. Chacun d'eux apportera, lié par trois fils à une des plumes de sa queue, un léger tube, où se trouvera roulé un petit carré de papier de quarante millimètres sur trente millimètres. C'est la réduction microscopique, par la photographie, d'une composition typographique ordinaire. Cette petite planche, à peine lisible avec un verre de loupe très-puissant, ressemble assez à un journal sur quatre colonnes. Celle de gauche contient uniquement cette mention :

SERVICE DES DÉPÊCHES PAR PIGEONS VOYAGEURS.

Steenackers à Mercadier, 103, *rue de Grenelle.*

Les trois autres colonnes contiennent, au verso comme au recto, la transcription de dépêches, les unes à la suite des autres, sans blancs ni interlignes. Quelques-unes de ces dépêches sont officielles. D'autres viennent de source privée. Ah! qu'elles nous ont apporté de consolation et de joie! Que de pièces de cent sous et de louis d'or sont tombés dans la main des facteurs qui nous remettaient la dépêche si attendue! Et ces pigeons, de quel tendre respect on les entourait! Quand, par hasard, un d'eux, à bout de forces, ruisselant de pluie, s'abattait au bord de quelque corniche, de quel œil avide la foule bientôt amassée suivait ses mouvements! Comme toutes les mains se tendaient vers lui pour lui offrir le pain ou le millet qui devait l'attirer! et quel cri de joie quand il reprenait son vol droit vers son colombier! La poésie ne pouvait faire autrement que de les chanter. Eugène Manuel écrivit sur eux une jolie saynète, qui fut récitée au Théâtre-Français, et Paul de Saint-Victor les célébra dans une prose plus poétique que les vers du poëte des *Ouvriers*. Le morceau est trop joli pour ne pas être gardé tout entier :

« Ils sont les colombes de cette Arche immense battue par
« des flots de sang et de feu. La frêle spirale de leur vol
« dessine dans les airs l'arc-en-ciel qui prédit la fin des tem-
« pêtes. L'âme de la patrie palpite sous leurs petites ailes.
« Que de larmes et de baisers, que de consolations et que
« d'espérances tombent dans leurs plumes mouillées par la
« neige, ou déchirées par l'oiseau de proie! En revenant à
« leur nid, ils rapportent à des milliers de nids humains l'es-
« poir, l'encouragement et la vie. Plus que jamais, aujourd'hui,

Les pigeons messagers.

« et dans le sens le plus pur du mot, ils sont les oiseaux de
« l'amour. — Comme les cigognes des villes du Nord, comme
« les pigeons de Venise, ils mériteraient de devenir aussi des
« oiseaux sacrés. Paris devrait recueillir les couvées de leur
« colombier, les abriter, les nourrir sous les toits de l'un de
« ses temples. Leur race serait la tradition poétique de ce
« grand siége, unique dans l'histoire. Leurs vols égrenés dans
« nos rues et dans nos jardins, feraient souvenir qu'il fut un
« jour où tous les cœurs de cette grande ville étaient suspen-
« dus aux ailes d'un ramier. Une vénération religieuse pro-
« tégerait ces oiseaux propices. — Pendant son long siége,
« Venise, cent fois plus affamée que Paris, ne souffrit pas
« qu'on touchât aux pigeons de Saint-Marc. Le blé faisait
« défaut ; on se disputait un morceau de pain, et pourtant la
« pâture ne leur manqua pas un seul jour. Venise, mourant
« de faim, jetait à ses colombes les derniers grains de ses
« greniers vides.

« Vents, dites-leur notre misère !
« Oiseaux, portez-leur notre amour !

« s'écrient les proscrits de la chanson de Victor Hugo. Cette
« image du poëte est devenue aujourd'hui une réalité vivante
« et charmante. Ce sont les vents qui racontent à la France
« les misères et les espoirs de Paris ; ce sont des oiseaux qui
« portent à ses chers absents son amour. »

III

Telles étaient nos préoccupations, nos tristesses et nos joies
à cette heure du siége. Il n'y avait guère plus de trois mois
que la guerre était commencée, et déjà l'empire et ses hontes
avaient reculé pour nous dans un lointain prodigieux. C'est à

peine si nous nous souvenions plus de l'empire déchu que de Nabuchodonosor changé en bête ou de Pharaon englouti dans la mer Rouge avec toute son armée. Il était sorti de notre mémoire, et la meilleure preuve de ce méprisant oubli, c'est le peu de succès qu'obtinrent les derniers *Fascicules*. Au lendemain de la République proclamée, le nouveau gouvernement avait résolu de publier, en petites brochures, qui reçurent le nom de *Fascicules*, les papiers trouvés aux Tuileries, afin d'étaler au grand jour les plaies de ce pouvoir à moitié pourri. Les premiers volumes s'enlevèrent et firent fureur. Il y avait comme un appétit de vengeance dans la curiosité qu'ils excitèrent. On était ravi de pénétrer ces mystères d'iniquité, de lever les voiles épais sous lesquels tous ces scandales se dérobaient aux yeux. C'est ainsi que les lettres de l'ex-empereur à Marguerite Bellanger, une courtisane célèbre, et les réponses de la courtisane à l'empereur amusèrent tout le public parisien. Il y avait là-dedans une histoire d'enfant supposé, et je ne sais quels tripotages abominables, où le premier président de la Cour de cassation semblait avoir joué un rôle peu digne. Notre malignité se repaissait avec joie de ces hontes. On lut aussi avec avidité les lettres qui nous révélaient ce que nous ne faisions que soupçonner : que la guerre du Mexique n'avait été entreprise que pour donner occasion au duc de Morny d'empocher quelques millions de primes tripotés avec l'aventurier Jecker; d'autres nous apprenaient que Napoléon III avait été de toutes parts averti des forces immenses dont disposait l'Allemagne, et que sa folle déclaration de guerre n'avait pas même l'excuse de l'aveuglement. Peu à peu les publications, qui se succédaient, excitèrent une curiosité moins vive, bien qu'elles offrissent un intérêt à peu près égal. Mais chaque jour qui nous éloignait de ce temps d'infamie comptait pour nous comme un siècle. Et quand d'ignobles industriels, mettant ces scandales en caricatures, étalèrent leurs produits cyniques dans les passages les plus fréquentés, et crièrent au coin des boulevards : « La femme Bonaparte, ses crimes et ses amants », quand on vit aux vitrines des libraires ces hideux portraits des hommes du second empire, déguisés, l'un en loup, l'autre en maquereau, un troisième en âne ou en porc, il y eut comme un sentiment universel de dégoût, et les journaux, se faisant les interprètes de la pudeur publique, demandèrent que l'on supprimât ces exhibitions, plus scandaleuses que les scandales qu'elles prétendaient châtier.

Les âmes, épurées par tant de malheurs, ne pouvaient plus supporter ces ignobles spectacles. Nous devenions meilleurs, et nous allons voir le cœur des Parisiens se hausser encore et demeurer au niveau des événements terribles qui nous restent à conter.

CHAPITRE VIII.

LA PROVINCE S'EST LEVÉE. — BATAILLES SOUS PARIS. — ON VA BOMBARDER.

Vous vous rappelez ces vieilles légendes du temps passé, qui vous représentent le guetteur de nuit, épiant du haut du clocher si l'armée de secours arrive au loin pour débloquer la ville. Une foule immense s'est rassemblée au pied de l'église, et demande de temps à autre au veilleur s'il ne voit rien venir. On se désespère, on pleure, et déjà s'ouvre à tous les yeux la nécessité de se rendre, quand tout à coup l'homme de la tour jette un grand cri : « J'aperçois là-bas, tout là-bas, dans la plaine, un effroyable nuage de poussière qui s'avance. Au travers brille le fer des lances et le cuivre des casques... » Et la population tout entière répond à cette bonne nouvelle par une longue acclamation de joie. On s'embrasse, on jure de mourir tous ensemble plutôt que de céder. La confiance et la joie sont revenues, et avec elles le courage et une invincible résolution de tenir jusqu'au bout.

Cette légende, du siècle d'Attila, est notre histoire, et peut-être est-elle aussi celle de toutes les villes assiégées. C'est le 15 novembre qu'il nous arriva, par voie de pigeons, une dépêche qui nous annonçait qu'une armée d'Orléans avait, sous les ordres d'Aurelle de Paladines, refoulé les Prussiens et repris Orléans. Non, rien ne peut donner une idée de l'émotion qui se répandit par toute la cité à cette nouvelle inattendue. Ainsi donc, il était vrai! cette province que l'on croyait divisée, indifférente, hostile peut-être, elle avait, par un vaillant effort, rassemblé une armée, une vraie armée, une armée capable de lutter avec les Prussiens, de les battre même, et elle se trouvait, cette armée, à vingt-cinq lieues à peine de nous, sur les derrières de l'ennemi. L'heure de la délivrance avait sonné !

Ceux qui ne connaissent pas la merveilleuse élasticité du caractère parisien, qui n'ont pas observé avec quelle souplesse il rebondit de l'abattement le plus profond aux transports de l'exaltation la plus vive, ceux-là ne comprendront rien au revirement prodigieux qui se fit, en ce moment, dans tous les esprits. Tout fut oublié, les défiances, les misères, les haines et les désespoirs.

Il semblait que le pigeon messager nous fût arrivé, comme la colombe de l'arche, apportant dans son bec le rameau de l'espérance. Dans tous les cœurs brilla l'arc-en-ciel de la victoire. Le nom d'Aurelle de Paladines, profondément ignoré jusque-là et qui devait sitôt après retomber dans son obscurité, devint tout à coup célèbre. Tous les journaux en firent à l'envi un grand homme. Ils contèrent son inflexible amour pour la discipline, ses qualités d'organisateur, son habileté de tacticien. Ils n'oublièrent pas ce détail pittoresque d'une balle que l'on n'avait pu extraire de son cerveau où elle s'était logée, et qui, lui roulant parfois dans la tête, donnait à sa physionomie une expression farouche. C'était un grand homme de guerre, un héros, le sauveur promis. On calculait déjà combien il lui faudrait de jours de combats pour nous donner la main ; et tous, penchés sur la carte, armés d'aiguilles à têtes rouges, nous marquions d'avance ses étapes. Nous volions de victoires en victoires. La confiance était si ferme, que, dès le lendemain, nous éprouvâmes tous une sorte de déception, lorsque, ouvrant notre journal, nous n'y lûmes point l'annonce d'un nouveau succès :

— Eh bien ! mais, que fait donc Aurelle de Paladines ?

Nous trouvions qu'il n'allait pas assez vite. A défaut de pigeons, les canards s'abattaient par nuées sur le boulevard : Amiens est repris... Chartres également.... Étampes va l'être... il l'est. — Allons donc ! Étampes ? — Puisque je vous le dis. — Et d'où tenez-vous cela ? — C'est un paysan, qui a traversé les lignes, et qui s'est arrêté dans une auberge à Montrouge. Il s'est rencontré là avec des soldats à qui il a conté le fait. — Et qu'est-il devenu ce paysan ? — On le cherche.

Inutile de dire qu'on ne le trouvait pas. Ce qu'il y a eu, durant ce siége, de paysans fantastiques, de facteurs invraisemblables, de braconniers de légendes, qui ont mis en circulation les bruits les plus absurdes, c'est à ne pas le croire. Le *Charivari* s'était amusé à faire une étude humoristique sur *l'homme qui a traversé les lignes*. L'*Officiel* ne cessait, aux sommations qui lui étaient faites de s'expliquer sur tous ces bruits, de répondre qu'il ne savait rien de plus que ce qu'il avait affiché ; qu'aussitôt qu'une nouvelle lui parvenait, il la publiait, sans en rien garder que ce qui aurait pu compromettre les intérêts de la défense. Mais une fois lancée sur une voie, l'imagination des nouvellistes ne s'arrête pas aisément. Elle gagnait les victoires avec la même hâte dont elle entassait jadis défaites sur défaites.

Quelques personnes s'obstinaient à croire que toute espérance d'armistice n'était pas absolument perdue : elles allaient répétant un jour que M. Thiers n'avait pas quitté le quartier général prussien ; un autre, que lord Lyons avait repris, au compte de l'Angleterre, les négociations rompues. Ces on-dit qui, la semaine d'auparavant, auraient jeté dans Paris une émotion profonde, passaient presque inaperçus. Le vent avait tourné. Un armistice! pourquoi faire, un armistice? qui a jamais songé à conclure un armistice? C'est pour rire assurément! La guerre à outrance, à la bonne heure! Telle est l'étrange mobilité du Parisien, et son ardeur à se porter d'un élan impétueux et subit à tous les extrêmes.

Ainsi tout le monde se trouvait, comme au lendemain de l'entrevue de Ferrières, encore une fois d'accord pour recommencer la lutte. Il y avait une reprise universelle de confiance et de bonne humeur! On était si heureux d'avoir senti, quoique de loin, battre enfin le cœur de la province! Cette province, il faut le dire, c'était elle bien plus que Paris qui était responsable de la terrible guerre que nous subissions. Elle l'avait votée deux fois : la première, en nous envoyant une écrasante majorité en faveur du plébiscite impérial, et en donnant ainsi, malgré Paris et les Parisiens, un nouveau blanc-seing au gouvernement qui avait fait l'expédition du Mexique ; et la seconde fois, par l'intermédiaire de ses députés, quand ceux-ci étouffèrent la voix des représentants de Paris, qui demandaient qu'on réfléchît au moins vingt-quatre heures avant de jeter la France dans une nouvelle aventure plus périlleuse que toutes les autres. Il était donc juste qu'elle vînt en aide ; que, dépouillant ses vieilles défiances contre la capitale, elle ne demeurât pas cantonnée, chacun dans son petit coin, nous laissant nous débrouiller tout seuls, avec ce mot d'égoïste encourageant : Tire-toi de là si tu peux !... Non, la province ne saura jamais quel gré nous lui avons su d'avoir autrement compris son devoir. Ce n'est pas seulement une patriotique reconnaissance que nous avons sentie pour elle à cette heure, c'est le plaisir de la voir dignement remplir des obligations qu'elle s'était créées elle-même. Sauvés, c'était déjà beaucoup ; mais sauvés par elle, dont nous avions douté, par elle que nous avions eu la douleur d'accuser d'ingratitude ! Ainsi la France se retrouvait entière, et par-dessus les lignes prussiennes, Paris et la province, si longtemps divisés, s'envoyaient de la main un salut cordial et un geste d'encouragement.

Ce ne fut qu'un cri dans toute la population : Ils viennent à nous ; allons à eux. Il faut absolument faire une sortie. En avant ! nous sommes quatre cent mille, et quatre cent mille hommes passent toujours ! Ainsi disait la foule, et M. Trochu n'en hésitait pas moins. Cet honnête militaire, aussi intelligent que loyal, ne se payait pas de mots. Il savait bien que quatre cent mille hommes ne sont pas quatre cent mille soldats, et que le patriotisme le plus déterminé ne suffit pas à faire de bonnes troupes. Ceux sur qui l'on pouvait le plus compter, les marins, n'étaient pas fort nombreux, et il en fallait garder pour les forts, dont ils servaient l'artillerie. La garde mobile se composait d'éléments très-divers. Il était permis sans doute de faire fond sur elle pour un coup de collier : tous les hommes qui la composaient, d'où qu'ils vinssent, ne demandaient qu'à en finir ; mais tous n'étaient pas également exercés et rompus aux manœuvres. Soit mollesse de la direction générale, soit goût d'indiscipline chez les officiers, qui ne savaient pas leur métier ou ne se donnaient pas la peine de le faire, ces cent mille jeunes gens, si brave que chacun d'eux fût individuellement, ne s'étaient pas fondus en une armée aguerrie, où chaque soldat sent le coude du voisin, où chaque bataillon a confiance dans celui qui le précède et dans celui qui le suit, où tous, animés d'une même foi et d'une même ardeur, obéissent aveuglément au chef qui les conduit à la bataille. Ils estimaient leurs généraux ; mais ces messieurs n'avaient pas ce tour d'imagination qui plaît aux foules et les enlève. Ils ne trouvaient pas à point nommé le mot qui excite, et ils en avaient souvent de malheureux. Les bulletins, où l'on contait chaque jour au public les incidents de la nuit, étaient rédigés d'un style triste. C'était une plaisanterie qui courait le camp, de dire en parlant de M. Trochu et de son chef d'état-major, M. Schmitz, le général *De profundis* et le colonel *Contre-Ordre*. Ces deux sobriquets en disent plus que toutes les réflexions du monde sur les dispositions de la mobile. Elle n'était commandée ni avec cette héroïque allégresse qui allume les joyeux dévouements, ni avec cette exactitude et cette fermeté de discipline qui inspirent la confiance. Elle avait pour chefs de braves gens, très-décidés à bien faire leur devoir, mais qui voyaient en plein les périls de la situation et ne croyaient pas qu'il fût possible de les surmonter ; pour officiers, des hommes ou peu instruits ou dégoûtés. Il est bien entendu que je parle en général ; car j'ai eu le plaisir à Paris de connaître nombre de jeunes gens très-enthousiastes, enragés de patriotisme, et qui savaient communiquer à leurs hommes la flamme dont ils étaient pleins : ils formaient l'exception ; il est vrai qu'il n'eût fallu qu'un rayon de succès pour transformer les autres, et les animer du même feu.

La garde nationale n'était encore à ce moment-là qu'un tumultueux chaos de bonnes volontés que le désordre rendait inutiles. Si, dès le premier jour du siège, un organisateur d'élite eût tiré de cette foule armée les hommes de vingt-cinq à trente-cinq ans, mariés ou non mariés, comme un décret applicable à toute la France lui en donnait le droit, les eût équipés, instruits et unis en corps de troupes, il en eût formé une armée excellente. On eût gardé les autres pour le service peu fatigant des remparts et des portes, dont ils se fussent acquittés, comme ils le firent, avec un zèle qui ne se démentit jamais. Mais était-ce bien la peine d'être jeune, décidé à bien faire, pour se promener, deux ou trois fois par semaine, l'arme au bras, sur un bastion que personne n'attaquait ? Les journaux ne cessaient de répéter chaque jour, avec la plus vive insistance, au général Trochu : Faites ce que vous voudrez de la garde nationale, mais faites-en quelque chose. En laissant confondus ainsi, dans un même tas énorme, jeunes et vieux, soldats émérites et bourgeois obèses, sous des chefs qu'ils se sont choisis un peu au hasard, vous n'aurez jamais sous la main qu'une multitude armée, et non une armée ; un troupeau, et non une troupe.

Pourquoi le général Trochu tarda-t-il si longtemps à prendre un parti sur cette question ? Est-ce parce que, ne croyant pas à la possibilité de prolonger le siége, il ne pensait pas avoir le temps d'organiser jamais la garde nationale ? Est-ce parce qu'il n'avait, en sa qualité d'ancien militaire, qu'une confiance médiocre aux services qu'on en pouvait attendre, même après qu'on l'aurait reformée ? Ne serait-ce pas plutôt que, par la nature de son esprit, il était lent à se décider, incapable de pousser vivement dans plusieurs sens à la fois, et qu'il n'aimait à commencer une chose qu'après avoir achevé celle qu'il était en train de faire ? Aucune de ces dispositions n'est impossible, et peut-être sont-elles toutes également vraies.

La plupart des mesures qui furent prises durant ce blocus par l'autorité, le furent sous l'irrésistible pression de l'opinion publique. Au lieu que c'est ordinairement, dans une ville assiégée, le commandant qui anime et entraîne la population civile, ce fut ici le peuple qui, avec une énergie toujours croissante, poussa le général en chef à l'action. Le décret sur l'organisation des compagnies de guerre tirées de la garde nationale parut enfin le 9 novembre, plus de cinquante jours après l'arrivée des Prussiens sous Paris. Il était si mal rédigé que personne n'y comprit rien. Il fallut l'expliquer par des circulaires, et les officiers furent chargés ensuite de commenter les circulaires, qui n'étaient pas beaucoup plus claires que le décret. Gâchis d'idées, gâchis de style.

Il y eut bien des tiraillements. Tout finit par s'arranger tant bien que mal, grâce au bon vouloir de la bourgeoisie parisienne. On organisa, on équipa, je n'ose pas dire qu'on instruisit un certain nombre de compagnies de guerre. C'étaient presque tous de braves gens, peu habitués aux fatigues d'une campagne, mais résolus, et qui sentaient qu'il fallait combattre *pro aris et focis*. Ils ne se faisaient pas illusion sur les services qu'ils pouvaient rendre, et savaient bien qu'en bataille rangée leur ignorance des manœuvres les réduirait à n'être qu'une force de réserve ; mais ils se disaient qu'aux tranchées et aux avant-postes, ils relèveraient les *lignards* et les *moblots;* et que, les dégageant de ce service très-pénible, ils leur rendraient, pour d'autres opérations plus importantes, la liberté de leurs mouvements. Peut-être n'usa-t-on qu'avec trop de discrétion de leur zèle. On les comblait de compliments; on les citait à l'ordre du jour. On les exaltait outre mesure. On affecta de faire grand bruit de la première sortie à laquelle prit part un de ces bataillons de formation nouvelle. C'était le 72e, qui, le 2 novembre, à deux heures, était allé, conjointement avec le 4e des éclaireurs de la Seine, occuper le village de Bondy, sous le commandement du capitaine de frégate Massion. « L'entrain du 72e bataillon, disait le rapport officiel, a été tel qu'il a franchi les barricades de Bondy, refoulé l'ennemi d'arbre en arbre, sur la route de Metz et le long du canal de l'Ourcq. Il n'a eu que quatre blessés... » On se borna, pour la garde nationale de marche, à ces encouragements de parade. On ne sut point, par une répartition bien entendue des vivres et des fatigues, en lui faisant toucher au doigt la nécessité des services qu'on exigeait d'elle, en agissant sur son moral par la persuasion, tirer de ces troupes, qui fussent devenues excellentes et très solides, le parti sérieux qu'il eût été permis d'en attendre.

En dehors de l'armée régulière, ligne et mobile, de la garde nationale, mobilisée ou sédentaire, un historien du siége de Paris ne saurait oublier les *corps francs*. La formation des corps francs date du commencement même de la guerre. C'étaient, comme leur nom l'indique assez, des compagnies de volontaires qui s'habillaient à leur guise, s'équipaient à leurs frais et combattaient à leur fantaisie. Aussitôt après nos premiers désastres, l'opinion s'était vite accréditée dans le public que, s'il était insensé de tenir en masse contre une armée aussi terriblement homogène et disciplinée que l'armée prussienne, on pouvait bien faire avec grand avantage aux ennemis une guerre de partisans, couper leurs convois, surprendre leurs détachements en marche, les harceler sans cesse et les inquiéter sur leurs flancs et sur leurs derrières ; en un mot, les réduire en détail. Ces façons de batailler plaisaient fort à notre humeur aventureuse ; aussi, nombre d'anciens soldats et de jeunes gens s'étaient-ils empressés de s'enrôler dans ces corps francs, où l'on avait moins d'exactitude dans la discipline à craindre, plus de variété et d'imprévu dans les combats à espérer. Ce fut alors sur nos boulevards comme un carnaval des costumes les plus fantaisistes. Quelques-uns de ces corps avaient adopté un habillement sévère, mais d'autres s'étaient déguisés en brigands d'opéra-comique. Les plumes au chapeau, les ceintures multicolores, les bottes à revers, les liserés et les galons les plus extravagants, les glands, les torsades d'or, étincelaient sur tous ces beaux fils, *que c'était comme un bouquet de fleurs*. On ne songeait point à trouver tout cela ridicule, et ils semblaient fort contents de leur personne. C'était le temps où l'on s'amusait encore. Très-braves, au reste, et très-déterminés tous, ou du moins presque tous. Il faut bien faire une restriction pour ceux qui préférèrent fuir, dans les rangs des volontaires, où ils ne paraissaient que de nom, les devoirs plus sérieux de l'enrôlement volontaire. Quelques-uns de ces corps libres se firent rapidement un nom, même avant le siége; ainsi, les francs-tireurs de la ville de Paris, plus connus sous le nom de francs-tireurs Lafont-Mocquart, qui partirent 960 pour Sedan et revinrent 166; les francs-tireurs Arronshon, qui, s'échappant de Paris avant l'investissement, se signalèrent à la prise de Châteaudun par une défense héroïque.

Il semblait qu'une fois Paris bloqué, les francs-tireurs n'eussent plus aucune raison d'être. Il fut, en effet, question, dans les conseils de la défense, de fondre dans l'armée régulière ceux qui existaient déjà, et de ne plus permettre à de nouveaux corps de se former ainsi. Mais là, comme ailleurs, on ne sut pas prendre un parti décisif. On n'osa point toucher à ces bataillons, qui avaient pour eux de plaire au public, de chatouiller son imagination, de mettre en mouvement beaucoup de bons vouloirs qui seraient peut-être demeurés inactifs dans l'armée régulière, d'exciter par l'imitation les soldats et les mobiles. Mais on s'efforça en même temps de les faire rentrer, le plus qu'on pourrait, dans les cadres des opérations projetées. On se mit en travers de leur initiative, ou, si on les y abandonna, ce fut insoucieusement, et sans trop compter sur eux. On les accusait de désordre, parce qu'ils n'avaient pas le respect sacro-saint du bouton de guêtre. Mais il eût fallu, puisqu'on se résignait à accepter leurs services, le faire très-franchement, et les pousser à ces coups de main aventureux qui demandaient plus de promptitude et d'audace que de discipline.

M. Trochu ne dissimulait pas la mauvaise humeur que lui causaient parfois ces auxiliaires dont le concours était si intermittent et si désordonné. Il se trouva, dans les derniers jours de novembre, un brave homme de guerre, ancien capitaine, M. Beaurepaire, qui se mit à prêcher, dans tous les clubs de Paris, une sorte de croisade. Il demandait douze mille volontaires francs-tireurs, et se faisait fort de passer, à leur tête, à travers les lignes ennemies, et de tomber ensuite sur les derrières des Prussiens, en leur faisant une guerre implacable de partisans. Il parlait avec beaucoup de conviction et d'éloquence, et il avait réuni, à ce qu'il paraît, sa petite armée d'adhérents. Il lui fallait l'autorisation du gouverneur. M. Trochu commença par l'accorder, puis la refusa, se fondant sur les embarras et les ennuis qu'avaient toujours causés les corps francs à la défense.

On voit par cette analyse à quoi se réduisaient dans la réalité ces quatre cent mille hommes, qu'on jetait sans cesse au nez du gouverneur de Paris, en lui demandant une trouée, coûte que coûte. Il sentait bien que ces quatre cent mille hommes ne valaient pas quatre-vingt mille vrais soldats, et son malheur était de le sentir trop, sans trouver en son génie tout ce qu'il eût fallu de ressources, d'activité, d'énergie et de foi brûlante pour transformer en vrais soldats ces quatre cent mille hommes.

Un point sur lequel toutes nos inquiétudes n'étaient pas dissipées, c'était celui de l'armement. L'opinion publique avait été prodigieusement émue de la supériorité dont l'artillerie prussienne avait fait preuve à Reichshoffen et à Sedan. On avait mis jadis Solferino au compte des canons rayés, Sadowa au compte des fusils Dreyse ; on attribuait tous nos désastres aux canons se chargeant par la culasse. — « Pourquoi n'avons-nous pas des canons se chargeant par la culasse ? Il nous faut des canons se chargeant par la culasse ! Ils en ont qui portent à cinq mille mètres ; fabriquons-en qui portent à six mille... » Les journaux, et parmi eux le *Temps* et l'*Opinion nationale*, entamèrent cette campagne avec une vigueur extrême. Ils revinrent tous les matins sur la nécessité de nous fabriquer une artillerie nouvelle, et leur insistance n'eut d'égale que la force d'inertie déployée par les membres du comité d'artillerie. Je ne prends point parti dans cette lutte, ne connaissant rien du tout à la question. Je rapporte, en bon bourgeois de Paris, ce qui se disait dans le public. Il y avait deux petites églises, horriblement jalouses l'une de l'autre, l'une au Conservatoire des Arts-et-Métiers, où l'industrie civile, sous la direction de M. Tresca, ne parlait que de nouveaux engins ; l'autre à Saint-Thomas-d'Aquin, où le comité d'artillerie, le général Guiod en tête, déclarait que tout était pour le mieux dans le meilleur des mondes, qu'il était impossible de trouver un canon supérieur au canon français, et qu'en tous cas la fabrication des canons n'était pas chose à s'improviser, qu'il fallait voir, réfléchir, comparer, attendre...

Attendre! mais nous n'avons pas le temps d'attendre, criait M. Tresca exaspéré, et tous les journaux, et le public en chœur, répétaient le refrain populaire :

> Il nous faut des canons se chargeant par la culasse.

M. Trochu, sur une question aussi capitale, aurait dû tout de suite prendre parti pour ou contre. Il hésitait, tergiversait ! Avoir contre soi un comité tout composé d'illustrations, sorties de l'École polytechnique, cela était cruel, et il n'envisageait qu'avec effroi, lui, parvenu d'une révolution, cette responsabilité redoutable. Il était trop militaire pour ne pas s'incliner, malgré lui, devant les supériorités hiérarchiques. Et d'un autre côté, que faire sans canons ?

Là, comme partout, ce fut le public qui, pesant sur les chefs, les força d'agir. Il se forma de tous côtés des souscriptions pour faire cadeau d'un canon au gouvernement. Chaque bataillon de la garde nationale, chaque corps d'état donna le sien. Il s'organisa sur la plupart des théâtres des représentations dont le produit était destiné à fondre des canons. Les canons recevaient des noms qui rappelaient quelques-unes des circonstances du don; on les offrait avec accompagnement de tambours et de musique et de harangues officielles. Ils traversaient Paris qui les saluait avec enthousiasme. C'était comme une victoire de l'opinion publique. Car ces canons se chargeaient par la culasse, et ils avaient été fabriqués par l'industrie privée. Parmi les premiers fondus, quelques-uns éclatèrent ou se fendirent. Il paraît que M. Tresca avait mis à se passer des conseils et de l'aide des jeunes officiers d'artillerie autant d'obstination que le général Guiod en mettait à repousser les services de l'industrie privée. Il avait tout voulu faire seul, et il y a une foule de détails sur lesquels toute la bonne volonté du monde ne remplace pas l'expérience acquise. L'accord se fit peu à peu entre ces rivalités, et les canons de sept, des canons excellents, des canons se chargeant par la culasse, des canons supérieurs à l'artillerie de campagne que pouvaient nous opposer les Prussiens, sortirent par centaines de l'usine Cail, transformée en fonderie, et des ateliers de M. Flaud. Ce canon de sept s'appelle aujourd'hui le canon Reffye, du nom de son inventeur, qui en fit fabriquer à Paris les premières pièces, sous la direction du commandant Pothier.

En même temps que des canons, on se mit à fabriquer à force des mitrailleuses, une autre invention du même colonel Reffey. C'était, à cette époque-là, pour tout Parisien, un spectacle à voir que celui de l'usine Cail. Il n'y a pas un de nous qui n'ait assisté aux opérations diverses que nécessite la mise en état d'un canon; qui n'en ait vu quelques-uns sortir du moule, où ils avaient bouillonné longtemps sous forme de lave; qui ne les ait admirés, avec étonnement, sur les tours où ils tournaient comme de monstrueux gigots de bronze à la broche; qui n'ait repu sa curiosité de ces merveilles, si nouvelles pour lui. Les mitrailleuses n'excitaient pas moins de surprise. C'était une fête d'être invité aux expériences où on les essayait. Rien de plus étrange que ce bruit sinistre de la mitrailleuse, qui donne à l'oreille la sensation d'une étoffe de soie déchirée vivement et d'un seul coup.

A cette artillerie improvisée, il faut en joindre une autre, qui intéressa singulièrement les Parisiens, et devint bientôt matière à légende. Ce fut celle que portait la flottille de la Seine. Cette flottille était arrivée de Toulon par chemin de fer; et on l'avait installée à l'île du Cygne, où nous sommes tous allés lui rendre visite. C'étaient des batteries flottantes, dont chacune avait deux canons de quatorze portant à 5,500 mètres et des espingoles. L'équipage était de quarante hommes, commandés par un lieutenant de vaisseau. Toute cette flottille obéissait aux ordres du commandant Thomasset [1], un marin

---

[1] Il a depuis été nommé contre-amiral.

énergique, dont le nom fut bientôt populaire parmi nous.

A côté de ces batteries, la canonnière du lieutenant Farcy agissait isolément. Le lieutenant Farcy et sa canonnière étaient à Paris l'objet d'un de ces engouements, comme on n'en a que dans cette ville. Cette canonnière se composait d'une énorme pièce de canon, portée sur un affût à pivot, d'une légèreté si extraordinaire, qu'elle pouvait, profitant du moindre tirant d'eau, s'embusquer dans des bras de rivière, où ne pénétrait aucune autre batterie, et de là, fouiller dans tous les angles, les bois où se dissimulaient les grand'gardes ennemies. On prêtait à son capitaine les coups les plus audacieux, et il ne se passait guère de semaine où l'on ne demandât pour lui, dans les journaux, ou une élévation de grade, ou une récompense honorifique. Ce fut comme un deuil dans la ville, quand on apprit, vers le mois de janvier, que la canonnière Farcy avait été démontée, et la pièce transportée dans un des forts pour répondre au bombardement ouvert et contre-battre une batterie prussienne.

Ce tableau ne serait pas complet si je ne parlais pas de *Joséphine* et de *Marie-Jeanne*, et d'autres pièces à longue portée, qui avaient emprunté leur nom au calendrier. *Joséphine* a été longtemps célèbre. C'était un canon énorme, disposé au bastion de Saint-Ouen, et dont la portée dépassait, dit-on, neuf mille mètres. Quand on entendait de gros coups, on disait : Oh! oh! c'est *Joséphine* qui crache; ou : Voilà *Joséphine* qui soupire. Les Prussiens se sont frottés à *Joséphine* et il leur en cuit. — Banville, le poëte du siége, avait chanté *Joséphine* en jolis vers, qui furent récités en plein théâtre. Pourquoi la vogue à *Joséphine* plutôt qu'à *Marie-Jeanne* ou à *Cunégonde*? Mystère! la mode souffle où il lui plaît. Les marins souriaient paternellement à cet enthousiasme. Ils ont été, ces marins, la coqueluche de Paris durant tout le siége. Je ne parlerai pas des services qu'ils ont rendus à la défense ; ces services sont immenses. Ce sont eux qui ont

Un bastion : Joséphine.

mis en état, qui ont *paré*, comme ils disent, les forts dénués de tout quand ils les ont occupés ; ce sont eux qui ont donné l'exemple d'une discipline exacte, d'un courage invincible, d'une mâle et joyeuse énergie. Mais ce qui a surtout étonné les Parisiens, c'est la politesse exquise et l'instruction profonde des officiers de marine, depuis l'amiral jusqu'au moindre lieutenant ; c'est la distinction de leurs manières et l'élévation de leur langage. Quel contraste avec les vieilles culottes de peau de l'armée de terre ! Nous en avons été saisis tous ! Je me souviens du succès qu'obtinrent ces troupes d'élite, quand on les vit défiler dans Paris pour la première fois. Nous avions les yeux pleins du lamentable spectacle de la ligne décimée et des mobiles en blouse. Quand nous vîmes ces hardis compagnons, d'un air si résolu, d'un aspect si pittoresque, avec leurs chapeaux en cuir à bords rehaussés, et leur col de chemise rabattu sur leurs épaules, il n'y eut qu'un cri : Voilà des hommes ! et leur physionomie était si rassurante ! elle respirait une telle confiance ! Ah ! si toute notre armée leur eût ressemblé !

Elle était loin de ce modèle ; on le sait assez par les détails où nous venons d'entrer sur chacun des éléments qui la composaient. N'importe ! le vent était à la confiance ! Il faut en finir ; c'est le mot qui allait de bouche en bouche, et tous les cœurs se gonflèrent d'espérance et de joie, quand, le 29 novembre au matin, on lut sur les murs de Paris une proclamation du général Ducrot, qui nous annonçait que le moment était enfin venu de rompre le cercle de fer dont nous étions entourés... Les débuts seront difficiles, disait le général, et il y aura un vigoureux effort à faire ; mais il n'est pas au-dessus de nos forces. Plus de 400 canons, dont les deux tiers au moins du plus gros calibre, accompagneront l'armée, qui se composera de plus de 150,000 hommes, bien armés, bien équipés, abondamment pourvus de munitions. — « Pour moi, ajoutait Ducrot en terminant, je ne rentrerai dans Paris que mort ou

13

victorieux ; vous pourrez me voir tomber ; vous ne me verrez jamais reculer. Alors, ne vous arrêtez pas ; mais vengez-moi ! »

A ce noble et patriotique langage, toute la ville tressaillit d'une émotion sainte. De quel cœur nous souhaitâmes bonne chance à ces braves gens, qui s'en allaient, gaiement et le sac au dos, payer de leur vie la victoire et la délivrance ! Ceux qui ont vu ces journées de fièvre ne les oublieront jamais : la population tout entière dans les rues, les uns sur les boulevards, les autres aux différentes barrières, par où pouvaient revenir, avec des blessés, les bruits de la bataille ; une foule énorme se pressant à la mairie de la rue Drouot, qui était comme le quartier général des nouvelles. Il n'entre pas dans mon plan (je l'ai déjà dit) de conter les opérations de guerre ; outre que je ne me connais pas en ces sortes de choses, la vérité serait difficile à démêler à travers les récits des témoins oculaires, dont chacun a presque toujours vu le contraire du voisin.

L'action s'engagea le 29 au matin ; les troupes du général Vinoy attaquèrent au sud de Paris les deux positions de la Gare-aux-Bœufs et de l'Hay, et les enlevèrent avec beaucoup de résolution. Ordre fut donné à la division qui occupait l'Hay, de se replier ; les Prussiens s'élancèrent alors sur le village et furent aussitôt criblés de toutes parts par les batteries des Hautes-Bruyères. Ils perdirent beaucoup de monde et furent obligés de se retirer des crêtes. C'étaient là d'excellents résultats, et qui comblèrent de joie les Parisiens, quand ils arrivèrent d'heure en heure par lambeaux dans la grande ville.

C'est ce moment qu'un journal du soir, dans un entre-filets, choisit pour annoncer que l'entreprise, brillamment entamée le matin, avait échoué le soir d'une façon malheureuse. Il y eut un cri de douleur et de rage. D'où tenait-il une nouvelle si grave ? Et si elle était exacte, pourquoi la cachait-on ? Il n'y en avait qu'une partie de vraie. Le général Ducrot, chargé du rôle principal dans l'ensemble des opérations, n'avait pu l'accomplir. Il devait passer la Marne sur un pont de bateaux, et, le fleuve ayant grossi par une crue subite, il n'avait pu arriver à temps. C'était un retard fâcheux ; car l'attaque de Vinoy n'était dans le plan général qu'une diversion, et le succès obtenu du côté de l'Hay ne servait plus de rien si l'armée de Ducrot n'était pas assez vite prête.

Elle passa la Marne le mercredi 30, et, poussant devant elle l'armée prussienne qui était retranchée sur de fortes hauteurs, elle s'empara pied à pied des positions que l'ennemi occupait, et le soir enfin, grâce à l'arrivée de renforts conduits par le général d'Exéa, elle s'installa sur le plateau de Villiers. Les Prussiens s'étaient retirés, nous laissant deux canons, leurs blessés et leurs morts. C'était la première fois, depuis ce malheureux siège, que nous apprenions un succès : je parle d'un succès important, réel. La joie fut immense à Paris. On portait aux nues le général Ducrot, qui s'était battu comme un lion, et avait, dit-on, déployé les qualités de sang-froid et de coup d'œil d'un général. On faisait réparation d'honneur à Trochu, qu'on s'accusait d'avoir mal jugé. C'est lui, écrivaient les journalistes repentants, qui du néant a tiré cette armée, qui a rendu possible la victoire d'aujourd'hui. La victoire ! ce nom sonne si harmonieusement aux oreilles françaises, et nous en étions depuis si longtemps déshabitués !

Pendant que cette action principale s'achevait si heureusement, d'autres opérations secondaires s'étaient poursuivies à droite et à gauche, sur tout le périmètre de l'Est, avec des succès divers. Ainsi, sur la droite, la division Susbielle, qui avait enlevé d'abord le plateau de Montmesly, n'avait pu tenir ensuite contre des forces supérieures et s'était retirée à gauche ; on s'était battu au Drancy, sans grand résultat.

Mais qu'importait cela ! Au centre nous étions restés maîtres ; nous couchions sur les positions conquises, dans les draps de l'ennemi.

Quelle nuit de triomphe! Je me souviens que je la passai au *Moulin de la Galette*, un petit observatoire juché sur le haut de la butte Montmartre, d'où M. Bazin, le célèbre inventeur des appareils électriques sous-marins, éclairait avec une machine puissante toute l'immense plaine de Gennevilliers, depuis le Mont-Valérien jusqu'au fort de la Briche. On avait mis là, depuis le commencement du siège, un poste de gardes nationaux, où je venais d'être agrégé. Que de jolies heures j'y ai passées, contemplant de ce point élevé le vaste panorama qui s'étendait sous nos yeux : Paris à nos pieds, et bien loin à perte de vue, cette longue ligne de hauteurs, occupées par les Prussiens, et que le fort Valérien semblait défier de sa masse sombre! Le soir, c'était un spectacle féerique, que tout Paris est venu voir. M. Bazin projetait, au loin, sur la campagne, un énorme rayon de lumière électrique. Le rayon, passant par-dessus la ville, prolongée dans une ombre épaisse que piquaient des milliers de feux, enlevait en blanc les toits des maisons, et, tombant sur quelques arbres éloignés, les faisait saillir de la nuit avec des formes étranges ; on eût dit un décor de la *Biche au Bois*. Vers une heure du matin, une estafette accourut nous dire que les Prussiens tentaient par le pont de Bezons une attaque de nuit sur la plaine de Gennevilliers, et donna ordre de fouiller les environs avec la lumière électrique. Avec quelle joie d'enfant nous dirigeâmes le jet sur le point indiqué ! « Vlan ! dans l'œil ! » disions-nous, répétant une plaisanterie alors à la mode à Paris. Je demande pardon au lecteur de rappeler ces souvenirs tout personnels ; mais c'est de mes longues stations à ce poste qu'est né ce livre, c'est là que j'ai rencontré l'éditeur qui m'a engagé à l'écrire, et si le récit de ces impressions du siège est exact, c'est que j'ai pu le soumettre au contrôle des Parisiens que j'avais pour camarades de chambrée au Moulin de la Galette.

Toute la journée du 1er décembre fut employée à relever les blessés et à se fortifier dans les positions que nous venions de prendre. Tout le monde s'attendait à un retour offensif des Prussiens, et l'on songeait, avec des transports de joie, que cette affreuse date du 2 décembre allait être enfin effacée de notre mémoire par un souvenir glorieux. Le 2, en effet, les Prussiens revinrent avec des forces énormes et une artillerie formidable. Ils attaquèrent avec furie, firent plier d'abord nos troupes, qui, bientôt remises de leur premier émoi, enlevées par le général Ducrot, repoussèrent définitivement, après un combat de sept heures, l'effort de l'ennemi et gardèrent le plateau.

Ce fut une victoire, et plus considérable même que nous ne le crûmes au premier moment. Car plus tard, quand il nous fut donné de lire dans les journaux allemands le récit de cette bataille, nous apprîmes avec étonnement qu'elle leur avait coûté plus de monde que celle de Gravelotte, qui avait été si terrible, sous Metz. Ils évaluaient leurs pertes à quinze mille hommes. Ils avaient été fauchés par les mitrailleuses, qui en couchaient par terre des rangées entières. Notre artillerie nouvelle avait prouvé là une supériorité qui nous promettait beaucoup pour l'avenir. Si l'on n'illumina point dans Paris, c'est d'abord qu'on n'avait pas beaucoup de gaz à dépenser en niaiseries, c'est ensuite qu'on était devenu plus sage et qu'on se rappelait les écoles déjà faites. Mais la joie n'en fut pas moins profonde et intense : — Ah ! c'est donc le commencement de la fin !

On avait fait le premier pas vers cette route de l'Est, et soit qu'on voulût pousser plus avant de ce côté, soit qu'on portât sur la route d'Orléans et la position de Choisy tout l'effort ultérieur des troupes, la délivrance était au bout. Aussi fut-on fort surpris, et de la façon la plus désagréable, quand, le lundi 4 décembre, on lut, sur les murs de Paris, une proclamation du général Ducrot, où il expliquait à ses soldats qu'il leur avait fait repasser la Marne pour ne pas les engager dans une lutte meurtrière et inutile ; mais que le repos serait de courte durée, et qu'ils devaient s'attendre à de nouvelles épreuves. Il avait beau couvrir cette retraite de louanges flatteuses pour la bravoure de ses soldats, ce n'en était pas moins une retraite. Ainsi donc on abandonnait de son plein gré les positions conquises ; mais alors à quoi bon les emporter au prix de tant de sang ? Nous avions vaincu ; mais cette victoire stérile ne nous procurait donc pas plus d'avantages qu'une défaite ? Trochu avait-il reconnu qu'il serait impuissant à percer plus avant la ligne ennemie ? avait-il appris, par de secrets messagers, qu'Aurelles de Paladines, à qui il comptait donner la main, avait reculé, et craignait-il, la trouée une fois faite, de tomber dans le vide ? Autant de points d'interrogation que se posait le public, et auxquels il ne trouvait point de réponse.

Cette reculade imprévue n'eut pourtant pas sur l'opinion l'effet désastreux qu'on en pouvait attendre. Nous étions flattés d'avoir tenu bon contre les vieilles troupes de Prusse, d'avoir passé et repassé, sous leurs yeux, un grand fleuve, sans qu'elles osassent inquiéter ce mouvement. Ce n'était, pensions-nous, que partie remise. Le vent soufflait toujours au beau fixe de l'espérance. Les bruits les plus favorables et les plus étranges circulaient dans la ville en fête. On contait que la flotte prussienne avait été tout entière capturée d'un seul coup de filet dans le port de Jahde : deux frégates françaises se seraient dévouées, et, passant sur les torpilles qui en défendaient l'entrée, se seraient ainsi fait sauter, après quoi notre escadre aurait franchi sans péril le goulet et pris l'oiseau au nid. En vain les gens du métier faisaient-ils remarquer l'invraisemblance de ce récit romanesque ; il séduisait l'imagination de la foule, qui se repaissait avidement de ces chimères.

Ajoutez que les renseignements et les lettres nous arrivaient en abondance. Un messager mystérieux, qu'on avait surnommé *l'homme d'Amiens*, et qui avait déjà deux fois traversé les lignes prussiennes, venait encore d'apporter quelques milliers de lettres; des dépêches publiques et privées nous étaient parvenues par voie de ballon, et des journaux allemands ou anglais, les uns saisis sur des prisonniers, les autres qui filtraient jusqu'à nous par des canaux secrets, nous avaient remis en communication avec la province. Toutes ces nouvelles étaient fort encourageantes; elles nous représentaient les départements en armes, et la France tout entière soulevée, de l'un à l'autre bout, d'un même enthousiasme. Nous prenions aisément notre parti de quelques engagements malheureux, de quelques villes ouvrant leurs portes, de quelques campagnes plus ou moins mises à sac; l'important pour nous, c'était que l'on se battît, et l'on se battait. « Nous irons partout, partout ! » avait dit un des chefs d'état-major du roi Guillaume, et on se levait partout, partout ! Partout on tuait des Prussiens, beaucoup de Prussiens ! Ah ! si l'on pouvait finir par les tuer tous !

Parmi toutes ces bonnes nouvelles, il y en eut une qui nous fit plus de plaisir que toutes les autres. On ne devinerait jamais laquelle : nous apprîmes que la Russie venait, par un document diplomatique, de dénoncer le traité de 1856. Cette dénonciation touchait les Anglais d'une façon plus sensible ; car, en vérité, nous, en l'état où nous nous trouvions, la question d'Orient était le moindre de nos soucis. Mais pour les Anglais, c'était leur empire de l'Inde menacé, et leur influence dans le monde détruite ou amoindrie. Nous savourâmes en plein la joie de la vengeance. On s'imaginerait malaisément jusqu'où allait notre irritation contre nos anciens alliés de l'Alma et de Sébastopol. Ce n'était pas seulement qu'ils nous eussent abandonnés dans cette crise : rien après tout ne leur faisait une loi de nous y porter secours. Mais le dénigrement systématique de leurs journaux, leur ton de persiflage hautain, leur froide et ironique malveillance, nous avaient exaspérés. Nous en étions venus à les détester cordialement, et je suis convaincu que cette impression sera très-longue à s'effacer des esprits.

J'ignore ce que l'avenir nous réserve; mais si jamais le hasard nous met en position de jouer un mauvais tour aux Anglais, il faudra à nos hommes d'État bien du sang-froid et une grande autorité sur la nation pour nous empêcher de suivre aveuglément contre eux la passion qui nous emporte.

Un seul homme a pris à tâche de nous faire oublier les mauvais procédés de ses compatriotes et de réhabiliter chez nous le nom anglais : c'est sir Richard Wallace, l'héritier du marquis d'Hertford. Outre qu'il a bien voulu rester à Paris jusqu'au bout, et partager avec nous les ennuis de ce long siége, il a prodigué, en fondations charitables, en secours de toute espèce, son immense fortune. Il l'a fait, en vrai gentleman, avec une noblesse de manières, une générosité de langage qui nous ont touchés profondément. Le peuple parisien a de son propre mouvement débaptisé la *rue de Berlin* et lui a donné son nom, afin de marquer par cet éclatant et durable témoignage la vivacité de sa reconnaissance.

Il fallait au moins trois justes pour sauver Israël. M. Richard Wallace ne pouvait à lui seul balancer l'aigre ressentiment qu'avait excité tout un peuple. On fut donc enchanté lorsqu'on apprit la tuile qui venait de tomber sur la tête de nos excellents voisins. On voyait déjà la guerre poindre à l'horizon, et du coup on se frottait les mains.

Ce sera donc un branle-bras général! Voilà toute l'Europe en feu! Eh! allons donc! On nous a laissés nous débrouiller tout seuls; on s'est moqué de nous; on nous a envoyé pour toute consolation à nos malheurs un dédaigneux : C'est bien fait! A notre tour de répondre : C'est bien fait!

C'est dans ces dispositions d'esprit que nous trouva la lettre suivante, qui arrivait au général Trochu des avant-postes prussiens :

« Versailles, le 5 décembre 1870.

« Il pourrait être utile d'informer Votre Excellence que

l'armée de la Loire a été défaite hier près d'Orléans, et que cette ville est occupée par les troupes allemandes. Si toutefois Votre Excellence jugera à propos de s'en convaincre par un de ses officiers, je ne manquerai pas de le munir d'un sauf-conduit pour aller et venir.

« Agréez, mon général, l'expression de la haute considération avec laquelle j'ai l'honneur d'être votre très-humble et très-obéissant serviteur.

« *Le chef d'état-major,*

« Comte de Moltke. »

A cette lettre, M. Trochu, qui eut de l'esprit une fois en sa vie, avait répondu :

« Paris, 6 décembre 1871.

« Votre Excellence a pensé qu'il pourrait être utile de m'informer que l'armée de la Loire a été défaite près d'Orléans, et que cette ville est réoccupée par les troupes allemandes. J'ai l'honneur de vous accuser réception de cette communication, que je ne crois pas devoir faire vérifier par les moyens que Votre Excellence m'indique.

« Agréez, etc.

« *Le gouverneur de Paris,*

« Général Trochu. »

Je ne sais pas l'effet qu'eût produit en d'autres temps sur les Parisiens la nouvelle de cet échec ; mais quand nous sommes en humeur d'espérer, il n'y a rien qui soit capable d'altérer la sérénité de notre confiance. Nous tournons tout à notre avantage, et nous avons ce rare privilége de ne jamais voir des choses que ce qu'elles ont d'agréable pour nos désirs. — « Eh bien ! se disait-on les uns aux autres sur les boulevards, qu'est-ce que cela prouve ? Remarquez le terme dont s'est servi M. de Moltke ; il a dit *défaite* et non pas *détruite*. Oh ! si elle eût été détruite ou seulement dispersée, il n'aurait pas manqué de nous l'apprendre. Mais non, c'est *défaite* qu'il a dit. Il est probable que nous avons subi quelque échec, admettons même que cet échec ait de la gravité. L'armée de la Loire n'en est pas moins là, tout près de nous. Elle nous tend la main. Elle est conduite par un grand général… » Aurelles de Paladines était un grand général, comme le sont chez nous tous ceux dont s'engoue le public, jusqu'au jour où ils sont battus.

Une autre circonstance contribua encore à nous rassurer. Voilà que deux jours après cette lettre de M. de Moltke, il nous arrive deux pigeons qui apportaient des dépêches, selon l'usage. On reconnaît fort bien ces pigeons pour être ceux qui étaient partis avec le *Daguerre*, un ballon que nous savions être tombé à Ferrières aux mains de l'ennemi. On remarque que les dépêches, attachées de la même façon, ne le sont pas suivant le mode employé jusque-là par l'administration française. On les ouvre, et voici ce qu'on lit :

« *A gouverneur de Paris.*

« Rouen occupé par Prussiens qui marchent sur Cherbourg. Population rurale les acclame. Orléans repris par ces diables. Bourges et Tours menacés. Armée de la Loire complétement défaite. Résistance n'offre plus aucune chance de salut.

« *Signé :* A. LAVERTUJON. »

Ce qu'il y avait de plus plaisant, c'est que M. Lavertujon, qui était censé envoyer cette lettre de Rouen, habitait Paris, où il faisait fonction de secrétaire du gouvernement. L'autre dépêche était encore plus ridicule. C'était donc une de ces bonnes grosses farces germaniques, dont s'égayent lourdement ces épais buveurs de bière. Ils avaient pris nos pigeons, et comptaient sans doute que nous serions assez sots pour donner dans le piége. Ce fut dans tout Paris un long éclat de rire. — « Vous voyez bien ! disait-on, c'est un système de mensonges organisé. Après la lettre de M. de Moltke, les faux télégrammes de quelque officier de son état-major. Il ne faut pas croire un mot de ce que ces gens-là nous annoncent. Tout va bien... »

Il y avait poutant beaucoup de vrai dans la communication officielle faite par le chef d'état-major prussien. Nous ne tardâmes pas à l'apprendre par des dépêches reçues de Tours, qui étaient datées du 5 et du 11 décembre. La ville d'Orléans avait été reprise, et l'armée d'Aurelles de Paladines, qui la défendait, coupée en deux. — « Coupée en deux ! ripostaient les incorrigibles Parisiens ! cela fait deux armées. Bonne affaire ! »
— « Avec cette même façon de raisonner, écrivait spirituellement M. Louis Ratisbonne aux *Débats*, si on taillait un Français en quatre, on aurait quatre soldats. » Chose bien plus étrange ! les rumeurs les plus favorables circulaient chaque jour sur les opérations poursuivies autour de Paris, et elles étaient, en dépit du silence gardé par l'état-major, ou peut-être même à cause de ce silence, accueillies avec transport par la crédulité publique.

— Savez-vous la nouvelle ? Il paraît qu'à Boulogne dix mille Prussiens, — pas un de moins, — se sont avancés à la sourdine, qu'ils ont été surpris par les nôtres, et complétement détruits !

— Complétement ?

— Je le tiens d'un officier qui y était !

— Ah ! *l'officier qui y était* a-t-il servi durant le siége ?

Un autre jour, on avait entendu distinctement, dans le silence de la nuit, en appliquant son oreille contre terre, le bruit sourd d'une canonnade qui éclatait au loin, derrière les lignes prussiennes. C'était évidemment une armée de secours. Tantôt elle arrivait du côté du sud, vers l'Hay ; tantôt elle menaçait Versailles. Jours d'espérance et de joie, où êtes-vous maintenant ?

Cette confiance tenait si fort au cœur des Parisiens, qu'elle ne put même être démontée par le mauvais succès d'une attaque nouvelle, que le gouverneur de Paris tenta vers cette époque (21 décembre) pour percer les lignes prussiennes. Ce fut cette fois contre le Bourget qu'on dirigea les coups... Et dire que nous ne savons pas encore, à l'heure qu'il est, si le Bourget valait qu'on s'en emparât ! Une première fois déjà on l'avait pris, et quand on s'en était vu chassé, on nous avait dit avec un air de dédain : « Le Bourget ! mais nous n'en avons aucun besoin ! C'est une position dont nous ne pouvons rien faire ! nous ne voulons pas que les Prussiens s'y établissent ; mais nous y installer nous-mêmes, à quoi bon ? » — Et cependant les Prussiens s'y étaient établis ; ils s'y étaient fortifiés, qui plus est, et vigoureusement même, ainsi que nous le sentîmes à nos dépens.

Cette attaque du 21 fut précédée et soutenue, comme il est d'usage à la guerre, par de puissantes diversions. Sur la droite, le général Vinoy occupa Neuilly-sur-Marne, Ville-Évrard, où le général Blaise trouva la mort, et la Maison-Blanche. De l'autre côté, au Mont-Valérien, le général Noël faisait en même temps une forte démonstration sur Montretout, Buzenval et Longboyau, tandis que le capitaine du génie Faure s'emparait de l'île de Chiard. Mais ce n'étaient là que des opérations accessoires. L'objet de nos efforts était cette fois le Bourget. On eut le tort de lancer contre les barricades et les murs crénelés des soldats, qui marchèrent, la poitrine découverte, contre un ennemi invisible. C'étaient nos marins, qui montèrent à l'assaut, comme ils eussent fait à l'abordage, une hache à la main. Rien ne put d'abord résister à l'impétuosité de ce premier choc ; ils enlevèrent d'escalade la partie nord du village et s'y maintinrent longtemps, sous une grêle de projectiles, emportant les maisons une à une. Mais il fallut céder à une artillerie supérieure et se retirer. C'était encore une fois Bayard s'obstinant à combattre, l'épée à la main, contre un ennemi pourvu d'une arquebuse, qui le canardait à cent cinquante pas. Chevaleresque et absurde héroïsme !

La tentative était manquée. M. Trochu l'avoua simplement, et non sans quelque dignité, dans son rapport officiel. Mais cet échec n'ébranla point les courages autant qu'on aurait pu le craindre. Il fut dans nos esprits contrebalancé, vous ne devineriez jamais par quoi : par les nouvelles que nous trouvâmes dans les journaux allemands pris sur les morts ou blesés du Bourget. Toutes ces feuilles étaient unanimes à se plaindre de cette interminable guerre. Toutes elles témoignaient d'une certaine inquiétude mêlée de colère ; en contant à leurs lecteurs ce soulèvement inattendu de toute la France, elles accablaient Gambetta d'injures qui nous le rendaient plus cher et nous faisaient un plaisir infini. Elles nous apportaient une proclamation du roi Guillaume, qui, s'adressant à ses soldats, constatait les efforts extraordinaires de Paris et de la France, et semblait, par d'indirectes allusions, les encourager à soutenir bravement des revers que l'on considérait comme possibles.

Ils tremblent donc à leur tour, pensions-nous, ces insolents vainqueurs ; nous sommes bien malades, mais sont-ils si à leur aise ? L'important pour l'heure n'est pas que nous les battions, c'est que nous continuions de nous battre. C'est ici une guerre d'extermination ; il s'agit de leur tuer beaucoup de monde. Ils sont neuf cent mille, mais nous sommes quatre ou cinq millions ; nous finirons par les user en détail. Chacune de leurs victoires les affaiblit.

Ainsi nous nous leurrions jusqu'au bout de chimères vaines. Ainsi nous tirions de ce fonds inépuisable d'espérance que la nature a mis au cœur des Français, de quoi résister aux privations, aux échecs, aux mauvaises nouvelles, de quoi même nous défendre contre la rigueur des éléments acharnés sur nous. Le jour de l'attaque du Bourget, un brouillard intense, tout à coup survenu, avait contrarié nos opérations et arrêté notre feu. Et voilà qu'aussitôt après avait sévi un froid terrible, un de ces froids secs et âpres, qui brûlent les mains, les pieds et le visage, qui gèlent sous sa capote le soldat jusqu'à la moelle des os. On n'avait pas vu plus cruel hiver depuis vingt ans. Toutes les nuits le thermomètre descendait à douze degrés centigrades dans l'intérieur de Paris ; que devait-ce être en rase campagne ? La Seine charria des glaçons énormes ; le sol se durcit et tout travail de tranchée devint impossible. La pioche s'émoussait sur cette terre, comme elle eût fait sur le roc.

On rapportait par centaines aux ambulances les soldats gelés à leur poste. Les malheureux n'étaient pas tous munis de vêtements assez chauds pour tenir contre une température aussi hyperboréenne. Au lieu que les Prussiens s'oignaient de graisse, s'enveloppaient d'épaisses peaux de mouton, s'enfonçaient dans des trous creusés avec art, dormaient à l'abri du froid ; les nôtres, à demi couverts, grelottaient sous la bise qui les mordait à la poitrine. C'était pitié de les voir. Ils s'entouraient la tête de foulards ; pliaient et repliaient autour de leur corps la couverture de leur lit, se garnissaient les jambes de tous les linges qu'ils pouvaient rencontrer, et ils s'en allaient ainsi, sordides, hideux, n'ayant plus forme de soldats, faire leur service. L'intendance choisit précisément ces jours de fatigue pour retrancher sur l'*ordinaire* et diminuer la ration de vin. Le mécontentement se joignit à la fatigue et à la maladie. Cette armée n'avait jamais brillé par la discipline ; elle ne respectait déjà qu'à moitié des chefs élus par elle, et chez qui elle ne sentait pas la main ferme du commandement. Tant de souffrances mirent à bout son moral déjà ébranlé. Ceux d'entre nous qui, soit comme gardes nationaux mobilisés, soit comme attachés aux ambulances, avaient occasion de causer avec nos lignards et nos mobiles, revenaient effrayés et navrés de leur découragement.

Beaucoup étaient malades ; car la pneumonie, la petite vérole, l'ophtalmie faisaient chez eux de grands ravages. Mais la maladie la plus irrémédiable dont ils étaient affectés tous sans exception, c'était l'ennui. Tous ces mobiles, subitement arrachés à leurs travaux, et qui n'avaient cru quitter leur pays que pour une quinzaine au plus, commençaient à regretter leurs maisons, leurs champs, leurs familles. Ils souffraient de ce mal mystérieux qui s'appelle la nostalgie. Ils en voulaient à ces Parisiens qu'ils étaient venus défendre. Ils ne recevaient aucune nouvelle de chez eux ; ils se disaient que l'ennemi, sans doute, en ce moment ravageait tout dans leurs villages, et eux, ils n'étaient pas là pour protéger leur mère et leur fiancée ; ils donnaient leur sang pour une ville qui ne les intéressait point. En vain leur disait-on qu'en cette ville était enfermé le salut de la France. Cette idée abstraite de la patrie circonscrite aux murs d'une cité les touchait moins sensiblement que le regret du pays perdu et les souffrances endurées pour nous, sous nos murs. Quand donc tout cela sera-t-il fini ? soupiraient-ils en soufflant dans leurs doigts bleus. Leurs officiers, qui auraient dû leur remonter le moral, aigrissaient encore leurs ennuis. C'étaient, pour la plupart, de braves gens, bien décidés à faire leur devoir un jour d'action, mais ils ne croyaient pas au succès définitif. Ils ne portaient pas en eux cette flamme intense de la foi, dont la chaleur est si communicative. De leur cœur tout plein d'amertume débordaient les propos décourageants, les récriminations et les plaintes, ces dissolvants ordinaires de toute discipline. Ajoutez que l'état-major, soit nonchalance, soit impéritie, n'avait pas su répartir également entre les divers corps mis à sa disposition les dangers et les travaux du siége. Tel régiment n'avait jamais donné et n'avait pas même fait un seul jour de tranchée. Tel autre avait toujours été mis en avant. L'un se dépitait de son inaction, l'autre grommelait de se voir ainsi sacrifié.

Dans la plupart des siéges, ce sont les chefs de l'armée et

les soldats qui sont forcés de soutenir et d'exciter la population civile. Ici, tout au contraire. Les généraux tenaient malgré eux ; les soldats n'auraient peut-être pas demandé mieux que d'en finir. C'était la bourgeoisie qui, animée d'une foi invincible et d'une immortelle espérance, imposait à tous par son énergique attitude la nécessité de combattre. Et qu'on ne dise pas qu'elle n'en parlait si à son aise que parce qu'elle n'allait pas aux coups de sa personne. Outre qu'elle avait été engagée dans l'affaire du Bourget et s'y était fort bravement conduite, nous verrons, dans le mois de janvier, quand on la lança en avant contre Montretout, qu'elle ne bouda point au feu et déploya sur le champ de bataille la fermeté d'une troupe rompue aux combats. Non, elle était déterminée à ne pas rendre Paris, parce qu'il y allait de son honneur, et puis, faut-il le dire ? parce qu'elle l'aimait, ce Paris : elle l'aimait d'un amour profond, tendre, infini ; et qu'elle se sentait au cœur une effroyable rage à la seule idée de le voir foulé aux pieds et violé par des barbares. Tous les quinze jours, la *Revue des Deux-Mondes* exprimait éloquemment, par la plume de M. Vitet, ces douleurs et ces colères de la population parisienne, et ces lettres, qui respiraient le patriotisme le plus ardent et le plus éclairé, reproduites par tous les journaux, faisaient dans le public une sensation profonde.

C'est ainsi que nous atteignîmes les derniers jours de décembre. Qu'ils furent tristes, ces jours, qui sont d'ordinaire consacrés à la joie ! Il est vrai que nous eûmes une pâle consolation de vengeance satisfaite, en songeant que les Allemands, retenus sous Paris, ne fêteraient point leur Noël en famille, et que l'arbre traditionnel de la *Christmas* ne verrait autour de lui que des visages mélancoliques et des yeux en pleurs. Mais, nous-mêmes, que cette nuit de Noël fut différente pour nous de ces nuits de bombances solennelles qui jadis éclataient gaiement dans tout Paris en l'honneur de cet anniversaire ! La plupart des églises avaient fermé leurs portes ; par les rues éclairées au pétrole et plongées dans une demi-obscurité, sonnait le pas rare de quelque passant tardif. Un petit nombre de restaurants étaient restés ouverts, soit au centre ordinaire des plaisirs parisiens, du boulevard des Italiens au boulevard Montmartre, soit dans les quartiers populeux, à Montmartre, à Ménilmontant et à Belleville. Ici, on buvait du vin bleu. Là, on s'était, par dilettantisme, réuni pour souper autour de menus extravagants et bizarres. Les côtelettes de loup chasseur y figuraient à côté de la trompe d'éléphant rôtie [et du kanguroo en capilotade, le tout arrosé du champagne classique. C'était se chatouiller pour se faire rire. Personne n'avait le cœur à s'amuser.

Avec quelle mélancolique amertume on se rappelait la physionomie toute petillante de Paris, de notre Paris, en ces jours qui précédaient le premier janvier! Quelle animation sur nos boulevards et dans nos rues! Comme les voitures roulaient joyeusement par milliers sur le macadam! Quelle gaieté de lumières aux vitrines des grands magasins qui s'étaient parés pour cette fête! On ne rencontrait que gens qui couraient tout effarés, les poches de leurs paletots gonflées de paquets, des poupées ou des boîtes de bonbons sur les bras et dans les mains. Et cette longue, cette interminable file de petites baraques qui imprimaient à tous nos boulevards un caractère si charmant de joie populaire! Hélas! hélas! que tout cela était loin! Un ciel gris, tout chargé de neige, pesant sur une ville morne! des magasins à demi plongés dans l'ombre ; et, sur le seuil, des boutiquiers interrogeant l'horizon avec ennui ; quelques rares omnibus qui accomplissaient, presque à vide, leur trajet réglementaire; un petit nombre de voitures flânant inoccupées sur la chaussée à peu près déserte. Le 31 décembre seulement, quelques quartiers privilégiés semblèrent vouloir secouer cette torpeur; la foule se pressa autour de deux ou trois confiseurs en renom : ils débitaient des marrons glacés, comme à l'ordinaire ; des marrons de l'an dernier! car l'hiver ne nous avait pas ramené cette fois ces honnêtes enfants de l'Auvergne qui s'installent au coin de nos rues et tracassent sur la poêle en plein vent les marrons qui s'entr'ouvrent et se dorent.

Et le matin du premier janvier ! Non, je n'oublierai jamais ce premier matin de l'année 1871. Quand la domestique m'apporta sur un guéridon le déjeuner, et qu'en ce jour de fête, où toute la famille réunie se comble joyeusement de souhaits et de baisers, je me vis tout seul, au coin de mon feu, vis-à-vis d'un morceau de cheval qui fumait dans l'assiette, je sentis tout mon être défaillir et fondis en larmes! Ah ! ces larmes, que d'autres les ont versées en cette heure cruelle ! Songez que tous ou presque tous, nous avions envoyé au loin nos mères, nos femmes, nos enfants, et que depuis trois mois nous vivions sans nouvelles d'aucune sorte !

Il était aisé, en temps ordinaire, de s'étourdir sur cette solitude ; les affaires, les conversations, les gardes à monter, le train accoutumé de la vie, et puis aussi cette insouciante philosophie qui est le fond de notre caractère national, tout contribuait à écarter de la mémoire ces images si chères ; les bruits du dehors nous détournaient de leur pensée. La solennité de ce jour nous les ramena toutes. Et comme elles nous regardaient, avec des yeux tristes, et, nous tendant les bras, semblaient nous dire : Rappelle-nous! Cette maudite guerre ne sera-t-elle pas bientôt finie ?... Non, je ne puis songer à tout cela sans que mon cœur se soulève de rage. Misérables! fils des Huns ! barbares ! vous nous avez tout pris, nous sommes ruinés par vous, affamés par vous, et tout à l'heure nous allons être bombardés par vous, et nous avons certes le droit de vous haïr d'une haine cordiale. Eh bien ! oui, toutes ces misères, et vos rapines, et vos meurtres, et le saccagement de nos villes, et vos trahisons infâmes, et vos lourdes plaisanteries, nous vous les aurions pardonnés peut-être un jour. Elle est si bonne enfant, cette race française, et d'humeur si facile qu'elle eût peut-être un jour oublié de si justes sujets de ressentiment. Ce qui ne sortira jamais de notre souvenir c'est ce jour de l'an, passé sans famille et sans nouvelles, ce jour désolé, ce jour à qui manqua le baiser de la femme et le rire du bébé à tête blonde!

Nous n'étions pas au bout de nos peines. Le siége allait entrer dans une nouvelle phase plus terrible. La nouvelle nous en fut annoncée par un de ces rapports militaires, dont le style sec faisait notre désespoir :

« 27 décembre, matin.

« L'ennemi a démasqué ce matin des batteries de siége contre les forts de l'Est, de Noisy à Nogent, et contre la partie nord du plateau d'Avron. Ces batteries se composent de pièces à longue portée.

« En ce moment, onze heures, le feu est très-vif contre les points indiqués, et comme cette canonnade pourrait être le prélude d'un bombardement général de nos forts, toutes les dispositions sont prises dans le but de repousser les attaques et de protéger les défenseurs.

« Cette nuit on a entendu du Mont-Valérien deux fortes détonations, qui peuvent donner à penser que l'ennemi a fait sauter le pont du chemin de fer de Rouen. Le fait sera vérifié dans la journée. — Dès le matin, l'ennemi a fait sauter la Gare-aux-Bœufs de Choisy-le-Roi.

« Cet ensemble de faits tendrait à prouver que l'ennemi, fatigué d'une résistance de plus de cent jours, se dispose à employer contre nous les moyens d'attaque à longue distance qu'il a depuis longtemps rassemblés. »

Ainsi, c'était le bombardement ! Il fallait s'y attendre !

— Aucune des horreurs d'un siége ne nous serait épargnée. — Nous regardâmes tous, sans pâlir, cette éventualité redoutable, et, haussant nos cœurs, nous nous ceignîmes les reins pour supporter dignement cette nouvelle épreuve.

CHAPITRE IX.

ÉTAT MORAL DE PARIS EN DÉCEMBRE. — LA VIE AUX AVANT-POSTES. — LES AMBULANCES.

Arrêtons-nous un moment ici. Nous touchons à la dernière période du siége. A partir du jour où s'ouvrira le feu du bombardement contre le plateau d'Avron, nous serons emportés et roulés avec tant de violence par le torrent des faits, qu'il ne nous restera plus guère de loisirs pour ces études pittoresques et morales qui sont le premier objet de ce livre.

Tout ce mois de décembre fut terriblement dur à traverser. Les privations allaient croissant, à mesure que diminuait le stock de nos approvisionnements. Ce n'est pas que l'on fût encore inquiet sur le pain. Il s'était bien, il est vrai, produit, je ne sais quel matin, une panique à Montmartre et dans les quartiers avoisinants. La population avait trouvé visage de bois chez les boulangers, et s'était répandue dans le reste de la ville, râflant en un tour de main tout ce qu'elle pouvait ramasser de pain cuit, en sorte qu'à trois heures de l'après-midi, il eût été impossible de trouver, du nord au sud et de l'est à l'ouest, une bouchée à se mettre sous la dent. Le gouvernement, un peu ému de cet accident, qui ne devait pas se renouveler, avait solennellement déclaré qu'on était abondamment pourvu de blé, et que le pain, quoi qu'il arrivât, ne serait jamais rationné. C'était une imprudence, comme le prouva bien la suite des événements : car il en fallut venir à cette extrémité; et mieux eût valu prendre dès le premier jour cette mesure de rationnement, qui eût prolongé notre résistance d'un bon mois. On ne saura jamais l'effroyable gaspillage qui se fit de la farine. On en donnait aux chevaux, parce qu'elle était moins chère que le foin et l'avoine. On la convertissait en biscuits, que chacun entassait dans un coin d'armoire, en prévision de la famine ; et quand défense fut faite de fabriquer du biscuit, il n'y eut pas de ménage qui n'achetât le double de ce qui lui était nécessaire de pain ; on le coupait en tranches minces, que l'on faisait griller, pour le garder ensuite. On aurait dû réfléchir que ce seraient là des provisions perdues ; car une fois le stock général épuisé, il faudrait bien se rendre, et la capitulation impliquait le ravitaillement immédiat. Mais la peur raisonne-t-elle ? On avait pris très au sérieux la menace de M. de Bismark, qui avait dit à l'Europe, dans un manifeste officiel, que Paris une fois rendu, il ne se chargeait pas de le ravitailler, et qu'il faisait le gouvernement français responsable des quatre ou cinq cent mille personnes qui mourraient de faim dans les rues. Chacun puisait donc à pleines mains dans les réserves de l'État, et l'on prétend que la consommation de la farine avait presque doublé. Quand on en vint à cette mesure nécessaire du rationnement, il était trop tard. On ne donna plus que trois cents grammes de pain par tête et par jour ! Trois cents grammes ! comme s'il eût été possible de vivre avec trois cents grammes de nourriture ! et de quel pain, grand Dieu ! Celui que nous avons mangé dans les derniers jours du siége était un comosé, noirâtre et gluant, de choses innommées, où il entrait de tout, sans en excepter du blé. Il n'est pas un de nous qui n'en ait gardé un morceau, comme échantillon et souvenir du blocus. Quand on pense qu'il y avait bien la moitié de la population qui ne mangeait pas autre chose que cette pâte grumeleuse et lourde ! Mais ce n'est que peu à peu que le pain en arriva à n'être plus qu'une agglomération de détritus cuits ensemble. Celui qu'on nous distribua en décembre et jusque dans les premiers jours de janvier était de couleur grise, mais fort appétissant : avec cette facilité du Parisien à prendre gaiement toutes les misères, on y mordait à belles dents, en songeant au bon pain bis des paysans. Ah ! si l'on avait eu du lait pour l'y tremper, c'eût été un régal exquis ! .

La viande de bœuf était passée à l'état de mythe. De même celle du mouton. On ne mangeait plus que du cheval. Qu'étaient devenues les répugnances des premiers mois ? On ne songeait même plus à plaisanter sur cette nourriture, tant elle avait passé dans l'usage commun. Je ne crois pas qu'elle ait jamais eu droit de cité sur les cartes d'aucun restaurant ; mais c'est qu'en France la routine dans les formes survit longtemps encore après qu'une révolution s'est accomplie dans les faits. Un restaurateur qui eût affiché du cheval eût fait frémir ses clients ; tous savaient que son bœuf, qu'il fût bouilli ou rôti, avait porté la selle, et ne l'en mangeaient pas moins de bon appétit. Par quel prodige même ces industriels arrivaient-ils à nourrir tous les soirs, et d'une façon très-suffisante, et à des prix relativement modérés, un nombre considérable de consommateurs ? Ce sont là des abîmes où se perd la pensée. La vie parisienne a toujours été composée de mystères, dont les initiés seuls pourraient livrer le secret. Mais ils s'en gardent bien ! Un fait que je puis affirmer, parce que tout Paris l'a vu, c'est qu'une douzaine de restaurants, dont je ne veux citer aucun, pour ne pas avoir l'air de faire de la réclame, ont jusqu'à la fin été fournis de toutes les victuailles possibles, sauf, bien entendu, de poisson de mer et de légumes frais, et que, si l'on entrait chez eux à six heures du soir commander un dîner pour dix personnes, on l'avait, et très-confortable. Dame! on le payait, mais assurément moins cher qu'il n'eût coûté à la maison.

Toutes les denrées qui accompagnent le pain et la viande étaient montées à des prix exorbitants, qui s'élevaient tous les jours. La livre d'huile coûtait couramment de 6 à 10 fr. Le beurre, il n'en fallait point parler : c'étaient des prix de fantaisie, 40 ou 50 francs le kilogr. Le gruyère ne se vendait pas : il eût coûté trop cher; il se donnait en cadeau. Je sais telle jolie femme qui, au jour de l'an, a reçu, au lieu des bonbons accoutumés, un sac de pommes de terre ou un morceau de fromage. Un morceau de fromage était un présent royal. Les pommes de terre valaient 25 francs le boisseau; elles revenaient bien plus cher aux petits ménages qui les achetaient au litre ou bien au tas. Un chou était coté 6 francs; il se débitait feuille à feuille, et telle qu'on eût à peine jadis osé offrir à ses lapins figurait noblement dans le pot-au-feu de cheval. L'oignon, le poireau et la carotte étaient introuvables ; il n'y avait pas de mercuriale pour ces articles, et la fantaisie seule de l'acheteur en déterminait le prix. Les graisses les plus immondes étaient mises en vente et trouvaient acheteurs à des taux insensés; les journaux donnaient tous les jours des recettes merveilleuses pour les purifier et leur enlever toute mauvaise odeur. Il y avait encore à Paris des quantités énormes de lapins et de volailles, mais tout cela était hors de prix. J'ai vu, aux environs du jour de l'an, la foule des badauds attroupés autour d'une dinde, comme autrefois devant les grands joailliers de la rue de la Paix. On s'étonnait qu'un morceau aussi tentant affrontât derrière le simple rempart d'une vitrine la voracité des regards alléchés. Beaucoup de ménages avaient acheté des lapins qu'ils nourrissaient d'épluchures, en attendant que la famine se forçât à en faire des pâtés en terrine. Le pâté *fait plus de*

Au marché : Décembre 1870.

profit que la gibelotte. Au moment où j'écris ces lignes, j'ai près de moi, dans mon cabinet, deux frères lapins, tapis dans un angle de la chambre, et qui me regardent de leur gros œil effaré. La ménagère me les a apportés, prétendant qu'ils s'ennuyaient tout seuls dans leur niche, qu'ils y avaient froid et ne voulaient plus manger. Cette dernière considération m'a décidé ; je les ai reçus, et je tâche de les distraire. Je me garderai bien de leur lire ce chapitre, où leur sentence est prononcée ; ils n'auraient qu'à maigrir de chagrin ! Funeste présage ! je possède également deux poulets que j'entoure de prévenances ; ils n'aiment pas le millet ; je suis affreusement perplexe sur la nourriture dont il faut les gaver. J'ai eu sur ce point important plusieurs conférences avec la cuisinière. Si je présente ainsi mes hôtes au lecteur, ce n'est pas du tout par fatuité, pour faire montre de la bonne compagnie que je reçois à la maison ; c'est par amour du renseignement exact. Ces petits détails en diront bien plus que de grandes phrases sur la vie intérieure du Parisien à cette époque du siége, et sur la bonne humeur spirituelle avec laquelle s'en amusaient ceux qui avaient encore assez d'argent pour rire quelquefois.

Le nombre s'en faisait de jour en jour plus rare. La bourgeoisie commençait à voir la fin de ses réserves. J'avais suivi avec un intérêt curieux les progrès de cet épuisement. Je faisais partie d'une petite société où l'on se réunissait pour jouer, soit le whist, soit la bouillotte. Le taux des mises et la façon de pousser le jeu ne changèrent pas sensiblement le premier mois ; dès le second, la fiche tomba de moitié, puis des trois quarts, et enfin, vers la fin des derniers jours du blocus, il fut convenu qu'on ne jouerait plus d'argent. Nous étions tous à sec, et avions à peine de quoi attendre des jours meilleurs.

Que dire de ceux qui ne possédaient point d'avances ? C'était l'immense majorité des Parisiens, il faut bien l'avouer. Non, je ne saurais trop répéter à nos frères de province avec quel indomptable courage, avec quelle touchante résignation, avec quel invincible sentiment de patriotisme toute cette population supporta les rigueurs de cette longue misère. Les femmes surtout furent admirables. Je ne plains pas trop les hommes; la plupart avaient leurs trente sous par jour, que beaucoup d'entre eux buvaient sans vergogne. Mais les femmes! les pauvres femmes! par ces abominables froids de décembre, elles faisaient la queue, toute la journée, chez le boulanger, chez le boucher, chez l'épicier, chez le marchand de bois, à la mairie. Aucune ne murmurait; jamais je n'ai entendu sortir d'une de ces bouches, accoutumées aux dures paroles, un mot impie contre la France. C'étaient elles les plus enragées pour que l'on tînt jusqu'au dernier morceau de pain. Et Dieu sait ce que cette malheureuse bouchée de pain leur coûtait! La mortalité montait de semaine en semaine, traînant une effroyable marée de victimes. De douze ou treize cents, qui est le chiffre normal des décès parisiens, elle s'était rapidement élevée à deux mille, puis à deux mille quatre cents, puis à trois mille; elle avait franchi ce degré, et avait atteint quatre mille, puis enfin quatre mille cinq cents. La pneumonie, la fluxion de poitrine, la diarrhée, tout le noir cortége des maladies nées de ces longues stations et d'une mauvaise nourriture, s'étaient abattu sur ce misérable troupeau de créatures humaines. On ne voyait que corbillards, qui s'acheminaient seuls vers le cimetière. Pour les enfants, on y faisait moins de façons encore. Un croque-mort prenait sous son bras le petit cercueil, et le portait, comme un paquet de n'importe quoi, jusqu'au trou commun, où il le jetait avec les autres. Les cimetières parisiens, déjà trop étroits, regorgeaient de cadavres, dont on ne savait où se débarrasser. Cette incurie du tombeau était un bien lugubre symptôme chez une population qui pousse la piété pour les morts jusqu'à la superstition. Le superbe chapitre de Thucydide sur la peste d'Athènes m'est revenu plus d'une fois en mémoire; le spectacle des mêmes insensibilités se retrouve toujours dans les malheurs extrêmes.

Le froid.

La question du chauffage ne fut pas, en ce triste mois de décembre, une des moins cruelles à résoudre. Plus de houille, plus de coke, plus de bois, et la gelée sévissait avec l'intensité que j'ai dit. Nos gouvernants auraient dû prévoir qu'en hiver généralement il fait froid, et que, quand il fait froid, on a besoin de se chauffer; mais c'est le propre des gouvernants, en France, d'être toujours pris à l'improviste. Les marchands de bois profitèrent naturellement de l'occasion pour vendre leurs produits plus cher. Pour le coup l'intensité de la souffrance fut telle que le peuple (dois-je dire le peuple? ce n'étaient que quelques bandes, où les vauriens avaient la haute main) se départit de sa résignation et de son calme. Quelques chantiers furent dévalisés : il y avait dans Paris des terrains vagues, enclos de planches; on les pilla, et il fallut l'intervention très-active de la garde nationale pour arrêter ces dévastations qui menaçaient de s'étendre. L'administration prit à la hâte quelques mesures, où se trahissaient son inexpérience et sa précipitation habituelles. Elle ordonna des coupes dans les bois de Boulogne, de Vincennes et sur nos routes. Mais le bois vert fume beaucoup et chauffe peu. Il fallut bien s'en contenter pourtant. On ne rencontrait dans les rues, à Montmartre, où j'habite, que gens en redingote, qui portaient bravement leur provision du jour, cinq ou six morceaux, que le marchand avait refusé de livrer à domicile. On riait de se voir en tel équipage! Trop heureux encore d'avoir été servis! Bien d'autres revenaient les mains vides et n'avaient plus de feu ni pour la cheminée du salon, ni pour le foyer de la cuisine.

Le peu de houille qui restait avait été réservé pour les administrations publiques, pour les usines de toutes sortes et pour les ambulances. Il y avait beau temps que Paris, faute de houille, n'était plus éclairé qu'au pétrole. Nos yeux avaient fini par s'y accoutumer, le changement s'étant fait peu à peu et de rue en rue. La sensation n'en était pas moins singulière quand on se remettait en mémoire ce Paris d'autrefois, si brillant de lumières et si animé jusqu'aux heures plus avancées de la nuit. Les blafardes clartés de la lampe à huile perçaient à peine de loin en loin l'ombre qu'elles rendaient plus visible ; plus de voitures, nous avions dévoré les chevaux ; les omnibus de plus en plus rares ; tous les magasins fermés ; on eût dit une immense ville de province. Et le fait est que Paris, coupé de ce flot incessant d'étrangers qui renouvelait jadis sa population, tournait aux mœurs de province. Tout le monde avait fini par se connaître sur le boulevard, et pour un peu on se serait salué. Les marchands causaient sur le pas des portes, et les gardes nationaux du quartier, qui venaient au coin de la rue consulter l'ordre de service du jour, devisaient entre eux, sans se connaître autrement, des choses de la politique.

Il y avait bien du bon sens dans cette garde nationale, que les militaires pur sang affectaient de traiter cavalièrement, et dont ils eussent mieux fait de se servir. C'est par elle qu'en ce mois de décembre nous commençâmes à connaître cette vie des avant-postes et à nous expliquer bien des particularités de cette guerre, qui nous étaient restées incompréhensibles.

Les journaux — avec une grande raison d'ailleurs, car il faut toujours dans une ville assiégée soutenir le moral des habitants — nous faisaient la peinture la plus séduisante de ces avancées. On reconnaissait bien sans doute que nos soldats y supportaient toutes sortes de fatigues et de privations ; mais on nous les peignait toujours actifs, toujours en train, ne rêvant qu'expéditions nocturnes et surprises ragaillardissantes. On ne tarissait pas en bonnes plaisanteries sur la prudence des sentinelles allemandes. Tantôt on nous les montrait dissimulées de longues heures derrière leur arbre, où elles demeuraient immobiles. Deux de nos mobiles s'entendaient et se coulaient, l'un à droite, l'autre à gauche de l'arbre, à cinquante pas. Celui de droite faisait feu, et le Prussien, averti par le son, se jetait à gauche par un brusque soubresaut ; c'est ce moment que guettait le second mobile, qui, d'un coup de fusil, l'étendait roide mort. D'autres fois, c'était une sentinelle allemande qu'il s'agissait de tirer du trou où elle se cachait : un franc-tireur donnait le mot à son camarade ; il s'en allait, innocemment, poussant une brouette devant lui, juste du côté du trou ; le soldat ennemi n'y tenait plus, le voyant si beau à viser ; il sortait doucement la tête, puis les bras, épaulait son dreyse, et crac ! il recevait une balle que l'autre, posté en embuscade, lui envoyait en plein dans la figure. On a dit cent fois la jolie histoire du képi, dont nos moblots coiffaient une baïonnette : l'homme au casque pointu se découvrait pour tirer sur ce but, qu'il croyait sérieux, et se faisait tuer lui-même. D'autres fois, c'était un écureuil empaillé que nos soldats suspendaient à l'aide d'un bâton dans les branches d'un arbre : ce gibier fascinait peu à peu la sentinelle ennemie, qui allongeait le cou et tombait frappée d'une balle invisible.

Toutes ces ruses de guerre, dont le récit quotidien amusait l'imagination parisienne, se ramassèrent pour ainsi dire et prirent un corps dans un personnage qui ne tarda pas à devenir légendaire, le sergent Hoff. Le sergent Hoff n'était point un mythe, mais bien un soldat en chair et en os, à qui la nature avait donné le flair du Mohican, et qui faisait, à la mode des sauvages de l'Amérique, la chasse aux Prussiens. C'est notre confrère Yriarte, le peintre humoristique de toutes les excentricités parisiennes, qui, le premier, révéla au public cet être mystérieux. Yriarte appartient à l'état-major du général Vinoy, et voyait revenir dans tous les rapports du matin le nom de ce sergent Hoff. Il avait voulu le connaître et l'étudier. Le sergent Hoff était originaire de Saverne. Les Prussiens, en passant par cette ville, avaient fusillé son vieux père et il avait juré de le venger. Il fallait que tous les jours il eût tué son Prussien. Il s'en allait la nuit, presque toujours seul, en braconnier, en partisan, épiant leurs cachettes, les suivant pas à pas, restant, s'il en était besoin, cinq heures de suite en observation, à l'affût, silencieux comme un Peau Rouge, tombant à l'improviste sur sa proie, qu'il expédiait sans mot dire. Un jour, après s'être caché dans les roseaux, il y demeurait tapi jusqu'à mi-corps une partie de la nuit, et, sautant sur une vedette, qui ne s'attendait à rien, il lardait son homme d'un coup de baïonnette, le tirait du trou et s'y postait lui-même, attendant qu'on vînt le relever. Le caporal de pose arrivait enfin, accompagné de la nouvelle sentinelle. D'un coup de sabre, le sergent Hoff abattait l'un, assommait l'autre d'un coup de crosse et détalait à pas rapides et sourds. On lui donnait souvent de petites expéditions à commander, et comme il inspirait une grande confiance à ses hommes, tous ne demandaient qu'à le suivre.

« Un jour (c'était lui qui contait cette histoire à Yriarte), j'avais avec moi douze hommes très-sûrs. J'avais creusé une tranchée et je les y avais cachés jusqu'à la tête, avec le fusil appuyé sur la banquette. Moi, j'étais parti en avant, tout seul, l'oreille contre terre ; j'écoutais... Voilà que tout à coup, dans la nuit, à deux cents mètres de nous, débouche un détachement de cavalerie, des Bavarois, avec des casques à chenilles, cent cinquante au moins ; je reviens à plat ventre, je fais le signal, nous tirons dans le tas : c'était comme un petit feu de peloton. Ils ne savaient pas si nous étions cent ou dix. L'escadron se débande, les hommes tombent ; je fais filer mes tirailleurs, qui repassent l'eau derrière un petit taillis de bois et je reste seul dans la tranchée. Une demi-heure après, ils reviennent, mais espacés cette fois, un par un, pour enlever les cadavres. J'ai encore tiré tout seul trois fois et je suis retourné aux grand'gardes, rasant la terre et me défilant, sans qu'ils pussent me voir. »

Le sergent Hoff devint la coqueluche de Paris. Ces aventures plaisaient à notre esprit romanesque. On le décora, aux applaudissements du public. Il disparut à la journée du 2 décembre, et l'on ne put jamais retrouver son cadavre. Ce qui complète la légende, c'est qu'un mois après, le bruit se répandit que ce fameux sergent Hoff, avec ses histoires de père à venger, n'était qu'un espion prussien ; qu'il n'avait donc pas grand'-peine à rapporter tant de casques pris sur l'ennemi, ni à se promener à travers les lignes prussiennes. Il y avait tout naturellement ses entrées, et l'état-major allemand le chargeait de faux trophées qui devaient l'accréditer parmi nous. Mais des protestations s'élevèrent de toutes parts ; les compagnons du sergent Hoff réclamèrent tous, et sa gloire sortit plus pure et plus brillante de l'enquête à laquelle on se livra.

Il résuma en lui cet esprit de coups de main audacieux qui est essentiellement français. Les ennemis songeaient plus à se garer, et ils ne tiraient guère sur nos sentinelles que s'ils avaient été provoqués les premiers par quelques coups de fusil. C'était une plaisanterie qui courait les rues de les comparer à des joujoux de la Forêt-Noire. On représentait la vedette allemande, faisant sa faction, comme un de ces automates en bois qui sont la joie des enfants et la tranquillité des parents. Elle avançait d'abord la tête hors de la coulisse de droite, je veux dire hors du taillis de droite, puis, roide, empesée, l'arme au bras, au pas accéléré, elle traversait l'avenue et disparaissait dans la coulisse de gauche. Deux minutes après, comme poussée par un mouvement d'horlogerie, la tête apparaissait de nouveau, puis tout le corps, et le retour s'opérait de la même démarche, grave et rapide à la fois.

Et l'on riait ! Le jeu était de viser cette marionnette dans le court moment qu'elle restait à découvert et de casser la poupée ! Les journaux, nous contant tous les matins les légendes, vraies ou fausses, de cette vie des avant-postes, nous en couvraient la misère et le profond ennui. Il fallut que la garde nationale vînt partager cette existence du soldat pour nous en révéler la tristesse morne, pour nous montrer en plein et les prodigieux abus de l'administration militaire, et l'incapacité des chefs, et les vices de l'intendance, et, pour tout dire d'un seul mot, l'effroyable détraquement de cette vieille machine qu'on appelle l'armée française. Elle eut le mérite d'apporter des yeux frais à la constatation de ces abus, et d'en parler, en style de conversation familière, avec ce ton de sincérité bourgeoise qui convainc toujours.

Le premier sentiment de tous ces gardes nationaux, quand ils revinrent de leur huitaine aux avancées, fut celui de leur inutilité. Eh quoi! tant de fatigues, et de si dures nuits passées à la belle étoile, pour si peu de résultats! Les journées se perdaient à accomplir une foule de prescriptions oiseuses, telles que corvées, revues, astiquage, appels; et de travail sérieux qui menât à un but visible, pas l'ombre. Il y avait sans doute des tranchées à creuser, des épaulements à construire, des fascines à porter, des canons à traîner en bonne place, que sais-je? tous les mille et un détails des menues opérations d'un siége; que ne les employait-on à ces travaux? que n'y occupait-on même la garde nationale sédentaire et ces milliers d'hommes à qui l'on n'avait pu fournir des armes? pourquoi tant de bras inoccupés?

Tout le monde sait vaguement et en général qu'un siége exige d'énormes mouvements de terre, un continuel emploi de la pioche et de la sape; comment souffrait-on que tant de braves gens pourrissent dans l'oisiveté d'une vie inactive, sans autre objet que le déjeuner et le dîner, le jeu de bouchon dans les intervalles, ou la cantine, avec ses orateurs qui soufflaient la démoralisation et la discorde? Est-ce ainsi que les Prussiens se conduisaient? On n'était pas très au courant de leurs travaux, et c'était même là un tort grave. Mais ce qu'on savait fort bien, c'est qu'ils travaillaient sans cesse; de leur côté, les tranchées se creusaient et les fortifications en terre poussaient du sol comme par enchantement; ils n'étaient guère plus de trois cent mille autour de nous; et nous qui étions, de compte fait, un million d'hommes valides, nous n'opposions pas fossé à fossé, retranchement à retranchement, redoute à redoute.

Il n'était pas bien étonnant qu'une inaction qui s'était ainsi prolongée déjà quatre mois pesât à nos braves mobiles et à nos vaillants lignards. Nous commençâmes à nous expliquer leur mine souffrante, leur air piteux, et surtout cette désorganisation sourde qui se trahissait de temps à autre à nos yeux par d'incompréhensibles éclats. Ainsi nous avions appris par des ordres du jour extrêmement sévères, une fois, que certains de nos officiers s'étaient oubliés jusqu'à accepter de fraterniser, le verre en main, avec des officiers ennemis ; une autre fois, que six d'entre eux avaient déserté, complotant d'emmener un grand nombre de leurs camarades, et M. Trochu avait jugé à propos de vouer solennellement leur conduite à l'exécration de tous les patriotes. Un autre jour, nous avions su par un échange de lettres rendues publiques, qu'à Reuil, on avait signalé le scandale de certaines accointances de nos troupes avec les vedettes prussiennes ; dans telle autre garnison, c'étaient les abus plus répétés de l'ivrognerie qui avaient attiré les remontrances publiques des généraux en chef. Tous ces actes d'indiscipline, qui en supposaient une foule d'autres restés inconnus, s'expliquaient d'un mot : nos soldats n'avaient rien à faire ; ils s'ennuyaient.

Ils en voulaient à leurs officiers de ce perpétuel ennui, et ils n'avaient pas en eux la moindre confiance. Ils les avaient choisis (je parle au moins pour la mobile) : raison de plus pour ne pas baisser les yeux devant leur prestige. Tous braves, ces officiers, depuis le général en chef jusqu'au simple lieutenant ; mais la plupart ignorants, et l'esprit imbu de ces préjugés militaires dont l'ensemble compose ce qu'on nomme malignement : *une culotte de peau*. Elle était proverbiale, cette ignorance, et il n'y avait sorte de bons contes que l'on n'en fît. Un entre mille :

C'était à l'affaire du 2. Nos troupes devaient traverser la Marne. La rivière à cet endroit revient sur elle-même, après un long détour, et forme une presqu'île dont l'isthme s'appelle, par une comparaison ingénieuse, *la boucle de la Marne*. L'armée passe le pont qui est sur le premier bras, et un vieux général, qui marchait en avant, se tourne vers son chef d'état-major :

— Quelle est cette rivière ?
— La Marne, mon général.
— La Marne ! tiens ! je croyais que c'était la Seine qui coulait à Paris.
— Oui, mon général, mais ici, c'est la Marne.
— Ah !

On continue de marcher; on traverse la langue de terre qui sépare les deux bras du fleuve, et, arrivé sur l'autre pont :

— Et cette rivière ? demande une seconde fois le général.
— C'est la Marne, général.
— Comment ! encore !... Et, tordant sa moustache d'un air farouche : — Nous battons donc en retraite ?

Ces généraux, d'une si prodigieuse ignorance, et pour qui tout le sérieux de la discipline militaire était comme non avenu, se montraient en revanche intraitables sur ces petits détails de la vie de caserne dont l'ensemble est résumé en France par ce mot qui dit tout : *le bouton de guêtre*. La garde nationale était stupéfaite de voir l'importance extraordinaire que ces messieurs attachaient à des prescriptions qui avaient peut-être eu leur raison d'être, mais qui avaient, on ne sait comment, survécu aux circonstances d'où elles étaient nées.

Un exemple entre mille. Nos généraux ont le préjugé de la soupe. C'est un axiome de l'art militaire en France : il faut que le soldat ait mangé sa soupe. Napoléon, l'autre, le Grand, goûtait quelquefois la soupe du soldat. — La soupe est-elle bonne ? demande toujours l'inspecteur, quand il passe en revue les choses du régiment. Or, c'est une très-bonne nourriture que la soupe, parce qu'elle est chaude et tient à l'estomac. Mais nos ménagères savent ce qu'il faut d'heures avant que le bœuf ait empli le bouillon de son arome. Ce n'est pas une petite affaire en campagne que d'aller chercher du bois et de l'eau, de déballer le chaudron et de l'installer sur le feu. A peine l'eau commence-t-elle à chanter, que l'ennemi survient, ou que le clairon sonne la marche. Voilà de la viande à moitié cuite, et qui est perdue. On tire la boucle de son ceinturon, et l'on repart le ventre vide. Vous vous rappelez que dans cette campagne nos soldats ont toujours été surpris tandis qu'ils faisaient la soupe. Quant à nos gardes nationaux, dans toutes les expéditions pour lesquelles ils ont été commandés, ils ont dû réglementairement porter sur leur dos tous les ingrédients et tous les instruments d'une soupe, qu'ils ne sont jamais arrivés à faire ni à manger. Elle a été pour eux *la soupe fantastique*.

Ce sont là de bien petits détails, mais qui montrent que dans la vie militaire en France, tout l'effort de la discipline porte sur des règlements minutieux, que les circonstances ou les lieux ont rendus inutiles. La nonchalance d'esprit de nos officiers s'accommodait de ces habitudes ; ils exécutaient la consigne telle que l'usage l'avait consacrée, et ne s'ingéniaient pas à l'accommoder aux nécessités d'une guerre nouvelle. Qu'on fût à dix minutes d'une cité immense, bien fournie de toutes sortes d'approvisionnements, ou en campagne dans un pays ravagé, ils n'auraient pas changé d'un iota leurs usages et leurs prescriptions.

C'est ainsi qu'ils n'avaient su aucunement se plier aux exigences de la tactique nouvelle inaugurée par les Prussiens. Ils n'avaient appris à se servir ni des télégraphes électriques, ni des chemins de fer, ces deux engins de guerre dont nos ennemis faisaient un si merveilleux emploi. Ils continuaient à lancer leurs soldats à la baïonnette contre des murs crénelés, tandis que les Allemands ne se découvraient jamais, et ne marchaient en avant que sur des bataillons à moitié détruits par les boulets. Un de nos ambulanciers me contait cette anecdote caractéristique :

Tout en faisant ramasser les blessés et les morts, les officiers prussiens et français causaient ensemble avec la courtoisie qui est d'usage en pareille occurrence. Un des nôtres se mit à dire la belle conduite d'un capitaine à l'attaque de Montretout. Ce capitaine était resté debout sous une grêle de balles, et, se hissant sur un tronc d'arbre, à découvert, il n'avait cesser de crier : *En avant!* et de montrer à ses soldats le chemin du bout de son épée. Frappé coup sur coup de trois balles, il était tombé, poussant une dernière fois le cri : *En avant!*

— Voilà qui est admirable, dirent les officiers français.

— Voilà qui est absurde, reprit un des parlementaires prussiens. J'étais là moi, et je puis vous affirmer que tous nos Allemands prirent ce capitaine pour un fou. A quoi lui servit cette parade de bravoure ? Il ne nous débusqua point de la position qu'il était chargé de prendre, il se fit tuer, et fit tuer encore par surcroît trois ou quatre de ses tirailleurs, qui nous démolissaient beaucoup de monde, à couvert derrière les arbres dont ils s'abritaient. Électrisés par son exemple, ils s'élancèrent, et ce fut fait d'eux.

Le système de guerre de l'une et de l'autre nation tient tout entier dans cette anecdote. Il est évident qu'il nous faudra changer le nôtre. Il est plus évident encore que ce ne sont pas nos vieux généraux, tout imbus de leurs préjugés de caste, qui opéreront cette réforme. L'armée est à refondre du haut en bas. Une institution encore qu'il sera nécessaire de balayer, c'est celle de l'intendance. Il n'y en a pas qui ait excité plus de plaintes. Quand la millième partie seulement de ce qu'on lui reproche serait vraie, elle mériterait encore la juste réprobation dont elle a été frappée par l'opinion publique. Quand on pense qu'à trois kilomètres de Paris aucun service de vivres ne put être sérieusement organisé ; que ce fut tout le temps de la guerre la plus effroyable confusion d'ordres et de contre-ordres qui se pût imaginer ; qu'au jour même de la reddition des forts, jour qui était prévu par l'autorité, tout fut si mal réglé que des approvisionnements énormes de vivres y furent laissés aux Prussiens, parce qu'il ne se trouva personne qui eût été chargé de les transporter à Paris, où nous mourrions de faim ; quand on pense enfin que nous avons eu la douleur de lire dans un récit allemand de toute cette campagne : « Nous avons bien des grâces à rendre à l'administration française, car sans elle nous aurions été parfois embarrassés pour notre subsistance. Mais elle avait l'attention d'abandonner des vivres juste à l'endroit où nous devions camper le soir ! » Chose étrange et qui montre bien le pouvoir de l'esprit de corps en France et combien des administrations fortement constituées sont influentes. Il n'y a pas d'hommes contre qui le déchaînement de l'opinion publique ait été plus violent que contre les intendants militaires ; il n'y en a point que l'on ait plus souvent et en termes plus énergiques accusés d'incapacité et d'inertie ; l'intendance a été, durant cette campagne, le bouc émissaire de l'armée, et maintenant encore son impopularité est telle que c'est à ses fautes que l'on attribue la plupart de nos désastres. Eh bien ! c'est sur elle que s'est plus particulièrement répandue la rosée des récompenses officielles. M. Trochu, qui a toujours eu le respect des hiérarchies, l'a comblée de faveurs, qui ont fait scandale. Son heure n'en a pas moins sonné ; il faudra bientôt qu'elle rende ses comptes, et elle disparaîtra comme tant d'autres de nos institutions militaires et civiles, dont nous étions si ridiculement fiers au temps jadis. L'Europe nous les enviait ! disions-nous. Comme elle en rirait à présent, si nos malheurs n'étaient pas plus dignes de pitié que de raillerie !

De tous les services que l'intendance a ramassés dans ses mains avides, il n'y en a guère de plus mal fait et qui ait soulevé plus de réclamations que celui des hôpitaux. M. Chenu avait, dans le temps, écrit sur ce sujet un gros livre de statistique où, n'usant que des chiffres officiels, il prouvait qu'en Crimée et en Italie, la mortalité parmi nos troupes avait été effroyable, et que c'était au manque d'intelligence et de soin de nos administrateurs qu'il fallait s'en prendre. Il n'avait pas eu de peine à démontrer que ces gens, qui avaient déjà tant à faire, ne pouvaient s'occuper utilement d'une besogne où ils n'entendaient rien, et que tout le service sanitaire de l'armée devait être détaché de l'intendance pour être mis sous la direction du médecin en chef. N'était-il pas honteux de voir un Larrey soumis aux ordres d'un petit riz-pain-sel ? N'était-il pas déplorable que tant de vies humaines fussent sacrifiées au caprice ignorant ou à la routine exigeante de quelque employé de bureau ? La réforme était si nécessaire, si urgente, qu'elle ne se fît pas. On combla d'éloges le docteur Chenu, on cita partout son livre, je crois même qu'on le fit officier de la Légion d'honneur ; mais on ne changea rien au désordre établi. C'est ainsi que vont trop souvent les choses en France, et c'est ainsi que nous en sommes arrivés au point où nous nous voyons aujourd'hui.

Les travaux du docteur Chenu n'en avaient pas moins été fort utiles. Les vérités qu'il y défendait avaient fait leur chemin dans le public ; en sorte qu'au moment où la guerre éclata, il n'y eut qu'une voix : « L'intendance n'est pas prête ! Elle ne peut pas l'être ! » On était alors tout plein des souvenirs de la guerre de la Sécession ; on admirait les prodiges qu'avait organisés en quelques mois l'initiative privée abandonnée à ses propres forces. D'un autre côté, la fameuse convention de Genève avait excité un engouement universel, et rien ne semblait plus beau que de porter à son bras, ou sur la poitrine, ou sur la casquette, la croix rouge sur fond blanc qui en était le signe distinctif. De ces deux sentiments combinés jaillit un grand élan de souscription publique.

Il se forma très-rapidement deux sociétés, l'une qui avait des attaches officielles et se recruta surtout dans le grand monde, *l'Internationale* ; l'autre, dont le nom indique assez d'où elle était sortie, la *Société des ambulances de la Presse*. Le *Gaulois*, journal fort répandu à Paris, avait ouvert le premier ses colonnes à une souscription qui, en un mois, était montée à un million. Une association, presque tout entière de journalistes, s'était formée, sous la présidence honoraire de M. Tarbé, pour appliquer ces fonds de la façon la plus utile. Elle eut le bonheur de rencontrer deux hommes très-dévoués qui s'en occupèrent avec passion : M. Dardenne de la Grangerie, que la province connaît plus volontiers sous son pseudonyme de Marcus, et Armand Gouzien, du *Gaulois;* l'un, chamarré d'or, aimant la représentation jusqu'à faire sourire, mais prodigieusement actif, mais dévoué, mais spirituel, et tel qu'il fallait être pour mener à bien, avec les parlementaires prussiens, ces longues et délicates négociations de l'enlèvement des morts ; l'autre, plus simple, plus modeste, mais qui avait l'esprit d'organisation et le goût du détail.

Il n'entre pas dans mon plan de conter les services que rendirent ces deux sociétés jusqu'au siége de Paris. La province sait aussi bien que nous, et les ambulances qu'elles envoyèrent sur les champs de bataille, et toutes les tribulations que traversa le personnel de ces ambulances, médecins et infirmiers, pris par l'ennemi, puis relâchés, puis repris et renvoyés chez nous après toutes sortes de misères. Quand on commença à croire, après Sedan, que les Prussiens venaient décidément pour s'emparer de la grande ville, il y eut dans toute la population un redoublement de générosité. Les dons affluèrent, en nature et en argent. Des ambulances s'ouvrirent de tous les côtés. Il faut bien reconnaître qu'il y en avait beaucoup qui n'étaient des ambulances que pour la forme ; c'est qu'à cette époque-là on craignait une entrée de vive force, le pillage et tout ce qui s'ensuit, et que les propriétaires étaient bien aises de placer leur immeuble sous la protection de la croix rouge sur fond blanc, laquelle, d'ailleurs, on l'a su depuis, n'a jamais rien protégé du tout. Un grand nombre furent sérieuses et s'organisèrent vite et bien. Il y avait urgence. Les médecins n'avaient pas caché que, si l'on ne combattait pas avec soin les influences morbides qui ne pouvaient manquer de se développer à Paris, le typhus y éclaterait à coup sûr. L'intérêt était si pressant que tout le monde s'y mit de tout cœur. Tous les locaux disponibles furent requis ou plutôt offerts. La plupart des foyers de théâtres devinrent des ambulances, qui subvinrent aux frais par des représentations que donnèrent les artistes et des quêtes que firent les actrices. Ces ambulances avaient le tort grave d'être placées au milieu de Paris, dans des centres d'infection ; mais elles furent admirablement tenues, et il y en eut même une à qui échut cette singulière bonne fortune de ne perdre ni un blessé ni un malade : ce fut celle des *Variétés,* où le docteur Bonnière, par une méthode ingénieuse, était arrivé à conjurer, dans la mesure du possible, les dangers de la suppuration.

L'Internationale avait établi son quartier général au Palais de l'Industrie. Mais elle reconnut la difficulté de chauffer un établissement si vaste, et elle alla s'installer au Grand-Hôtel, où elle paya cinq cents francs par jour de location. Le choix n'était pas très-heureux : les aménagements d'un hôtel garni se plient malaisément aux exigences d'un service d'hôpital, surtout quand cet hôtel garni a été bâti pour loger des foules. Aussi la mortalité, malgré le talent du médecin en chef, qui n'était rien moins que Nélaton, en dépit de la sollicitude aimable avec laquelle les femmes du beau monde prodiguaient leurs bonnes paroles et leurs gâteries aux blessés, fut-elle considérable.

La Presse organisa également dans Paris un assez grand nombre d'ambulances, dont quelques-unes seulement réunissaient à peu près les conditions hygiéniques que demande un hôpital de blessés. Elle avait été, comme tout le monde, prise au dépourvu, et il fallait bien qu'elle se contentât de ce qui pouvait-être improvisé sur l'heure. Mais elle eut le mérite de faire construire une ambulance qui restera, même après cette guerre finie, comme le modèle des ambulances, et peut-être même comme le type de l'hôpital : c'est l'ambulance de Passy, qui ne fut guère achevée que dans les derniers jours de décembre, et par conséquent ne put fonctionner que fort tard ; mais elle a rendu de grands services et elle en rendra d'incalculables. Elle est établie d'après le système américain.

Tout Paris est allé voir, avenue de l'Impératrice, *les ambulances américaines*. Les Yankees, lors de l'Exposition universelle, avaient apporté chez nous tout le matériel des ambulances imaginées par eux dans la guerre de la Sécession ; le matériel était resté à Paris, en sorte qu'au moment du siége, ils n'eurent qu'à le déployer, et un hôpital tout fait poussa en une nuit, comme un vaste champignon. L'aspect en était charmant. C'était celui d'un camp, au milieu d'un bois. Des tentes s'élevaient de distance en distance, les unes circulaires, les autres en carré, mais beaucoup plus longues que larges. Ces tentes étaient tissées en toile de coton, et enduites d'une sorte de goudron qui les rendait imperméables. Par-dessous le sol où elles reposent, ils avaient creusé des espèces de caves et installé des calorifères qui chauffaient le sol même et le séchaient en même temps. L'air se renouvelait sans cesse par un système de vasistas ingénieusement disposé et emportait toute odeur. Rien de plus propre que cette installation : un peu sévère et un peu nue, mais si commode, si pratique ; écartant tout objet inutile, et mettant à portée tous ceux dont a besoin un malade ou son médecin ; réalisant cet idéal de l'ambulance, qui est de faire beaucoup avec peu, sans embarras ni frais ; de se servir de ce qu'on a sous la main en l'adaptant, par des modifications spirituelles, aux cas qui se présentent. Rien pour l'appareil ni pour la montre ; point d'autre vanité que de renvoyer les gens guéris. Un seul détail en dira plus long que toutes les phrases. Comme je visitais, en compagnie de M. Swiburne, le médecin en chef, et des deux frères, MM. Émile et William Brewes, toute cette installation, nous arrivâmes à la pharmacie. Elle semblait vide, et cette nudité m'étonna ; nous ne nous figurons une pharmacie, en France, que pleine de bocaux de couleur, et avec des milliers de tiroirs chargés d'étiquettes.

— Nous ne connaissons, me dit M. Swiburne, que quatre remèdes : le grand air, l'eau chaude ou froide, l'opium et le quinquina. Tout cela ne tient pas beaucoup de place. Le reste est inutile et encombrant ; nous l'avons proscrit.

Au fond, ce n'était que l'application très-exacte et très-ingénieuse des idées émises par M. Chenu, dans son livre sur la guerre de Crimée, et, avant lui, par un autre Français, M. Michel Lévy, dans son grand ouvrage sur l'hygiène des hôpitaux. Car ce système, si d'autres l'avaient mis en pratique, c'était nous qui l'avions inventé, préconisé. Quand nous le vîmes fonctionner, ce fut un émerveillement général. Il y avait à Paris un architecte étranger, M. Jaœgger, qui avait beaucoup étudié en Amérique et en Allemagne cette question des hôpitaux sous tente et sous baraques ; il demanda au génie militaire l'autorisation d'en construire un de cette espèce sur les vastes espaces libres qui avoisinent le Luxembourg. Elle lui fut donnée, et, il faut rendre justice au génie, il se prêta de bonne grâce à cette expérience, qui réussit parfaitement et obtint des éloges unanimes.

C'est alors que la Société des ambulances de la Presse se mit en tête d'en construire une où, profitant de tous les travaux des devanciers, on enchérit encore sur eux et l'on portât le système à son dernier point de perfection. L'intendance entra dans ces vues, et parfît la somme nécessaire ; le génie chargea le capitaine Caillot de l'exécution du projet et donna ses ouvriers. En trois mois tout fut achevé. Rien de charmant comme l'aspect général de cette construction. On dirait un village suisse ou plutôt une de ces petites villes en bois que les enfants tirent des boîtes de joujoux de Nuremberg, et qu'ils alignent sur une table en carrés industrieux. La plaine est encore nue ; mais on a l'intention d'y planter des arbres et d'y tracer des jardins. Ce sera alors comme une oasis de châlets perdus dans la verdure, et le passant qui, du haut d'un omnibus, apercevra ce nid de bois et de fleurs ne se doutera guère qu'il longe l'asile de toutes les douleurs humaines.

Quand j'y fis visite, c'étaient les blessés de Montretout, la plupart gardes nationaux, qui occupaient les lits. Le docteur Demarquay, ainsi que le docteur Cousin, qui le seconde, se louaient beaucoup de leur énergie morale. Presque tous étaient tombés frappés d'éclats d'obus. Ah ! l'horrible spectacle que celui des blessures produites par ces engins abominables de destruction ! Je vis un pauvre homme — il était marié, me dit M. Demarquay, et père de six enfants, — dont la cuisse avait été rompue, déchirée, disloquée par des éclats d'obus. Sa tête, affreusement pâlie, pendait inerte sur l'oreiller ; l'œil grand ouvert et vague n'avait plus de regard ; les mains flottaient sur les draps du lit. On le pansa, sans qu'il parût s'apercevoir de ce qui se passait autour de sa jambe.

— Est-ce que vous espérez le guérir ? demandai-je au docteur, quand nous fûmes sortis.

— Lui ? Il n'y aurait qu'un remède pour lui : ce serait une balle dans la tête. Cette chirurgie-là, par malheur, n'est pas admise. Elle épargnerait de bien atroces et de bien inutiles souffrances à quelques-uns de ces pauvres diables.

La dernière salle de l'ambulance, celle par où je terminai cette visite, c'est, hélas ! celle par où passent nombre de ceux qui en ont une fois franchi l'entrée, c'est celle des morts. Il y avait là trois paquets informes, enveloppés dans une toile, dont les plis laissaient deviner un corps humain ; plus bas, sur une table de dissection, un cadavre absolument nu, dont la poitrine avait été horriblement fouillée par un obus d'abord, puis par le scalpel du chirurgien. Je sentis le cœur me monter aux lèvres et pris vivement la porte afin de respirer un peu d'air frais. J'étouffais. Pauvres gens! C'est donc à cela que se termine la gloire des armes!

Outre ces ambulances fixes, il y avait aussi tout un système d'ambulances mobiles, organisé pour les jours de combats. Le point de réunion était aux Tuileries. De grand matin, les membres du comité organisaient la caravane médicale, qui se composait (pour les ambulances de la Presse, les seules que j'aie bien connues) de plus de cent médecins et élèves, sans compter les intendants préposés au matériel et aux vivres. A la suite marchaient deux cents ou deux cent cinquante frères des Écoles chrétiennes, faisant fonctions de brancardiers; puis deux cents grandes voitures des Compagnies de Lyon et d'Orléans, nombre de fourgons et quelques voitures spéciales, modèle Binder, pour les blessés qui ne pouvaient être transportés que couchés tout de leur long. Au signal donné par l'intendance, la caravane se mettait en marche, et lorsque l'on était arrivé aussi près que possible du lieu de l'action, on choisissait une maison vide pour y installer le quartier général temporaire, et c'est de là que les membres du comité, qui ont accompagné sur tous les champs de bataille leur personnel, le divisaient en escouades, plus ou moins fortes, suivant l'importance de l'action et le nombre de blessés à recueillir.

Il ne faudrait pourtant point se tromper à ce tableau : je parle là d'une ambulance qui avait été merveilleusement organisée, que M. Ricord avait su former à une discipline exacte, et qu'il animait de son zèle. Mais ce même ordre était loin de régner partout. Dans les premiers temps, sortait qui voulait en voiture, sous prétexte d'ambulances; et c'était le plus singulier tohu-bohu de fiacres, de tapissières, de cabriolets, de chars-à-bancs, d'omnibus, de coucous qui, tous, parés de croix rouges, se croisaient aux environs du champ de bataille et se mêlaient dans une confusion inexprimable. Tout ce monde venait là comme à un steeple-chase, pour voir le spectacle, et

Les frères des Écoles chrétiennes sous le feu.

ne s'occupait pas plus des blessés que si l'on se fût battu avec des boulettes de mie de pain. C'était un encombrement inouï et plein de scandales. L'administration finit par mettre ordre à ces curiosités malsaines, et par n'ouvrir les portes qu'aux ambulances sérieuses.

Le désordre fut moindre ; trop grand encore. Tandis que les Prussiens enlevaient leurs morts et leurs blessés avec une prestesse admirable, nous mettions un temps infini à cette recherche, et nous étions toujours obligés de leur demander des permissions pour achever cette besogne. Ils ne manquaient jamais de répondre avec une nuance de dédain : « Vos morts, nous les avons enterrés, et pour vos blessés, ne vous en inquiétez pas ; nous les avons recueillis ; ils sont avec les nôtres, aussi bien soignés qu'ils le seraient chez vous. » Il n'y avait rien de plus piquant pour notre amour-propre que ces froides ironies. Le pis de la chose, c'est qu'ils avaient raison.

Plusieurs parties de ce service étaient, chez nous, indignement organisées, et se sentaient de la déplorable administration de l'intendance. Le corps des brancardiers était, si j'en crois tous les rapports qui m'ont été faits, des rapports de témoins oculaires, composé de bien misérables éléments. J'en excepte les frères de la Doctrine chrétienne, dont la belle conduite fit l'admiration de tout Paris, et fut récompensée par la croix d'honneur solennellement donnée au supérieur de la communauté, le frère Philippe. Ces religieux portaient dans l'exercice de ces fonctions nouvelles leur esprit d'abnégation, de dévouement et ces habitudes d'obéissance passive qui sont la règle de toute leur vie. Ils s'en allaient paisiblement, sous la grêle des balles, ramasser les blessés, les rapportant dans leurs bras, ne reculaient devant aucune besogne, si dure ou si dégoûtante qu'elle fût, ne se plaignaient jamais du manque de nourriture, ne buvaient que de l'eau, ne touchaient jamais à un sac abandonné et revenaient ensuite à leurs humbles travaux des classes, sans se douter qu'ils avaient été des héros. Combien peu leur ressemblaient! la plupart des brancardiers n'étaient que des pillards, qui éventraient les sacs des soldats morts ou retournaient leurs poches, au lieu de recueillir les blessés ; ils passaient la moitié de leur temps à boire, se chauffant autour du feu ; et, tout en dévorant des victuailles apportées par eux pour cette petite fête, ils criaient comme des aigles, comme des corbeaux plutôt, contre l'imprévoyance de l'administration qui les laissait à jeun.

C'était un autre genre de désordre pour ramener les blessés dans Paris. Jamais on ne put obtenir que l'intendance sût d'avance combien chaque ambulance avait de lits disponibles, et sur laquelle on devait immédiatement diriger le blessé, suivant le plus ou moins de gravité de sa blessure. Il fallait d'abord le transporter dans une ambulance centrale, d'où, après des heures d'attente, on l'expédiait sur une ambulance particulière. Mais il se trouvait presque toujours que celle-ci était pleine, ou qu'elle n'était pas outillée pour recevoir un malade de cette catégorie; elle refusait d'ouvrir ses portes. On se remettait en marche, et le malheureux se promenait ainsi, à travers la ville, d'ambulance en ambulance. Mieux eût valu pour lui être recueilli par les Prussiens. C'était bien pis encore pour les soldats qui étaient atteints de quelque maladie que l'on pouvait supposer contagieuse. L'intendance n'ayant pas marqué les ambulances spéciales ni les hôpitaux où l'on devait les évacuer, les brancardiers ne trouvaient nulle part à les déposer, toutes les portes se fermant devant eux. Il y eut des scènes extrêmement pénibles. Un varioleux ayant été introduit de force dans une ambulance, le médecin en chef fit d'autorité partir tous ses blessés et rendit, dans une lettre publique, l'intendance responsable des suites que pourrait avoir cette résolution.

Imprévoyance et désordre, c'était, du haut en bas de l'administration française, la cause de nos désastres et de nos misères. Ici, par bonheur, la charité individuelle suppléa à tout.

Elle fut immense à Paris, en ces temps de siège, et ingénieuse, et variée, et chaude ; j'épuiserais toutes les épithètes dont ce mot peut être accompagné, si je voulais la caractériser justement. Elle sut se plier à tous les besoins et revêtir toutes les formes. Jamais on ne fut plus ruiné ; jamais on ne donna davantage. Il n'y eut pas une œuvre de bienfaisance qui sollicitât en vain le public. Les hôpitaux et les ambulances regorgèrent de draps, de serviettes, de linges de toutes sortes. « Nous avons de la charpie pour dix ans, me disait le docteur Mallez, le médecin en chef de l'ambulance du Théâtre-Français, et j'ai chez moi de quoi fournir de vieilles chemises tout mon quartier. » Quand le froid se mit à sévir, on forma une association de secours pour vêtir nos soldats ; elle n'eut qu'à mettre un avis dans les journaux, la flanelle, le drap et le molleton tombèrent dans ses greniers par avalanches. Après les grandes batailles de Villiers et de Champigny, on craignit de manquer de lits pour les blessés, et l'on invita les Parisiens à recueillir les convalescents, afin de faire de la place aux nouveaux venus. Le lendemain, il y avait plus de vingt mille demandes à la préfecture. De toutes parts s'ouvrirent, à côté des cantines municipales, une foule d'œuvres particulières, les unes ayant pour but de nourrir les indigents, les autres de leur donner du travail.

Les Parisiennes furent toutes admirables de zèle et de dévouement. Il n'y en eut pas une qui ne se consacrât soit à quelque ambulance, soit à la gestion d'une cantine, soit à visiter les pauvres, à se rendre compte de leurs besoins, et à les secourir. Il surgit une foule d'associations, dont la plus célèbre est celle des *Sœurs de France*. Je la donne comme modèle, non qu'elle ait rendu plus de services ni qu'elle ait marqué plus de dévouement que les autres, mais parce qu'il faut choisir, parce que le détail seul intéresse en ces sortes de récits, et qu'il serait impossible, en parlant de toutes, de bien dire que des phrases générales. Ce sera le cas de répéter après cette étude le mot de Virgile : *Ab uno disce omnes*. Par un seul, juge de tous les autres.

C'est à M. Émile Barrault que revient l'honneur d'avoir fondé l'association des *Sœurs de France*, et de l'avoir organisée. Il faisait partie du comité civil de défense, et tous les jours il lui passait par les mains une foule de projets, plus bizarres les uns que les autres. A une des séances, son attention fut attirée par une lettre de femme, très-vive et très-chaude, où la signataire se plaignait que parmi tant de forces sociales dont on ne savait rien faire, on laissât inactive l'une des plus puissantes et des plus efficaces, celle de la femme. On demandait aux bourgeois un service de soldat ; que n'imposait-on aux femmes des services de lingères, d'infirmières, de distributrices de vivres ou de couturières ; que ne les requérait-on pour tous les emplois auxquels la nature les avait destinées ?

De les *requérir* par voie administrative, il n'y avait pas moyen. Toute la France eût éclaté de rire, quoique, à vraiment parler, l'idée ne soit pas déjà si ridicule. Mais ne pouvait-on organiser une légion laïque des volontaires du dévouement, qui s'engageraient, soit de vive voix, soit par écrit, sur leur honneur, à se soumettre aux ordres d'une direction unique, à obéir de tous points, à fournir tous les services que l'on exigerait d'elles, et qui ne seraient rendues qu'après la guerre à leur libre arbitre? De cette pensée naquirent les *Sœurs de France*, qui ne sont autres que des *Sœurs grises* temporaires et laïques.

M. Émile Barrault s'occupa avec beaucoup d'ardeur de cette organisation. On comprend assez, sans que je le dise, combien elle est délicate, et à quel écueil elle risquait de se heurter. Les volontaires étaient nombreuses ; mais il ne fallait accepter que des personnes d'une moralité irréprochable ; il fallait même écarter celles qui semblaient se jeter par coup de tête dans l'association, et dont l'enthousiasme ne tarderait pas à se refroidir. Il fallait enfin (et ce n'était pas le soin le moins important dans une ville si prompte à la raillerie) ne donner prétexte à aucun tripotage d'argent, ne pas fatiguer le public de quêtes inopportunes, se suffire à soi-même.

La plupart de ces difficultés furent résolues. M. Barrault s'en alla à toutes les portes de Paris, y trouva nombre de maisons vides, et obtint des propriétaires l'autorisation de les transformer en ambulances. Il y installa ses néophytes à demeure, et les chargea de trouver dans le voisinage des lits, du linge et des médicaments. Quant à l'argent, interdiction absolue d'en avoir d'autre que celui qu'elles apporteraient de chez elles. Car une des règles de l'institution est que les sœurs doivent se nourrir de leurs deniers. On pense bien que toute cette organisation n'alla pas sans quelques tiraillements d'amour-propre; il y eut des chipoteries, et il fut besoin d'un certain coup d'œil pour bien choisir les *mères,* d'une grande fermeté mêlée à beaucoup de douceur, pour maintenir les autres.

L'institution finit par marcher à souhait. Elle compte une trentaine d'ambulances, les unes volantes, les autres sédentaires; les unes destinées aux blessés, les autres aux malades, sans en excepter les malheureux atteints de maladies contagieuses; ces ambulances sont desservies par un nombre de sœurs proportionné à l'importance de l'établissement; elles y vivent fixées, et n'en bougent ni le jour ni la nuit, attendant qu'on les relève de leur poste. Leur costume n'est point uniforme; il est généralement de couleur sombre, avec la croix rouge de Genève pour tout ornement. Il y a dans le nombre quelques femmes du meilleur monde; beaucoup de petite bourgeoisie; quelques-unes âgées, qui ont des fils à l'armée, et croient, en soignant ceux des autres, récompenser d'avance les soins qu'on donnera à leurs enfants; d'autres plus jeunes (on n'en admet pas au-dessous de vingt-cinq ans), que la guerre a privées de leur travail habituel, et qui cherchent dans la fatigue du corps un allégement aux tristesses de leur esprit;

d'autres que brûle le feu intérieur de la charité, et qui ne demandent au dévouement que le plaisir de se dévouer.

J'ai visité, avec M. Émile Barrault, quelques-unes de ces ambulances. L'installation n'est pas uniforme, puisqu'elles se sont établies dans des maisons qu'on leur a prêtées, et qu'elles ont meublées, comme elles ont pu, de tout ce qu'elles recueillent dans le voisinage. Elles ont cela de bon, qu'elles ne peuvent contenir chacune qu'un petit nombre de malades et qu'elles sont très-aérées; une de celles que j'ai vues, à Montrouge, ouvre ses fenêtres sur un vaste jardin, qui appartient à l'habitation. Tout autour, c'est la solitude et la ruine. Pas un boulanger, pas un épicier, pas même un marchand de vin.

— Et comment vous nourrissez-vous? dis-je à la sœur qui nous conduisait.

— Le matin nous allons aux provisions à Paris. Mais le plus souvent nous vivons de pain trempé dans du vin.

La jeune personne qui me parlait ainsi était une Anglaise qui habitait là depuis un mois, avec sa sœur, sous la direction d'une *mère*. Elle me montra l'écurie, car il y a un cheval pour transporter les malades.

— C'est moi qui suis le palefrenier, me dit-elle en riant.

Elles avaient le même jour donné la volée à deux varioleux guéris, et elles en attendaient d'autres, paisibles et gaies au milieu de ces soins si nouveaux pour elles. J'ai été frappé, dans tout le cours de ces visites, qui nous ont menés dans les quartiers les plus divers, de la déférence que montraient les volontaires de l'ambulance pour le représentant de l'autorité laïque. Décidément, c'étaient de grands maîtres de la vie et qui connaissaient profondément le cœur des femmes, les prêtres qui ont organisé le monastère; mais je serais porté à croire que la foi religieuse n'est pas tout dans ces abnégations et ces dévouements que le catholicisme oppose toujours aux incrédules. Peut-être, si on cherchait bien et tout au fond, trouverait-on chez l'être humain un besoin de s'abandonner et d'obéir, que peuvent tourner comme ils veulent ceux qui ont reçu le don du commandement et possèdent la force morale.

Chose singulière ! la personne qui avait signé la lettre, d'où est parti tout ce mouvement, n'a point paru dans l'association. Elle portait un nom compromettant, et on l'a priée de permettre qu'on exploitât, sans elle, l'idée qu'elle avait la première émise. Elle s'y est résignée en soupirant. Un dernier crève-cœur lui était réservé. Elle tenait surtout (ici vous retrouvez la femme) à un détail de costume imaginé par elle. Il s'agissait d'une cornette, faite de façon spéciale, où devaient se reconnaître les *Sœurs de France*. Les organisateurs ont supprimé la cornette.

— Ah ! mon idée est perdue ! s'était-elle écriée douloureusement.

Qui sait si de ce siége ne datera pas pour nous une ère de régénération, si de l'excès même de notre malheur ne sortiront pas de terribles enseignements, qu'il nous sera donné de mettre à profit ? Cette guerre nous a fait toucher du doigt bien des défauts dont nous ne nous doutions guère ; c'est à nous de nous en corriger, et de refaire la France. Elle a mis aussi au plein vent de grandes qualités, que nous ne nous soupçonnions peut-être pas, et que surtout la province, qui nous juge sur nos infernales habitudes de blague, ne s'attendait pas à trouver en nous. J'ai pris plaisir à les marquer d'un trait appuyé ; et mon excuse, pour ces nombreux détails, sera le désir bien légitime de faire mieux connaître et plus estimer nos femmes, qui n'ont que le vernis de la frivolité, mais qui au fond sont sérieuses, bonnes, dévouées, et pour tout dire d'un mot, vraiment françaises.

Une anecdote, absolument authentique, montrera ce qu'elles sont.

Une vieille dame, qui, avant le siége, était dans l'aisance, presque riche même, se trouva ruinée, quand les Prussiens arrivèrent sous Paris. Elle renvoya sa domestique, fit elle-même son ménage, et s'en alla tous les jours faire queue chez le boulanger et chez le boucher. Elle avait jusque-là toujours vécu avec son fils, qui, au commencement de la guerre, s'était engagé. C'était pour elle un grand chagrin que l'absence de ce fils bien-aimé. Elle vivait, comme si elle l'avait encore là, près d'elle, sous les yeux. Son dîner fait, elle mettait tous les jours deux couverts sur la table, celui de son fils absent et le sien. Elle partageait en deux parts sa maigre pitance ; et son propre repas expédié, elle montait, portant celui de son fils à une vieille voisine infirme.

Elle continua ainsi, sans manquer un soir, durant tout le siége, et je ne sais rien de plus délicat et de plus touchant que la charité ainsi faite.

La faim.

CHAPITRE X ET DERNIER.

LE BOMBARDEMENT. — LA CAPITULATION.

Il y a en avant du fort de Rosny un assez large plateau qui est protégé par ses feux, et d'où l'on commande la route de Chelles : c'est le plateau d'Avron. Dès le début de la grande affaire du 31 novembre et du 2 décembre, il avait été occupé, sans coup férir, par l'amiral Saisset, qui s'y était établi avec un corps de troupes considérable, et de là avait, en balayant la plaine à coups de canon, aidé au mouvement stratégique qui s'opérait. Depuis lors on l'avait gardé, et le gouverneur y avait installé de gros canons de marine à longue portée.

La possession de ce plateau nous avait consolés du méchant succès de la grande sortie. « On a été forcé de repasser la Marne, cela est vrai, disions-nous, mais nous avons conservé le plateau d'Avron ; il est à nous, les Prussiens n'ont pu nous l'enlever. » Les journaux nous entretenaient chaque matin de l'importance de cette position, et du rôle qu'elle serait appelée à jouer dans les événements qui se préparaient. Nous aurions dû faire une réflexion, qui était pourtant bien simple : Si l'occupation de ce plateau offre de si grands avantages, pourquoi ne s'y est-on pas établi depuis trois mois, puisqu'on le pouvait impunément, sous le feu du fort de Rosny? Mais nous ne regardions pas si loin ; quand je dis nous, j'entends le gros public, qui ne se connaît point aux choses de la guerre, et prend pour vrai tout ce qu'on lui raconte. Nous dormions donc bien tranquilles sur l'assurance que le plateau d'Avron était une belle conquête, et que jamais les Prussiens ne l'arracheraient de nos mains.

Le corps d'armée qui le gardait vivait également dans cette douce quiétude. Nos troupes y gelaient, car le froid était terrible, et le thermomètre, qui marquait huit et dix degrés dans Paris, descendait à douze sur ce plateau ouvert à tous les vents ; mais de croire qu'on dût jamais être attaqué là, personne ne s'en fût avisé. Voilà qu'un matin, au petit jour, comme nos hommes se levaient innocemment pour vaquer à leurs occupations ordinaires, tout à coup retentit un bruit effroyable ; c'est une batterie, deux batteries, trois batteries qui tirent à la fois ; les obus se croisent dans l'air, avec ce sifflement particulier que les Parisiens ont appris à connaître, et ils tombent dru comme grêle sur le plateau ; ils éclatent sur cette terre durcie par la gelée ; c'est une trombe de fer et de feu qui passe, ravageant tout. Il y out, à ce qu'il paraît, un premier moment de désordre inexprimable. Les soldats se sauvaient aveuglés, éperdus. On se reconnut vite. Les canonniers, avec un héroïque sang-froid, coururent à leurs pièces, afin de répondre au feu de l'ennemi par un feu égal. On abrita, du mieux que l'on put, dans les tranchées et derrière des obstacles naturels, le reste des troupes, et le duel d'artillerie commença entre nos batteries et celles des Prussiens.

Cette première journée fut terrible. Le rapport officiel donné le soir aux Parisiens n'avouait que huit tués et cinquante blessés ; peut-être disait-il vrai, mais l'effet moral fut désastreux. Tous ceux à qui il a été donné d'être les témoins de ce bombardement n'en parlent qu'avec une admiration mêlée d'horreur. Jamais on n'avait vu chose pareille. C'était une pluie continue de projectiles dont les éclats, lancés en tous sens, jetaient à bas hommes et chevaux, troués, déchirés d'horribles blessures. Un ciel lugubrement chargé de neige embrumait d'un voile gris cette scène de désolation. Rien pour se couvrir, que quelques fossés qui pouvaient à peine passer pour des abris. Une plaine nue, d'où l'on apercevait au loin toute l'effrayante grandeur du spectacle, et en voyant tomber un camarade, chacun se disait que ce serait bientôt son tour. Les troupes supportèrent bravement ce choc ; mais il fut dès les premières heures évident qu'on ne pourrait les tenir longtemps exposées à ce feu incessant, dont la violence pouvait redoubler encore. Il eût fallu prendre un parti tout de suite ; la crainte de l'opinion publique arrêtait. Qu'allait dire ce peuple parisien, si impressionnable, si emporté aux exagérations de la critique, en apprenant que l'on abandonnait une position dont on lui avait avec tant de complaisance énuméré tous les avantages ? On demeura donc la nuit du 28 au 29 tenant bon, et s'imaginant sans doute que la patronne de Paris, sainte Geneviève, descendrait du ciel pour toucher les canons ennemis et les réduire au silence. Dès le matin, le bombardement recommença, ainsi qu'on devait s'y attendre ; moins furieux, il est vrai, que la veille, et déjà l'on s'en applaudissait, quand, dans l'après-midi, de nouvelles batteries se démasquèrent : il y en eut huit à la fois qui battirent ce malheureux plateau ; les unes tiraient de front, les autres le prenaient en enfilade, et c'étaient cette fois les fameux canons Krupp qui entraient en scène. Ils étaient placés hors de notre portée, et lançaient à coup sûr leurs obus de cent kilogrammes. Nos boulets s'en allaient mourir, inutiles, à cinq cents pas de leurs bouches.

Telum imbelle sine ictu! On conte que nos officiers, armés d'une lorgnette marine, voyaient les canonniers allemands qui, à mesure qu'un de nos boulets tombait en deçà de leurs lignes, le saluaient ironiquement, et faisaient à nos marins décontenancés des pieds de nez moqueurs.

La position n'était plus tenable, ni pour notre infanterie, qui attendait, l'arme au pied, sous cette grêle de projectiles, ni pour nos canons, que des obus, lancés droit sur eux, démontaient en abattant les hommes de service. On attendit la nuit pour donner l'ordre de la retraite. Elle n'était ni facile ni sûre ; car les mortiers ennemis, tirant à toute volée et au jugé sur la route par où l'on devait passer, la rendaient très-dangereuse, et il fallait déménager en quelques heures tout un matériel qu'on avait mis trois semaines à apporter et à établir. Ajoutez pour comble de malheurs que la neige, durcie par le froid, n'offrait plus aux pieds des chevaux qu'une nappe de verglas. Les marins furent là héroïques et sublimes comme partout. Ils s'attelèrent à leurs pièces, et les traînèrent, sur cette glace périlleuse, sous le feu terrible des Prussiens, jusqu'en lieu de sûreté. C'était presque un triomphe que cette évacuation rapide. Mais avouez qu'il était triste d'en être réduit à ne plus compter pour victoires que d'heureuses retraites. Le bulletin qui annonça cette nouvelle au public répandit chez nous une agitation d'esprit qu'il est facile d'imaginer. Il parlait de la *phase nouvelle* dans laquelle entrait le siége et laissait entendre, de façon assez claire, que cette phase nouvelle n'était autre que le bombardement. Il ajoutait, cela est vrai, qu'elle avait été prévue dès longtemps, et qu'elle allait *modifier les conditions de la défense, sans nuire à ses moyens ni à son énergie.*

Ce fut dans toute la population comme un moment de stupeur, et l'étonnement fit bientôt place à la colère. Quoi! il y avait quatre mois que nous eussions pu occuper le plateau d'Avron ; il y avait un mois que nous l'occupions de fait, sans y avoir été inquiétés un seul jour, et l'on n'y avait fait aucun des travaux nécessaires pour s'y retrancher et pour y tenir ! Mais les Prussiens qui avaient occupé le Bourget, sous le feu même du fort d'Aubervilliers, avaient trouvé moyen, en trois semaines, de fortifier assez puissamment cette position pour soutenir un bombardement et un assaut. Nous en savions quelque chose. Et nous, nous étions obligés, après deux jours de bombardement, de battre en retraite sans avoir fait aucun mal à l'ennemi, sans l'avoir vu presque ! A quoi donc songeaient nos généraux ? A quoi songeaient nos officiers du génie ?

Ce qui nous inquiétait bien plus encore, c'était le démasquement subit de tant de batteries ignorées jusque-là. Ainsi les Prussiens avaient pu, à quatre ou cinq mille mètres de nos lignes, établir des travaux gigantesques sans que nous en eussions le moindre soupçon, sans qu'aucun éclaireur vînt nous en avertir. Ah çà ! mais qui nous répondait que ces batteries, découvertes à l'improviste, étaient les seules, qu'elles ne formaient pas comme une ceinture autour de Paris, qu'au premier jour elles n'ouvriraient pas un feu terrible sur toute l'enceinte ? Ce feu, j'en prends à témoin tous les Parisiens qui me lisent, on ne le redoutait pas, on l'attendait avec une mâle résignation ; mais on sentait redoubler son angoisse à savoir que nos généraux n'en avaient rien prévu, qu'ils étaient aussi surpris que nous-mêmes, qui étions pourtant bien excusables, car on n'avait cessé de nous bercer d'illusions vaines. Nous repassions en nos esprits l'histoire de tous les siéges passés. Nous y trouvions toujours que les assiégés troublaient sans cesse les travaux des assiégeants, qu'ils détruisaient les ouvrages, enclouaient les canons ; qu'aux terrassements, aux tranchées et aux parallèles, ils opposaient des parallèles, des tranchées et des terrassements ; et nous, nous n'avions rien fait, ou plutôt, on ne nous avait rien fait faire, que deux ou trois grandes sorties de parade. Et puis, tout à coup, voilà que nous étions foudroyés par une effroyable quantité de batteries, sorties de terre, comme un truc de féerie qui jaillit d'une trappe.

Ces batteries, on nous les dépeignait, avec force détails, dans leur formidable et ingénieuse complexité. Elles étaient à trois étages, enterrées sous des épaulements qui les protégeaient contre nos obus, disposées sur des rails, de façon à changer de place et à tromper ainsi les observations des pointeurs ennemis. Les servants se cachaient, comme les taupes, dans des trous artistement creusés, et, ne se découvrant jamais, ne couraient aucun risque. — Ah! ce sont des malins!... s'écriaient les reporters militaires en terminant. Et nous, nous ne pouvions nous empêcher de nous dire : Est-il donc si difficile à nos officiers d'artillerie d'être des malins, eux aussi ! Toutes ces idées paraissaient fort simples ; pourquoi ne les ont-ils pas eues les premiers ? ou pourquoi, les voyant mettre en pratique par des adversaires plus malins qu'eux, n'ont-ils pas eu la malice de les imiter tout de suite ? Et nous nous sentions, en nous-mêmes, un secret dépit de notre ignorance ; les gens du métier ne nous répondaient qu'en haussant les épaules, avec un air de mépris superbe, et nous enragions de notre impuissance à les convaincre. Ils nous perdaient, la chose n'était que trop évidente ; mais il n'y avait qu'eux encore pour nous tirer de là ; nous étions assez avisés pour le reconnaître, et nous leur répétions, joignant les mains, avec toutes sortes d'objurgations, les unes tendres, les autres aigres, d'autres désespérées et même furieuses : Faites quelque chose... nous ne savons pas quoi... ce que vous voudrez... mais, pour Dieu ! faites quelque chose.

Faites quelque chose ! répétaient à M. Trochu ses conseillers, ses amis, et jusqu'à ses collègues, qui sentaient monter, non sans quelque inquiétude, le flot de l'indignation populaire. Le bruit de dissentiments graves qui auraient à ce propos éclaté entre les membres du gouvernement faisait sourdement son chemin dans le public, et Trochu, qui n'était jamais en reste de proclamations, prenait aussitôt la plume : il écrivait, écrivait, écrivait. « Je déclare ici, disait-il un jour, que nous sommes, dans les conseils du gouvernement, tous étroitement unis en face des angoisses et des périls du pays, dans la pensée et dans l'espoir de sa délivrance » ; et une autre fois, ce mot d'une emphase si malheureuse lui échappait : « Rassurez-vous : le gouverneur de Paris ne capitulera pas. » On était pris, à lire ces niaiseries par trop bretonnes, d'une impatience bien naturelle. Il ne s'agissait pas en cette affaire du gouverneur de Paris, mais de la ville elle-même. La belle avance pour nous qu'il refusât de signer la capitulation, si nous étions forcés de la conclure !

Le parti extrême, qui guettait toutes les occasions de reprendre la corde, avait bien compris que cet obscur mécontentement lui donnait beau jeu. Il commençait à reparler de cette éternelle *Commune*, qui revenait toujours à point nommé, comme le *prenez mon ours* du vaudevilliste, dans les cas difficiles. Le journalisme lui faisait défaut ; car il n'avait guère à lui de feuilles qui eussent la vogue. Il eut recours aux affiches ; nous en vîmes s'étaler une couleur de sang, sur nos murs, qui nous appelait à la révolte, accusant le gouvernement de trahison, et la bourgeoisie de lâcheté. Ceux qui avaient en main la force crurent que devant cet appel à la guerre civile, il fallait sévir ; ils déclarèrent, par une proclamation publique, que des poursuites étaient ordonnées contre les auteurs de ce placard séditieux. Mais on sait bien comment se font les choses ; ce ne sont jamais les vrais chefs qui se mettent en avant ; l'autorité ne saisit d'ordinaire que les hommes de paille, les mannequins du parti.

Parmi les maires, un assez grand nombre, je l'ai déjà dit, appartenaient à la faction de la *Commune*. Ce n'étaient pas les administrateurs les plus habiles ni les plus actifs. C'étaient ceux qui, sentant derrière eux une faction bien unie, se mêlaient le plus de la politique et parlaient le plus haut. Ils avaient provoqué des réunions de maires, où l'on devait examiner la façon dont le siége était conduit, et présenter des doléances au gouvernement. Ces doléances se seraient vite changées en ordres. La Commune, vaincue dans la rue, tâchait de se glisser à nouveau par la porte entre-bâillée d'une légalité douteuse.

— Mais, disaient ces messieurs, nous sommes, dans les circonstances présentes, les seuls représentants du suffrage universel. C'est de lui que nous tenons nos pouvoirs ; les membres du gouvernement ne doivent les leurs qu'à une révolution.

— Il vous a élus, cela est vrai, répondions-nous, mais pour un objet déterminé ; occupez-vous-en donc. Vous êtes des magistrats municipaux ; restez dans les attributions de votre municipalité. Ce n'est pas la besogne qui vous manque ; la vôtre est généralement fort mal faite. Retournez-y.

Cette discussion aurait pu durer longtemps encore, parce que personne ne donnait ses vraies raisons.

— Je veux le pouvoir, aurait dû dire simplement l'un des deux partis.

— Et moi, aurait pu répondre l'autre, je ne veux pas que vous le preniez, parce que je me défie de vous plus encore que je ne suis mécontent de ceux qui le possèdent. Il ne me plaît pas de troquer, pour user d'un mot trivial, mais énergique, mon cheval borgne contre un aveugle.

Ces querelles se rouvrant si mal à propos présageaient aux esprits attentifs une nouvelle *Journée*. Il était évident qu'elle aurait lieu dès qu'une grande émotion publique lui fournirait une occasion de se produire, et cette perspective si désolante ajoutait encore aux inquiétudes du bombardement.

Il continuait, ce bombardement, avec une intensité qui ne se relâchait guère ! Il s'était borné d'abord aux forts de l'est, à ceux de Rosny et de Nogent ; puis il s'était peu à peu étendu à ceux du sud, à Montrouge, Bicêtre, Issy; puis vers le nord-est, où il s'était essayé contre Aubervilliers, et l'on voyait déjà l'heure où, remontant vers le nord, il s'en prendrait à Saint-Denis. C'était sous le ciel de Paris comme un grondement continu de canonnade, auquel nous avions fini par nous habituer. Quelques coups qui éclataient plus haut, avec un bruit plus sec et plus terrible, faisaient bien encore tressaillir, mais on se remettait en pensant que c'était une des plus braves pièces de marine qui crachait de la mitraille aux Prussiens. Tous les matins, en ouvrant le journal, nous cherchions les dégâts de la veille; les rapports officiels étaient très-rassurants. Ils nous contaient que nos forts avaient parfaitement résisté; à peine si cette pluie de projectiles avait égratigné la pierre. Les pertes en hommes étaient insignifiantes. On nous parlait de trente obus tombant à la minute, et au bout de la journée on signalait un homme tué et deux blessés. Tout cela pouvait être vrai; car un bombardement est plus fait pour effrayer que pour causer des dommages effectifs; le malheur est que nous ne croyions qu'à moitié la prose édulcorée de nos gouvernants. Nous les avions pris quelquefois en flagrant délit de mensonge, et cette facilité qu'ils avaient déployée nous tromper nous avait mis en défiance.

On ne nous avait pas positivement affirmé, mais on nous avait laissé croire que le bombardement ne nous atteindrait pas; qu'il se réduirait à couvrir les forts d'obus et de boulets; que peut-être pousserait-il jusqu'à l'enceinte, mais qu'en aucun cas il ne jetterait la dévastation dans la cité même. J'ai, dans un chapitre précédent, expliqué comment nos illusions étaient nées à cet égard, et comment elles s'étaient fortifiées, jusqu'à devenir presque inébranlables. Il en fallut bien reconnaître la vanité. C'est le 5 janvier, dans la journée, que Paris vit pour la première fois les obus prussiens. Il en tomba sur le jardin du Luxembourg et sur le cimetière Montparnasse. L'École normale, qui est située rue d'Ulm, le Marché aux chevaux, le boulevard d'Enfer, la rue Saint-Jacques, en reçurent quelques-uns. Il y eut d'abord dans la population un moment de doute : « Ils le font exprès, disaient les uns, c'est le dôme du Panthéon ou les tours Notre-Dame qu'ils visent. — Point du tout, répondaient les autres, il n'est pas dans les habitudes de commencer le bombardement d'une ville sans le dénoncer au gouvernement dans les formes officielles ; ce sont des obus égarés. Les positions occupées par les Prussiens sont très-rapprochées de notre enceinte ; il suffit que les canons soient tirés sous un angle un peu trop élevé pour qu'ils dépassent le but, et viennent à tout hasard s'abattre sur nos maisons. »

Ainsi raisonnaient les bienveillants. Ah ! qu'ils connaissaient peu ces barbares du Nord, ces fils de Vandales, que Louis Blanc comparait, dans son style pittoresque, à des Mohicans qui auraient passé par l'École polytechnique ! Ce n'étaient point des obus égarés, qui commençaient ainsi à pleuvoir sur la grande ville, sur la capitale authentique de la civilisation moderne ; ils lui étaient parfaitement destinés, et si, contrairement à tous les usages diplomatiques, M. de Bismark ne nous avait pas prévenus, c'est qu'il n'y avait pas besoin de se gêner avec des vaincus. Tout le corps des ambassadeurs et des consuls résidant à Paris protesta contre cette violation des lois divines et humaines ; le chancelier leur répondit, avec son impertinence sarcastique, que c'était notre faute, que nous l'avions mis dans cette nécessité cruelle et qu'il s'en lavait les mains.

C'était notre faute, en effet ! Pourquoi résistions-nous si longtemps ? pourquoi ne tendions-nous pas de nous-mêmes nos bras aux chaînes et nos fronts au déshonneur ? Nous étions bien coupables de briser ainsi le cœur de ce bon vieux roi Guillaume, de le contraindre à nous faire tant de mal ! Il en était navré ; mais quoi ! il offrait nos souffrances au dieu des batailles, qui l'avait toujours protégé. Il prenait à témoin et sa chère Augusta, et *notre Fritz*, et la nation allemande tout entière, la grande nation allemande !...

Le moment psychologique.

La grande nation allemande avait dû pousser un cri de joie! C'était elle qui, de l'invincible poids de l'opinion publique, avait poussé à ce bombardement. Journaux et lettres particulières (nous en prenions beaucoup sur les prisonniers ou sur les morts prussiens) ne cessaient de répéter sur tous les tons : Ah çà! on ne les bombarde donc pas? Pourquoi tarde-t-on ainsi à les bombarder? Est-ce que la brave armée allemande reculerait devant l'idée d'un bombardement? A quoi songent nos généraux? Ce n'était qu'un cri dans toute cette bonne, blonde et loyale Germanie, un cri de jalousie plus encore que de haine. Paris la gênait. Elle se sentait pour lui cette férocité de haine dont un laideron contrefait poursuit une belle fille. Elle lui aurait jeté du vitriol au visage; elle eût, sous son pied stupide, écrasé ses traits charmants pour le punir d'être magnifique, aimable, aimé, pour le rendre semblable à elle.

Un de leurs journaux, la *Gazette de la Croix*, si j'ai bonne mémoire, qui nous était tombé entre les mains, avait écrit sur ce sujet un long article où il essayait de calmer la légitime impatience de ses compatriotes. « Soyez tranquilles, leur disait-il, on les bombardera; mais M. de Bismark sait ce qu'il fait; c'est un malin. Il attend le moment psychologique. » Et l'écrivain partait de là pour expliquer ce qu'il entendait au juste par le moment psychologique. Avec le pédantisme solennel des formules allemandes, il prouvait que le bombardement n'ayant d'autre effet que d'agir sur l'imagination, il fallait choisir juste l'heure où cette imagination était la plus propre à être ébranlée; il fallait remarquer que cette heure n'était pas encore venue; qu'il était bon que nous eussions d'abord souffert de la faim, puis de la guerre civile, et qu'alors le bombardement, venant par là-dessus, produirait le résultat qu'on serait en droit d'en espérer; ce serait le moment psychologique. Tout cela dit d'un ton doctoral, dans un style lourd et rogue, où Henri Heine eût tout de suite reconnu son Berlinois.

Vous pensez si l'on avait ri chez nous de ce *moment psy-*

chologique. Le mot était devenu à la mode et avait passé dans la conversation ordinaire. On disait couramment : J'ai faim ; c'est le moment psychologique de se mettre à table. Toutes les fois qu'une personne commettait une maladresse de paroles, on lui reprochait de n'avoir pas choisi le moment psychologique. On avait mis ce moment psychologique en chansons et en caricatures. De sorte que le premier boulet tombant dans les rues de Paris, tout le monde s'écriait en riant : « Tiens ! ils croient que voilà le moment psychologique arrivé ! »

Eh bien, non ; il paraît que ce n'était pas encore le moment psychologique. Je crains, en contant la façon dont les Parisiens accueillirent ces fâcheux hôtes, d'être accusé d'exagération et de pose. J'affirme pourtant qu'ici je vais dire la vérité, comme j'ai essayé de le faire partout. Si étrange que paraisse ce récit, il est absolument exact ; je l'ai vu, de mes yeux vu, et si quelqu'un en doutait, je le renverrais à tous les journaux du temps, qui en font foi. Le bombardement, loin de répandre a terreur, n'excita dans toute la population qu'une curiosité vive. On y courut comme à un grand et singulier spectacle. De terreurs, de gémissements, de cris, pas l'ombre ; ce fut au contraire une explosion de railleries, où ce tour d'esprit particulier aux Parisiens, qu'on appelle la *blague*, fit merveille, comme jadis le chassepot. Les gamins et les pauvres gens guettaient l'arrivée de l'obus ; à peine avait-il éclaté qu'ils se jetaient sur les morceaux et les vendaient comme souvenir du siége. Il s'était établi comme une sorte de bourse, où les éclats d'obus étaient cotés suivant leur dimension ou l'étrangeté de leurs échancrures. Un morceau, vendu chaud encore, valait cinquante centimes de plus. Il y eut, pour les ramasser, des imprudences commises, qu'aggravait encore l'impatience de la foule. Sitôt que le projectile s'était enfoncé en terre, hommes, femmes, enfants, tous couraient pour voir. Le gouvernement fut obligé de défendre aux Parisiens, par un arrêté, de s'assembler juste aux endroits où pleuvaient les obus. Il expliqua dans une circulaire, qu'un obus, tombant dans un lieu déterminé, était presque toujours suivi d'un autre, lequel en précédait un troisième, et que c'était s'exposer de gaieté de cœur à un péril inutile que de courir ainsi, quand il pleuvait, se mettre sous la gouttière. On lut la proclamation, on la trouva fort sage, et personne n'en tint compte. Ainsi est fait le Parisien. Parmi les plaisanteries du moment, il y en a une qui sent bien son gamin de Paris et qui est vraiment drôle. On nous avait prévenus qu'aussitôt avertis de l'approche de l'obus par le sifflement significatif dont son vol est accompagné, il fallait se jeter ventre à terre, pour n'être pas atteint par les éclats qu'il lance en l'air. Quand les enfants d'ouvriers, ou même leurs pères, voyaient un brave bourgeois, bien obèse, lourde chaîne d'or au gilet, passer dans la rue, cherchant, les yeux en l'air, quelque chose à voir, ils attendaient qu'il arrivât près d'une flaque de boue, et alors : « Gare l'obus! » criaient-ils à pleins poumons. Le bourgeois, comme poussé par un ressort, s'étalait, ventre en avant, le nez dans la fange, et il n'était tiré de là que par un universel éclat de rire.

Ce qui contribuait à entretenir cet esprit de gouaillerie, c'est qu'en effet le bombardement, s'il lui est facile de détruire une petite ville, dont les maisons bâties en bois se serrent les unes contre les autres, est impuissant contre une cité immense, toute coupée de larges boulevards, de terrains vagues, de squares et de jardins, où les demeures des particuliers, presque toutes bâties en pierre de taille, ressemblent, par la masse de leur construction et par la force de leur résistance, à des citadelles. Un obus, tombé sur une de ces maisons, crevait deux ou trois planchers et faisait quelques dégâts, mais des dégâts peu sérieux et facilement réparables. Il eût fallu, pour la réduire en poudre, des centaines d'obus, dirigés tous sur le même point; quant à détruire un quartier de Paris, c'était là une entreprise insensée, absurde. Quelles que fussent les provisions de fer et de fonte accumulées par les Prussiens, ils n'en seraient jamais venus à bout, s'y fussent-ils obstinés dix mois de suite. Il n'y avait guère de fortement endommagé que les devantures de boutique et les mobiliers. C'était un sujet d'étonnement, à qui s'en allait à travers le quartier Latin, après une nuit où le bombardement n'avait pas pris une minute de relâche, de voir combien peu de traces cette pluie d'obus laissait sur son passage. Des murs éraflés, des glaces brisées, des tuiles semées sur le trottoir et par-ci par-là une porte éventrée, un trou creusé en terre, c'était tout. Il fallait, pour voir de vraies ruines, tomber juste sur un endroit où se fussent acharnés les boulets. Là même les dommages excitaient plus de curiosité que d'effroi, et pour terminer par un trait qui peint le Parisien à vif, à Auteuil, un marchand de vins, dont la maison avait été frappée de quelques projectiles, s'était avisé d'écrire sur son enseigne, en grosses lettres : AU RENDEZ-VOUS DES OBUS, et il y avait foule dans son établissement.

Les Prussiens avaient complétement manqué leur coup, si leur dessein était de semer chez nous l'épouvante. Jamais, en revanche, je ne trouverai d'expression pour dire ce qu'ils ont soulevé d'horreur et de colère. L'inutilité même du bombardement ajoutait encore pour nous à l'odieux de ce procédé. La guerre a ses nécessités ; il faut bien les admettre, si cruelles qu'elles puissent être. Un régiment loge dans un village ; on lui tue quelques-uns de ses hommes ; il met le feu au village par représailles : cela est abominable sans doute, mais s'excuse et jusqu'à un certain point se justifie par le besoin qu'une armée en marche a de maintenir sa sécurité. A quoi servait ce bombardement ? en quoi faisait-il avancer le siége ? L'état-major prussien n'ignorait pas que nos provisions tiraient à leur fin, que la famine leur ouvrirait bientôt nos portes malgré nous. C'était donc sans utilité, sans but, pour le plaisir de détruire qu'il détruisait ; pour se donner et donner aux dilettanti de l'univers le délicieux spectacle de la grande Babylone abîmée sous une pluie de fer? A cette seule pensée, notre cœur se gonflait d'indignation et de mépris.

Si les pertes matérielles étaient moins considérables que ne le croyaient ces vandales, il y eut beaucoup de personnes tuées ou blessées, et surtout, comme on devait s'y attendre, parmi celles à qui leur âge et leur sexe interdisaient de porter les armes. Les hommes, eux, étaient aux remparts ou aux tranchées dont les obus s'écartaient avec soin; ceux même que leur service ne retenait pas hors de leur maison pouvaient la quitter plus aisément, pendant la nuit, que des femmes, des vieillards, qui dorment au nid du *chez soi*. Tous les matins, les journaux nous apportaient le triste compte de nos morts : des mères frappées avec le bébé qu'elles portaient dans leurs bras, de pauvres petits êtres que l'obus écrasait dans leur berceau, des femmes atteintes, au moment où elles faisaient queue pour le pain, et qu'on avait relevées les jambes brisées ou la poitrine défoncée par un énorme éclat de fonte. Tout Paris frémit d'indignation en recevant ce billet de faire part qui fut répandu à profusion : « Monsieur et madame Jules Legendre ont la douleur de vous faire part de la mort de leurs filles : Alice, âgée de trois ans et demi, et Clémence, âgée de huit ans, frappées toutes deux par un obus prussien. » Un projectile était tombé sur la maison Saint-Nicolas, un des plus grands établissements d'instruction publique de la capitale, et il avait tué ou blessé cinq jeunes garçons de douze à quatorze ans ; un autre avait crevé le toit d'un pensionnat de jeunes filles, et en avait mutilé quelques-unes, en frappant deux à mort. Les convois qui menaient ces innocentes et infortunées victimes aux cimetières étaient suivis d'une foule immense, et M. Jules Favre exprima, dans un admirable langage, à l'enterrement des élèves de Saint-Nicolas, la patriotique douleur que sentait toute la population à la vue de ces attentats sans nom.

Il semblait que les obus prussiens fissent exprès de tomber sur les endroits où ils devaient porter le plus de deuil. A la distance où se trouvaient les artilleurs ennemis, ils ne pouvaient que tirer à toute volée, sans diriger leurs coups sur un but précis. Mais une fatalité inconvenable menait leurs projectiles juste sur nos musées, nos bibliothèques et nos hôpitaux. La rive gauche est, comme on sait, très-riche en établissements hospitaliers : le nombre s'en était fort accru des nécessités du siége. Aussi n'y avait-il pas de jours que nous ne lussions dans les journaux quelques protestations signées de médecins célèbres, contre les meurtres commis par les Prussiens dans les hôpitaux. Leurs obus étaient tombés avec une sorte de rage persistante sur le Val-de-Grâce. M. Trochu y fit transporter les blessés prisonniers ; il en donna avis à M. de Moltke, et l'on remarqua que depuis cette mesure prise, les projectiles se détournaient de ce point avec le même soin qu'ils avaient mis à s'y diriger. Le Luxembourg avait reçu nombre d'obus, qui avaient forcé les malades d'évacuer les vastes ambulances improvisées par là ; le Jardin des Plantes avait été ravagé, saccagé ; des serres du Muséum, les plus belles du monde, il ne restait rien que d'informes débris de fonte et de verre, et le vénérable directeur de cet établissement scientifique, l'illustre M. Chevreul, avait écrit sur les registres la déclaration suivante, qu'il avait fait signer à l'Académie des sciences : « Le Jardin des Plantes médicinales, fondé à Paris, par édit du roi Louis XIII, à la date du 3 janvier 1636, devenu le Muséum d'histoire naturelle le 23 mai 1794, fut bombardé sous le règne de Guillaume 1er, roi de Prusse, comte de Bismark, chancelier, par l'armée prussienne, dans la nuit du 8 janvier 1871. Jusque-là, il avait été respecté de tous les partis et de tous les pouvoirs nationaux et étrangers. »

On nous a dit que ce qui exaspérait surtout les Prussiens, c'était notre affectation un peu ironique à les traiter de barbares. De quel nom pourtant fallait-il les appeler ? *Barbares* étaient les Romains, lorsqu'ils pillaient ou livraient aux flammes les trésors de Corinthe ; et eux, ces descendants d'Attila, ne méritaient-ils pas ce nom de barbares, eux, qui sans aucune nécessité, au mépris des droits de l'humanité et des priviléges de l'art, répandaient la dévastation et la ruine parmi cette ville toute pleine de chefs-d'œuvre ; qui écrasaient de leurs stupides obus et cette École de médecine, et cette Sorbonne, où ils étaient venus puiser cette science dont ils se targuaient à cette heure, et ces bibliothèques, où ils avaient trouvé une hospitalité si généreuse et si large ?

L'Europe entière s'émut et protesta par la voix de ses représentants les plus autorisés. Mais que faisaient à un insolent vainqueur, enivré de sa force et de ses triomphes, les timides remontrances qui s'exhalaient en phrases diplomatiques ! Il répondit avec un brutal cynisme, et sa réplique pouvait se résumer en ce mot d'une énergie populaire : Mêlez-vous de ce qui vous regarde ! Et le bombardement continuait toujours, et dans la population, l'humeur gouailleuse des premiers jours avait fait place à une résignation indifférente et fière. J'ai parcouru plus d'une fois les quartiers atteints par le bombardement : la vie n'y était changée en rien ; je ne pouvais me défendre d'un sentiment d'admiration triste, en regardant ces longues queues de ménagères qui, paisibles, sans se plaindre, sous les incessantes menaces de l'obus, attendaient, les pieds dans la boue, leur maigre portion de pain noir. Pas une récrimination, pas un murmure. Elles ne riaient pas, elles ne plaisantaient pas, c'eût été trop exiger d'elles. Elles avaient de l'héroïsme à leur manière, souffrant en silence, et très-déterminées à tout plutôt qu'à se rendre. Qui n'a pas vu ce spectacle ne connaît rien de la population parisienne, ne sait pas ce qu'il y a en elle d'abnégation vraie et d'ardent patriotisme. Pour moi, j'en ai été plus d'une fois touché jusqu'à en avoir les larmes aux yeux. Le gouvernement avait fourni aux gens des quartiers menacés toutes les facilités pour déménager ; outre que tous les habitants de la rive droite, qui comptaient des amis de l'autre côté de la Seine, leur avaient offert l'hospitalité, l'Administration avait mis à leur disposition des casernes, des logements vides, des baraquements. L'émigration fut beaucoup moins considérable qu'on n'aurait pu le croire. Je n'ai pas les données officielles pour en établir le chiffre; ce que je puis affirmer, c'est qu'au quartier Latin, la population ne paraissait pas sensiblement diminuée ; tous les pauvres gens tiennent à leur petit mobilier ; et ils s'étaient obstinés à rester chez eux, à tout hasard ! Des alarmistes s'étaient imaginé que le bombardement, continué avec cette violence, pendant un si grand nombre de jours, allait rompre les rapports sociaux, que les maisons abandonnées de force par leurs locataires seraient en proie aux pillards, à tous les écumeurs de terre, qui bouillonnent comme une lie fumante dans la vase de toutes les grandes villes. Il n'y eut rien de pareil ; la police était anéantie ou absente, et cependant on ne signala ni vols ni meurtres, et tout ce quartier, éclairé au pétrole, dégarni de sergents de ville, tout plein de maisons vides, tout grouillant d'une population affamée, resta aussi tranquille qu'on l'eût jamais vu aux plus heureux temps de l'Empire.

Ce qui avait contribué à maintenir la bonne et vaillante humeur des Parisiens, c'était la persuasion que tout allait au mieux de l'autre côté des lignes prussiennes. Depuis le 20 décembre jusqu'au 8 janvier, nous étions restés sans nouvelles officielles. Le froid terrible qu'il faisait avait arrêté les pigeons, qui ne voyagent que par des températures tièdes. Quelques journaux, surpris à l'ennemi, avaient suppléé tant bien que mal à l'insuffisance de renseignements plus précis. Ces journaux qui tournaient naturellement tous les faits à l'avantage des armées allemandes, n'avaient pu néanmoins nous cacher que le mouvement du pays, une fois lancé vers la levée en masse, ne s'était plus arrêté. Nous démêlions à grand'peine, à travers leurs lambeaux de récits, qui semblaient embrouillés à plaisir, ce qu'il pouvait y avoir de plus favorable à notre cause. Cependant, vers les derniers jours de ce long silence, il faut bien avouer que l'impatience était devenue extrême, et presque douloureuse. Elle se traduisait sous la forme qu'elle affecte toujours dans les villes assiégées, par des bruits de victoire mis en circulation, sans qu'on en pût retrouver les auteurs. C'était, cette fois, un soldat, qui, après avoir traversé le camp ennemi, serait venu déclarer que le prince Frédéric-Charles avait été battu à deux reprises par nos soldats de la Loire, et qu'ils allaient arriver d'un moment à l'autre. Le propos était vrai, mais il fut prouvé que l'homme par qui il avait été tenu se trouvait dans un état de surexcitation voisin de la folie, et qu'il ne fallait attacher aucune importance à ses paroles. Tous les matins, les feuilles publiques pressaient le gouvernement de rompre le silence; il leur paraissait impossible que de façon ou d'autre on ne sût rien, on n'eût rien à dire. Ce qui irritait la curiosité publique, c'est que dans un de ces articles de l'*Officiel*, qui ressemblaient, par l'incohérence et l'obscurité de la rédaction, à des oracles de la sybille, il s'était glissé une allusion à des succès que nous aurions remportés et qui devaient nous donner confiance.

— Quels succès? s'étaient écrié en chœur les journalistes? Si vous les savez, pourquoi ne pas nous les dire franchement? Si vous les ignorez, pourquoi nous en parlez-vous?

Le gouvernement se renfermait dans un majestueux nuage de discrétion. Le charme enfin se trouva rompu. Le temps était devenu plus doux, et, le 7 janvier, des pigeons arrivèrent porteurs de dépêches importantes, expédiées par la délégation de Bordeaux. Ils abritaient aussi sous leurs ailes vingt mille (c'est bien vingt mille que j'ai dit) télégrammes particuliers, et c'est le lendemain que, pour la première fois depuis quatre mois, j'eus, par une ligne bien sèche, mais plus douce que la rosée, quelques nouvelles des miens.

Les dépêches de Gambetta nous rendaient compte des opérations de guerre poursuivies par nos généraux dans le Nord. Le général Faidherbe, après s'être replié un moment sur

Vitry, Arras et Douai, avait repris, dans les premiers jours de l'année 1871, une vigoureuse offensive. Il s'était porté au sud d'Arras, et avait livré près de Bapaume, le 3 janvier, une grande bataille qui aurait duré de huit heures du matin à six heures du soir. Il avait chassé les Prussiens de toutes leurs positions. Les pertes ont été, disait son rapport, sérieuses de notre côté, énormes du côté de l'ennemi. Quelques jours après, poussant plus avant, il avait gagné une nouvelle bataille à Pont-Noyelle, près d'Amiens, et avait occupé cette dernière ville.

Ce qui nous intéressait plus encore que Faidherbe, c'était Chanzy et Bourbaki. Chanzy était devenu, à Paris, sans qu'il s'en doutât probablement, *le lion du jour*. Après qu'Aurelles de Paladines avait été destitué, à la suite d'Orléans évacué une seconde fois par nos troupes, Gambetta avait nommé Chanzy général, et, contant le récit des manœuvres faites par ce nouveau chef pour sauver l'armée, il avait assuré en propres termes que Chanzy paraissait être le véritable homme de guerre révélé par les événements. Il n'en fallait pas davantage au peuple crédule et enthousiaste de Paris. On ne jura plus que par Chanzy. L'impression fut si forte qu'elle subsiste encore. Au moment où j'écris ce chapitre, tout est fini, l'armistice signé, l'armée de la Loire détruite, et nos forts aux mains des Prussiens, et pourtant je sens flotter encore en moi une vague admiration de Chanzy, dont je ne sais rien, sinon qu'il a été battu, comme les autres. Quant à Bourbaki, il avait pour nous le mérite d'avoir échappé (nous ignorons comment) à la capitulation de Sedan, et d'avoir repris les armes. Le premier de ces deux généraux tenait vigoureusement tête aux Prussiens, dans les environs du Mans, et les fatiguait par des marches et des contre-marches. On n'était pas encore exactement renseigné sur les mouvements du second, mais on ne doutait point qu'il ne se préparât à frapper un grand coup contre le prince Frédéric-Charles. On croyait y démêler qu'il avait remporté un avantage marqué à Nuits, tandis que Garibaldi entrait à Dijon.

Ces nouvelles répandirent dans Paris une joie universelle. Tous les fronts brillaient d'une nouvelle espérance ; on s'abordait dans les rues avec effusion ; on se serrait les mains : Pensez-vous que nous sortirons de là ? — Je commence à le croire. — N'est-ce pas ? On s'encourageait à tenir ; on était si content qu'on revenait sur le compte de Trochu : « Vous savez disait-on, tous ces mouvements de généraux s'accomplissent d'après ses instructions... attendez, il sait ce qu'il fait... S'il n'agit pas, c'est qu'il épie le moment favorable...»

En d'autres temps, il nous eût suffi de ce réconfort pour nous faire patienter trois ou quatre semaines : mais une longue attente avait surexcité les esprits ; le bombardement continuait toujours, s'étendant chaque nuit, et faisant par ainsi dire tache d'huile. Les boulets s'avançaient chaque jour d'une centaine de mètres, et l'on en avait signalé qui étaient tombés jusque sur la rive de la Seine. Nos forts répondaient ; mais quoiqu'on nous dît merveille de leur feu, il nous paraissait que notre artillerie ne faisait pas grand mal aux batteries prussiennes ; ce qu'il y avait de sûr, c'est qu'elle ne les faisait pas taire. Ces forts eux-mêmes, le bruit s'était répandu dans Paris que quelques-uns d'entre eux, ceux d'Issy, de Vanves et de Montrouge en particulier, étaient très-entamés ; que les casemates étaient défoncées, et que les remparts, démolis par endroits, s'écroulaient en larges brèches. Qu'y avait-il de vrai dans ces rumeurs ? Nous n'en savions rien, ne pouvant y aller voir. Mais nous n'étions qu'à moitié rassurés par les bulletins de M. Schmitz. Nous nous rappellions la terrible phrase de M. de Bismark à Jules Favre : « Nous prendrons, quand il nous plaira, deux de vos forts en quarante-huit heures. » — C'est qu'une fois maître des forts, ils l'étaient de Paris ! Il fallait donc les arrêter par d'autres moyens que le feu d'une artillerie qui ne semblait pas de force à lutter avec leurs canons Krupp.

Quels autres moyens? Des sorties quotidiennes ou une grande trouée, n'importe; on ne savait pas; mais on en revenait toujours là : il faut faire quelque chose. On y mettait d'autant plus d'insistance que beaucoup de gens s'était imaginés voir dans ce bombardement si violent et si continu une ruse de guerre. M. de Moltke, disaient-ils, ne nous canonne si furieusement que pour nous donner le change. Tandis que nous sommes tout entiers au bruit de ses mortiers, nous garantissant de notre mieux contre ses bombes, il détache sans doute quelque nombreux corps de troupes, qui va tomber à l'improviste sur l'armée de Chanzy et la détruire. Il faut s'en assurer; ne laissons pas à l'ennemi un moment de repos; retenons autour de nous toutes ses forces. Et pour appuyer cette manière de voir, les personnes qui se prétendaient initiées au secret du gouvernement assuraient que, dans la partie de sa dépêche qui n'avait pas été publiée, Gambetta, s'emportant contre l'inaction de Trochu, lui avait dit : Vous nous perdez! battez-vous donc ! faites quelque chose !

On ne saurait croire le plaisir que fit à la population le récit de deux ou trois petites affaires de nuit qu'elle trouva le matin dans son journal. Elles n'étaient pas fort importantes, et l'une d'elles, même, n'avait pas réussi. N'importe ! C'était signe que le général en chef avait compris la nécessité de l'action incessante. On le pressait, on le suppliait de faire plus encore. Les organes les plus accrédités de l'opinion publique lui faisaient entendre par allusions voilées, que s'il ne croyait pas au succès définitif, s'il ne se sentait pas l'énergie nécessaire pour dompter la fortune, son devoir était de passer la main à un plus audacieux et à un plus jeune. On en voulait surtout à son état-major, en qui l'on n'avait aucune confiance. Il est certain que ce pauvre Schmitz avait toujours rédigé ses bulletins de la façon la plus ridicule; mais ce n'est pas une raison, parce qu'on est un déplorable écrivain, pour qu'on soit un général médiocre. On l'accusait de bien pis que de médio-

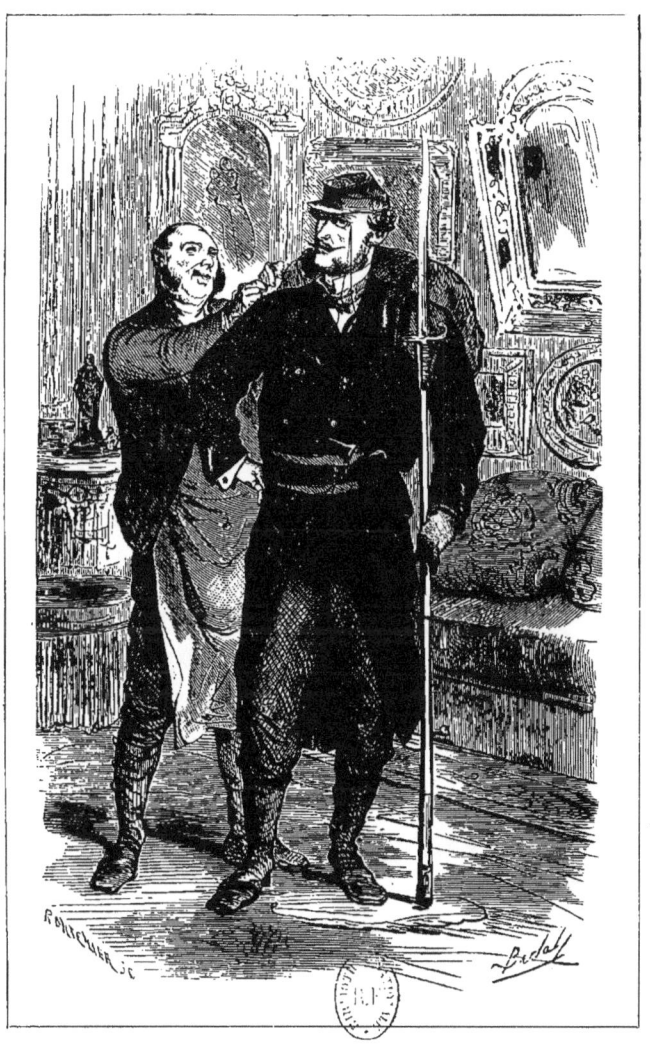

Un mobilisé. — Dans sa position Monsieur a rudement tort de vouloir se faire casser la figure..... Après ça, c'est son affaire.

crité. La foule parlait tout bas de trahison. Je ne rapporterais pas ces bruits, aussi absurdes qu'odieux, si le général Trochu n'avait cru devoir les démentir dans une proclamation qui fut affichée sur tous les murs. On avait remarqué que les Prussiens étaient toujours prévenus du lieu où devaient se faire nos attaques, et que nous les trouvions toujours sur leurs gardes. Par qui pouvaient-ils être ainsi avertis à point nommé, sinon par les confidents de M. Trochu, les seuls qui fussent dans le secret des expéditions projetées? On voit par ce petit détail, à quel point d'irritabilité étaient tendus les esprits.

Aussi, y eut-il dans toute la ville comme un soulagement inexprimable, quand, le 19 janvier, au matin, on lut sur les murs cette proclamation du gouvernement : « L'ennemi, disait-il, tue nos femmes et nos enfants ; il nous bombarde jour et nuit, il couvre d'obus nos hôpitaux. Un cri : *Aux armes!* est sorti de toutes les poitrines. Ceux d'entre nous qui peuvent donner leur vie sur le champ de bataille marcheront à l'ennemi ; ceux qui restent, jaloux de se montrer dignes de l'héroïsme de leurs frères, accepteront au besoin les plus durs sacrifices, comme un autre moyen de se dévouer pour la patrie. Souffrir et mourir, s'il le faut, mais vaincre ! »

Cette proclamation n'était point signée de M. Trochu. Nous apprîmes par un ordre du jour, signé Le Flô, que le général s'étant mis à la tête de ses troupes, c'était le ministre de la guerre qui faisait, par intérim, les fonctions de gouverneur de Paris. Nous en conclûmes que l'affaire serait très-chaude. Il était évident que l'intention de M. Trochu était de ne plus rentrer à Paris. Il voulait ou enfin faire la grande trouée, si souvent promise, ou mourir à la tête de ses troupes.

C'était les régiments de marche, ces fameux régiments de gardes nationaux mobilisés, à qui était réservé cette fois l'honneur d'ouvrir le feu. Les culottes de peau affectaient de mépriser les bourgeois, déguisés en soldats. On assurait qu'un des vieux généraux, parlant de cette expédition, avait dit en propres termes : « Ces blagueurs de gardes nationaux veulent absolument qu'on leur fasse *casser la gueule;* on va les y mener. » Ce propos soldatesque avait été traduit par les journaux dans un style moins pittoresque, mais plus académique : « La garde nationale veut une saignée, nous allons la lui faire faire. » Ces bourgeois si décriés, ces *pantouflards*, comme on les appelait par ironie, frappèrent d'étonnement, par leur bonne volonté sérieuse, par leur attitude martiale, par leur entrain et leur dévouement, tous les officiers de l'armée régulière et de la mobile. Je ne suis pas suspect en les louant ici ; je n'étais point enrôlé dans ces régiments de marche, mon extrême myopie faisant de moi un soldat plus dangereux pour les voisins que pour l'ennemi. Je répète ce qui a été dit partout, ce dont sont convenus devant moi nombre d'officiers supérieurs, ce qui ne surprendra d'ailleurs que les esprits peu philosophes. Il était tout naturel que des hommes instruits, animés d'idées libérales et de sentiments patriotiques, qui combattaient *pro aris et focis*, de vrais citoyens, portassent à cette besogne de défendre leur ville, sinon plus de courage que les soldats qui n'en ont que par métier, un cœur tout au moins plus résolu et plus ferme, une intelligence plus ouverte, un dévouement plus réfléchi. Ah! si l'on s'en était avisé plutôt! si de ce chaos de la garde nationale parisienne qu'on avait si longtemps laissé bouillonner dans une agitation stérile, on eût d'abord tiré les cent mille braves gens qu'elle contenait, jeunes et en état de porter les armes, quelle armée on aurait mise sur pied en trois semaines! A quoi bon ces regrets douloureux ! Ce qui est fait est fait ; mais je n'y puis songer sans que des larmes de rage ne me tombent des yeux! Oh! le bête et absurde préjugé du bouton de guêtre! Comme nous en avons fini pour toujours avec lui! comme nous allons, nous aussi, nous constituer en nation armée, et n'avoir plus, et pour soldats que des citoyens, et pour citoyens que des soldats! Ils verront... ils verront... et le jour de la revanche n'est peut-être pas si éloigné qu'on l'imagine.

Les bataillons de marche, commandés pour l'expédition, s'étaient réunis dans la nuit, et ils étaient tous gaillardement partis, le sac au dos. Ils enlevèrent avec beaucoup d'entrain, après un combat très-vif, la redoute de Montretout, et pénétrèrent par la brèche dans le parc de Buzenval. C'est là que tomba frappé d'une balle, en faisant le coup de feu, un homme dont la mort fut un deuil pour Paris tout entier. C'est Henri Regnault, le peintre de la *Salomé*, un tableau admirable de verve et de couleur, qui, au précédent salon, avait emporté le grand prix, et promis à la France un artiste de génie. Il n'avait que vingt-neuf ans, et tous les connaisseurs s'accordaient à voir en lui un futur chef d'école, un de ces hommes qui renouvellent l'art et font la gloire d'un siècle. Il avait vingt-neuf ans, il était jeune, débordant de vie, fiancé depuis deux ans, à une jeune fille dont il était éperdument aimé. Un coup de fusil tiré au hasard par quelque imbécile allemand, jadis balayeur de nos égouts, et tout cela, ce bonheur, cette gloire, ces joies, tant de chefs-d'œuvre espérés, évanoui, perdu à jamais, et voilà une fiancée au désespoir, une mère qui se meurt de chagrin, une nation et l'art en deuil ! Oh ! l'abominable et stupide chose que la guerre !

Une foule impatiente et surexcitée attendait sur les boulevards et rue Drouot les bulletins de la bataille qui se succédaient d'heure en heure. Le premier nous avait rempli d'une joie, qui ne laissait pas, hélas ! d'être inquiète ; nous y avions été si souvent pris, à nous repentir, sur la fin de la journée, de nous être félicités trop tôt. Le second était déjà moins rassurant, il parlait de brouillard qui empêchait les observations. Le troisième et le quatrième nous faisaient entendre clairement, à travers leurs réticences, que si nous n'étions pas repoussés, au moins n'avancions nous plus ; le dernier, qui datait de neuf heures cinquante, nous disait textuellement :
« L'ennemi ayant, vers la fin du jour, fait converger sur nous des masses d'artillerie énormes et des réserves d'infanterie, nos

colonnes ont dû se retirer des hauteurs qu'elles avaient gravies le matin. Nos pertes ne sont pas encore connues, nous avons su par des prisonniers que celles de l'ennemi étaient fort considérables. »

Ainsi ce serait donc toujours la même chose ! Toujours on nous parlerait de ces masses énormes d'artillerie qui, arrivées à la fin du jour, changeaient la face du combat ! Ah çà ! mais, et nous, nous n'avions donc pas d'artillerie ? Qu'avait-on fait de ces centaines de canons, que nous avions, par élan de souscription patriotique, fait fondre et offerts au gouvernement de la défense nationale ? Apparemment il les gardait pour les offrir aux Prussiens le jour de la reddition. Ces fâcheuses impressions s'assombrirent encore, lorsqu'il nous fut donné de lire les proclamations du lendemain : « Il faut, disait M. Trochu, parlementer d'urgence à Sèvres, pour un armistice de deux jours, qui permettra l'enterrement des morts et l'enlèvement des blessés ! » Deux jours ! Mais il y en a donc des montagnes ! Et comme pour servir de commentaire à ce bulletin, le gouverneur ajoutait dans une lettre, qui fut publiée avec le contre-seing de M. Schmitz : « Envoyez-moi nombre de voitures, ramassez tous les brancardiers que vous pourrez réunir. » Il semblait en vérité qu'il s'agît de déblayer le champ de Waterloo.

Il y eut dans tout Paris un moment de stupeur, qui fut suivi d'une tristesse infinie. On ne le croira guère, mais ce fut cette même brave garde nationale qui s'était si bien battue, qui dissipa ces impressions. Nous croyions à une formidable bataille perdue : Mais non, pas du tout, nous disait-elle, on nous a donné ordre de battre en retraite, nous nous sommes retirés, mais de notre plein gré, sans être poursuivis, et nous ne nous doutions pas même que c'était là ce qu'on appelle en style militaire une défaite. Des morts et des blessés, il y en a, sans doute, et il n'y en a que trop, mais pas tant que vous le croyez. Si M. Trochu a demandé des brancardiers et des voitures de supplément, c'est qu'il fait une boue de tous les diables, et que dix chevaux sont nécessaires où un seul eût suffi, il y a huit jours, par la gelée.

Ce ne fut qu'un cri : « On n'est pas si maladroit que cela !.. Puis, la réflexion aidant, on se demanda : Est-ce bien vraiment maladresse ? ne serait-ce pas plutôt calcul ? ne veut-on pas, en effrayant les imaginations, incliner les Parisiens à l'idée d'une capitulation ? Ceux qui pensaient ainsi (et ce fut bientôt tout le monde) faisaient remarquer la façon dont le *Journal officiel* venait d'annoncer les nouvelles qui lui étaient arrivées de province par pigeon. « On n'avait pu, disait le moniteur du gouvernement, déchiffrer encore que les premières phrases des dépêches de Bordeaux : elles indiquaient un temps d'arrêt dans le progrès des armées de l'Ouest et des succès importants dans l'Est. » Et, par une préférence bizarre, le journal gardait un profond silence sur la nature de ces succès, qu'il qualifiait d'importants, se complaisant à donner des détails sur ce temps d'arrêt qu'avait subi l'armée de Chanzy.

Nous ne tardâmes pas à connaître toute la vérité ; elle était navrante. Ce Chanzy, sur lequel nous avions tant compté, d'un si ferme espoir, il n'y avait plus à en douter, il était battu, son armée dispersée ou détruite. On nous donnait heure par heure des dépêches et des ordres du jour ; le *Journal officiel*, arrivé au récit de sa défaite, la remplaçait par des points. Mais que le silence de ces points était éloquent ! De ce côté-là tout était perdu ; et cependant notre besoin d'espérer était si fort, que nous nous rejetâmes aussitôt vers l'Est. Là, on nous parlait d'un mouvement de Bourbaki, qui, secondé par Garibaldi, s'élevait entre l'Allemagne et l'armée assiégeante, dont il menaçait les derrières. « S'il arrive à couper les communications des Prussiens, disions-nous, nous pouvons être sauvés. Il donnera la main à Faidherbe... » Car nous comptions aussi sur Faidherbe !

Et cependant les inquiétudes allaient croissant d'heure en

heure ! Le bombardement, un instant ralenti par notre attaque sur Montretout, avait recommencé avec une violence inouïe, et les Prussiens l'avaient ouvert le 21 au matin contre Saint-Denis. Ils voulaient rendre Saint-Denis intenable à nos troupes, s'y installer à notre place, et, de là, foudroyer Belleville. Ils se flattaient que la population turbulente de Belleville, chassée de son quartier, se répandrait dans Paris, mettrait partout le désordre, en y portant le pillage. — Ainsi, nous étions menacés de la guerre civile dans un avenir prochain. C'était le restant de nos écus. Il ne fallait plus, pour la prévenir, faire fond sur le gouvernement; il était absolument discrédité. Il ne restait en place que par l'impossibilité où nous étions d'en trouver un autre. Mais c'était de toutes parts un effroyable déchaînement contre son inertie et ses maladresses ; on s'en prenait surtout à Trochu ; le bruit courait dans Paris que son illuminisme avait tourné à la folie ; qu'il était en proie à des hallucinations; qu'il voyait Geneviève, patronne de Paris, et qu'il avait mis, dans une proclamation officielle, heureusement interceptée par Jules Favre, les habitants de la capitale sous la protection de la sainte. Il portait les bottes molles des héros d'opéra-comique et le bonnet de soie noire du marguillier. Il n'en faut pas davantage à Paris pour rendre un homme ridicule, surtout quand il n'a pas réussi. Cette marée d'impopularité monta si vite et avec un tel bruit, que le gouvernement de la défense nationale se vit forcé d'y céder : il décida que le commandement en chef de l'armée de Paris serait désormais séparé de la présidence du gouvernement. Il nomma le général de division Vinoy commandant en chef de l'armée de Paris, et tout en conservant au général Trochu la présidence du conseil, il supprima le titre et les fonctions de gouverneur. — Et c'est ainsi que fut accomplie cette parole de l'Écriture : « Le gouverneur de Paris ne capitulera jamais. »

L'occasion était belle pour l'émeute. Vous avez pu remarmarquer qu'après chacune de nos grandes catastrophes les partisans de la Commune avaient jailli de leur obscurité, comme les diables d'une boîte à surprise. Nous ne pensions guère à eux; car leurs journaux s'étaient tus, faute de public, et il nous avait semblé que leurs rangs s'étaient fort éclaircis. Si peu qu'il restât de ces fanatiques, qui ne reculaient point devant l'idée de la guerre civile, ils se tenaient prêts, et crurent le moment venu. Dans la nuit du samedi au dimanche, une poignée d'émeutiers forçait les portes de Mazas, avec la complicité du directeur de la prison, qui fut révoqué deux jours après, et enlevait plusieurs détenus politiques, parmi lesquels l'inévitable major, M. Flourens. La troupe se rendit ensuite à la mairie du 20e arrondissement, où elle pilla 2,000 rations de pain, et but une barrique en l'honneur de la Commune restaurée. On les balaya le lendemain sans qu'ils fissent mine de résister.

Mais peu après, le 101e bataillon de marche s'en vint, au nombre de cent cinquante à peu près, à l'Hôtel de Ville, et déboucha sur la place, juste au moment où les délégués d'une manifestation sans armes sortaient d'une audience qui leur avait été accordée par les membres du gouvernement. Quelques coups de fusil partirent de ce groupe, et frappèrent, dans les rangs, des mobiles bretons qui gardaient l'Hôtel de Ville. Un lieutenant tomba blessé de trois balles. Les mobiles ripostèrent par un feu de peloton. La foule était énorme; elle se dispersa, courant, criant, se bousculant. Quelques victimes restèrent sur le carreau. L'affaire semblait finie, quand tout à coup les fenêtres des maisons situées en face de l'Hôtel de Ville s'ouvrent, et de là éclate une vive fusillade. Ordre est donné aux troupes massées sur la place de prendre ces maisons; on y saisit treize gardes nationaux armés du 101e, et M. Sapia, l'ancien chef de bataillon, qui les commandait. Tout cela ne dura guère que vingt minutes.

Jamais je n'ai mieux senti que ce jour-là combien ce Paris était vaste, et quel univers c'était que cette grande ville. Il faisait beau temps, et c'était dimanche, en sorte que nous étions descendus, quelques camarades et moi, sur les boulevards. La population parisienne, qui fait toujours fête au soleil, s'acheminait, nombreuse et gaie, vers les Champs-Élysées. Nous rencontrâmes par hasard un ami, qui nous apprit qu'on se battait à l'Hôtel de ville. Nous courûmes de ce côté ; sur notre route, rien que des flâneurs indifférents, qui ne semblaient pas soupçonner qu'on se tirât des coups de fusil à un kilomètre de là. A mesure que nous approchions, la physionomie des rues changeait sensiblement : partout des groupes animés, des orateurs en plein vent, une foule très-houleuse, qui roulait vers le lieu du combat. Nous traversâmes la place, derrière les voitures d'ambulances qui emportaient les blessés, et rencontrâmes le préfet de police, M. Cresson, qui nous fit passer de l'autre côté ; car déjà les troupes arrivaient et formaient un cordon autour de l'émeute vaincue. Nous étions sur la rive gauche ; là sifflaient les obus prussiens, tandis que grondaient les canons de nos forts qui cherchaient à leur répondre. C'était un tonnerre incessant d'artillerie. Nous remontâmes les quais, presque déserts, et par le pont des Arts, nous débouchâmes sur la place du Théâtre-Français.

Une foule considérable sortait du théâtre, où l'on avait joué ce jour-là le *Mariage de Figaro*; c'était l'heure où paraissent les journaux du soir ; elle se répandait pour les acheter autour des kiosques. Nous poussâmes, remontant toujours, jusqu'aux Champs-Élysées ; les enfants y jouaient comme à leur ordinaire, et tout un monde de promeneurs endimanchés regardait curieusement passer un escadron de cavalerie, qui s'avançait, fanfare en tête, sur la chaussée. Et je me souvins alors de la lettre de ce soldat prussien, que les journaux nous avaient donnée dans le temps : « Tu n'imagines pas, écrivait-il à sa mère, comme ce Paris est immense ! mais les Parisiens sont de drôles de gens ; ils trompettent toute la journée. »

Cette échauffourée, quand l'histoire en fut connue du public, ne fit pas grande sensation. Elle excita plus de mépris que de colère. Le nombre des assaillants avait été si faible, ils avaient été si vite mis à la raison, leur entreprise, ainsi conduite, semblait si absurde, qu'on les traita plutôt comme des fous que comme des conspirateurs. On se contenta d'ajouter que c'étaient des fous dangereux, et qu'il en fallait finir avec ces éternels artisans de désordres, qui voulaient ajouter à tant de maux dont nous souffrions déjà celui de la guerre civile. Le gouvernement, en qualifiant, dans l'acte d'accusation, les faits reprochés à Flourens « de connivence ou intelligence avec l'ennemi, » paraissait insinuer que M. de Bismarck avait payé ces émeutes. Beaucoup de gens le croyaient.

C'était une opinion bien peu vraisemblable. Le ministre prussien n'avait déjà plus, à ce moment, besoin d'une révolution dans Paris pour lui en ouvrir les portes. Notre situation allait s'aggravant d'heure en heure. Ce n'était plus seulement Chanzy, dont nous apprenions la déconfiture, qui était complète, c'était Faidherbe, c'était Bourbaki, Bourbaki notre dernier espoir, qui se trouvait pris entre deux armées ennemies, et qui, loin de venir à notre secours, avait grand'peine à se sauver lui-même. L'*Officiel* nous donnait ces nouvelles, une à une, sans y joindre un mot de commentaires, comme s'il nous eût voulu dire : « Vous voyez ! c'est la situation ! qu'en pensez vous ? que feriez-vous à ma place ? »

Ce silence nous irritait et nous désespérait en même temps. De quelque côté que tombassent nos regards, nous apercevions des signes non équivoques de dissolution prochaine. On avait rationné la population à trois cents grammes de pain par jour et à trente grammes de viande de cheval. Il fallait trois heures de queue pour obtenir sa portion chez le boulanger et chez le boucher, et souvent même les mesures étaient si mal prises, que de pauvres gens, qui n'avaient rien autre à manger, trouvaient en arrivant à leur tour visage de bois et place nette. Il m'est plus d'une fois arrivé de donner mon morceau de pain à telle femme qui pleurait : « Comment voulez-vous que je fasse ? disait-elle. Point de pain, et pas moyen d'en avoir. » Ce pain, il était si horrible, que le cœur me soulevait rien qu'à le voir sur la table. Je préférais manger du biscuit, dont j'avais une petite provision. C'était pourtant la seule nourriture d'une foule de familles, dont beaucoup avaient été aisées. Elles se faisaient de la soupe au vin. Aussi la diarrhée commençait-elle à faire de grands ravages. Et cependant, je ne saurais trop le redire, cette population si misérable demeurait calme et résignée. Beaucoup de tristesses et de plaintes, mais sans qu'il vînt jamais à personne l'idée qu'en traitant avec les Prussiens on mettrait fin à tant de maux. Les privations étaient de toutes sortes et de chaque instant; je n'en veux citer qu'un exemple : Paris resta plus de quinze jours sans bains, le charbon de terre manquant pour chauffer l'eau. Les réquisitions pleuvaient l'une après l'autre sur les denrées de première nécessité; un jour c'étaient les pommes de terre, un autre jour le sucre. La réquisition faisait, par le jeu naturel du commerce, enchérir l'objet, et le gouvernement, s'apercevant de l'effet produit, levait la réquisition. C'était un effroyable et universel gâchis. Car si nous n'avons pas eu la chance, en ces jours de misères, de trouver un général pour nous conduire, nous n'eûmes pas davantage celle de rencontrer un organisateur pour nous administrer. Les bras nous en tombaient de découragement.

La nécessité d'une capitulation commençait à se faire jour dans les esprits, qu'elle remplissait de trouble et d'angoisse. Les journaux n'osaient encore prononcer ce mot définitif et terrible, mais ils ne cessaient d'adjurer le gouvernement (je parle au moins des plus sages). — « Votre devoir, lui disaient-ils chaque matin et sous toutes les formes, est de faire le recensement exact de nos approvisionnements, de savoir combien de temps nous pouvons encore tenir et de prendre un parti en conséquence. Le temps des indécisions est passé ; il faut des résolutions promptes et énergiques. Quelle est la vôtre? Quelle qu'elle soit, nous l'accepterons, mais vous nous devez d'en avoir une et de nous la faire connaître. » Les bruits les plus contradictoires couraient en ville au sujet de l'approvisionnement de Paris. Les optimistes disaient qu'on avait de la farine pour jusqu'au 15 mars ; les mieux informés, ceux qui avaient leurs entrées dans les ministères, avouaient qu'il ne restait plus à manger que pour huit jours au plus, et que le 3 février, la ville se trouverait sans un morceau de pain, aux prises avec les difficultés d'un ravitaillement impossible. Un million de créatures humaines mourrait de faim avant qu'un sac de blé eût débarqué en gare.

On contait qu'à l'Hôtel-de-Ville le gouvernement s'agitait sur place, en proie à de cruelles incertitudes. Il avait convoqué en conseil extraordinaire tous les officiers supérieurs de l'armée, leur avait exposé la situation de nos approvisionnements et de nos armées, et les avait interrogés l'un après l'autre sur ce qu'il y avait à faire, promettant le commandement en chef à qui voudrait prendre sur soi la responsabilité de la défense à outrance. Des généraux on avait passé aux colonels, puis aux simples capitaines, et tous avaient, l'un après l'autre, décliné ce redoutable honneur. Un seul, si ce qu'on rapportait alors est véritable, aurait exposé, avec beaucoup de verve, le moyen infaillible, selon lui, de faire une trouée ; mais il reconnaissait que la trouée une fois faite, on tomberait dans le vide, avec une armée sans munitions, sans vivres, qui ne tarderait pas à être détruite.

Il ne restait donc plus qu'à traiter. La conviction de nombre de personnes, c'est que déjà Jules Favre négociait la convention, et qu'on ne la révélerait au public qu'après qu'elle aurait été signée. Il régnait dans la ville une effervescence incroyable. A midi, on contait que Gambetta, exaspéré de tant de désastres, s'était tiré un coup de pistolet dans la tête, et que cette guerre funeste, qui s'était ouverte par le suicide de Prévost-Paradol,

19

se fermait ainsi par la mort de Gambetta. A deux heures, on assurait qu'il avait été assassiné ; à trois, qu'il avait été bloqué dans Lille avec Faidherbe ; qu'un nouveau gouvernement était installé en province, sous la présidence de M. Thiers, qui aurait chargé lord Lyons de négocier un armistice général. Ce qui donnait plus de poids aux bruits d'armistice, c'est que le feu s'était ralenti, surtout du côté du sud, car Saint-Denis continuait à être bombardé avec violence. Nos oreilles, habituées au fracas incessant de l'artillerie, étaient comme étonnées de ce repos inattendu.

C'est le 27 janvier que nous sûmes enfin notre sort. Il parut au *Journal officiel* une note ainsi conçue :

« Tant que le gouvernement a pu compter sur une armée de secours, il était de son devoir de ne rien négliger pour prolonger la défense de Paris. En ce moment, quoique nos armées soient encore debout, les chances de la guerre les ont refoulées, l'une sous les murs de Lille, l'autre au delà de Laval, la troisième sur les frontières de l'Est. Nous avons dès lors perdu tout espoir qu'elles puissent se rapprocher de nous, et l'état de nos subsistances ne nous permet plus d'attendre. Dans cette situation, le gouvernement avait le devoir absolu de négocier. Les négociations ont lieu en ce moment. Tout le monde comprendra que nous ne puissions en indiquer les détails sans de graves inconvénients. Nous pensons cependant dès aujourd'hui que le principe de la souveraineté nationale sera sauvegardé par la réunion immédiate d'une Assemblée ; que l'armistice a pour but la convocation immédiate de cette Assemblée ; que pendant cet armistice l'armée allemande occupera les forts ; que nous conserverons notre garde nationale intacte et une division de l'armée, et qu'aucun de nos soldats ne sera emmené hors de notre territoire. »

Cette communication était trop attendue, elle avait été trop préparée pour frapper la population comme d'un coup de foudre. Je ne saurais mieux comparer l'effet qu'elle produisit sur nous qu'à ce mélange de sentiments contraires qui se partagent notre âme à l'annonce de la mort qui termine une longue et douloureuse maladie. Cette mort était inévitable ; elle décharge donc l'âme d'un invincible poids, et il s'échappe un soupir, non de satisfaction, mais de soulagement : Ah ! c'est donc fini ! nous savons à quoi nous en tenir ! nous ne serons plus en proie à cette incertitude, à ce flux et reflux perpétuel d'espoir et de terreur ! Il y a comme un affaissement de toutes les forces, comme une détente des nerfs trop longtemps surexcités. Et d'un autre côté, ce malheureux qui vient de mourir, on l'aimait tendrement ; si faible que fût cette lumière d'espérance qui brûlait dans les cœurs, on la conservait précieusement allumée, tant que la vie respirait en sa poitrine, et elle éclairait les visages d'un rayon de joie. Et voilà qu'aujourd'hui c'est fini, bien fini ; une sourde rage contre le destin, une morne douleur s'empare de ceux qui le regrettent, et les plonge dans la consternation.

Ce sont là, si je ne me trompe, les sentiments que l'on aurait pu démêler dans la population parisienne. Ils ont l'air de se contrarier, mais notre cœur est ainsi fait qu'il unit avec une facilité merveilleuse les contradictions les plus étranges. Pardessus tout flottait encore cette triste consolation : ce n'est pas notre faute ! nous avons manqué d'hommes pour nous conduire. Ce témoignage que Paris pouvait se rendre, M. John Lemoinne, le spirituel polémiste des *Débats*, le traduisit dans un article éloquent qui fit sensation. Après avoir dit que ceux-là qui souffraient le plus de cette dernière humiliation, ce n'étaient pas les braillards de Belleville, qui allaient pourtant crier le plus fort à la trahison, mais toute cette bourgeoisie honnête, courageuse, laborieuse, dévouée, qui avait l'idée et l'amour de la patrie, et qui soutenait depuis quatre mois tout l'effort de la résistance ; le journaliste ajoutait, dans une admirable péroraison :

« O vous tous, Français de toute la France, qui vous êtes

réunis et réconciliés dans ce combat suprême, et dans l'âme desquels nous jetons en ce moment le désespoir, dites-vous que vous n'avez rien à vous reprocher ; attestez Dieu et les hommes que vous avez fait votre devoir jusqu'à la dernière extrémité. Ce sera l'éternel honneur de Paris, de ce Paris tant calomnié, d'avoir été jusqu'au dernier jour, jusqu'à la dernière heure, le porte-drapeau de la patrie. Dieu est trop haut, la France est trop loin ! disait la Pologne expirante. Paris aussi peut dire : La France est trop loin ! L'âme de la nation, brisée et dispersée par tant de révolutions, n'a pas pu se rejoindre ; ses débris sanglants ont vainement cherché à se reconnaître et à se réunir. Puisse-t-elle, dans cette horrible épreuve, avoir retrouvé la conscience d'elle-même, et avoir puisé dans son propre sang la vertu qui la fera renaître ! »

Ce langage patriotique n'était que l'écho de notre propre pensée. Aussi l'armistice attendu n'excita-t-il pas les désordres que l'on pouvait craindre. Quelques bataillons de garde nationale, les uns par simple pose, les autres emportés par l'excès d'une patriotique douleur, protestèrent et demandèrent à marcher à l'ennemi ; quelques corps francs brisèrent leurs armes ; on répandit dans le public le bruit que certains amiraux songeaient à se faire tuer sur leurs pièces plutôt que de les rendre : on citait entre autres l'amiral Saisset, qui, venant de perdre son fils, jeune officier tué d'une balle prussienne, ne respirait que la vengeance. Tous ces bouillonnements s'échappèrent en fumée. L'inexorable fatalité était là, qui de sa main de fer pesait sur toutes les velléités de révolte ; et ce fut avec une douleur profonde, mais sans éclats de fureur, que nous lûmes sur les murs cette proclamation signée de tous les membres du gouvernement :

« CITOYENS,

« La convention qui met fin à la résistance de Paris n'est pas encore signée, mais ce n'est qu'un retard de quelques heures.

« Les bases en demeurent fixées telles que nous les avons annoncées hier :

« L'ennemi n'entrera pas dans l'enceinte de Paris;

« La garde nationale conservera son organisation et ses armes ;

« Une division de douze mille hommes demeure intacte ; quant aux autres troupes, elles resteront dans Paris, au milieu de nous, au lieu d'être, comme on l'avait d'abord proposé, cantonnées dans la banlieue. Les officiers garderont leur épée.

« Nous publierons les articles de la convention aussitôt que les signatures auront été échangées, et nous ferons en même temps connaître l'état exact de nos subsistances.

« Paris veut être sûr que la résistance a duré jusqu'aux dernières limites du possible. Les chiffres que nous donnerons en seront la preuve irréfragable, et nous mettons qui que ce soit au défi de les contester.

« Nous montrerons qu'il nous reste tout juste assez de pain pour attendre le ravitaillement, et que nous ne pouvions prolonger la lutte sans condamner à une mort certaine deux millions d'hommes, de femmes et d'enfants.

« Le siége de Paris a duré quatre mois et douze jours ; le bombardement, un mois entier. Depuis le 15 janvier, la ration de pain est réduite à 300 grammes ; la ration de viande de cheval, depuis le 10 décembre, n'est que de 30 grammes. La mortalité a plus que triplé. Au milieu de tant de désastres, il n'y a pas eu un seul jour de découragement.

« L'ennemi est le premier à rendre hommage à l'énergie morale et au courage dont la population parisienne tout entière vient de donner l'exemple. Paris a beaucoup souffert ; mais la République profitera de ses longues souffrances, si noblement supportées. Nous sortons de la lutte qui finit, retrempés pour la lutte à venir. Nous en sortons avec tout notre honneur, avec toutes nos espérances, malgré les douleurs de l'heure présente; plus que jamais nous avons foi dans les destinées de la patrie.

« Paris, 28 janvier 1871. »

C'était le 135ᵉ jour de siége. Tout était fini, bien fini, fini à jamais. Nous baissâmes la tête et nous revînmes au logis, les yeux pleins de larmes.

ÉPILOGUE.

C'est aujourd'hui dimanche 12 février. Paris et la France ont nommé leurs représentants, la nation est rentrée dans ses droits. Paris débloqué peut enfin communiquer avec la province ; tous deux se donnent la main et vont reconstituer la France.

Oh ! que ces treize ou quatorze jours ont été longs et tristes ! Je ne crois pas que jamais peuple ait éprouvé un ennui semblable à celui qui s'est abattu sur nous, durant cette période de transition, qui fut si courte, et qui nous sembla interminable. Ce n'était pas l'ennui de l'homme inactif qui bâille ; c'était une sorte de mélancolie noire, d'affadissement universel, de chagrin morne, qui, pour user d'une locution populaire, mais énergique, casse bras et jambes, et que les Latins exprimaient en disant qu'il *résout les membres* et les forces, *viresque resolvit*. On n'a plus de goût à rien, on s'affaisse plutôt qu'on ne se couche, sur un canapé, fermant les yeux comme pour ne rien voir des horreurs qui se passent à côté, l'âme alanguie et la tête pendante. Ce sont là de ces heures de nausée invin-

cible, où l'on se désintéresse de tout ce qui vous entoure, où la compagnie vous importune autant que la solitude vous pèse, où l'on prend un amer plaisir à broyer du noir, où l'on donnerait sa vie pour moins que rien. On est comme abruti, et s'il arrive d'ouvrir un journal, on se sent comme un haut-le-cœur :
— Non, ne me parlez plus de rien ! ces misères et ces hontes, tout cela m'est devenu indifférent, je ne suis plus de ce monde. Allez-vous-en, j'en ai assez !

Et quand, secouant cette torpeur, on descendait dans la rue, on ne rencontrait partout que des sujets de noire tristesse. Je ne parle pas des conditions de l'armistice ; à quoi bon ? toute la France les connaît. Nous ne sentions que trop que l'on nous avait livrés, pieds et poings liés, à un vainqueur aussi astucieux qu'insolent. Chacun de ces articles nous frappait comme d'un coup de poignard : *Les Prussiens n'entreront pas à Paris tout le temps que durera l'armistice...* et nous ajoutions aussitôt :
— Mais, l'armistice fini, ils ne manqueront pas d'y faire leur entrée solennelle. — *La garde nationale ne sera pas désarmée*, et nous nous disions que c'était moins pour nous faire honneur que par perfidie. Nos ennemis comptaient sur la guerre civile ; ils espéraient qu'en laissant leurs armes aux Bellevillois, ils exciteraient des troubles qui leur fourniraient un prétexte à venir mettre le holà. Cette ligne de démarcation qui séparait des lignes allemandes les misérables restes de nos troupes, nous la suivions sur la carte, et nous constations avec douleur qu'un quart de la patrie demeurait entre leurs mains, réquisitionnée, pillée, les nourrissant, eux, gros et gras, qui chevauchaient superbement à travers la contrée, impertinents et gouailleurs à travers la fumée de leurs pipes. Il n'y avait d'exception que pour l'Est, où l'on se battait encore, et nous ne pouvions nous dissimuler que cette exception était faite contre nous : afin de venir à bout de notre dernière armée, la seule qui tînt encore ; de notre dernière forteresse, Belfort, qui se faisait héroïquement bombarder.

Et quel spectacle navrant que celui de nos pauvres soldats, qui rentraient, sans armes, dans la grande ville ! Leur retour, hélas ! n'avait rien eu de magnifique. L'indiscipline, qui nous avait perdus, avait ôté à cette suprême manifestation le cachet de grandeur qu'elle eût encore pu revêtir. Tous ces malheureux, sauf les marins et quelques compagnies modèles, étaient revenus sales, dépenaillés ; beaucoup même ivres, et ne dissimulant pas sur leur visage tiré de fatigue la satisfaction de la guerre finie. Ils se promenaient sur nos boulevards, oisifs, ennuyés, mécontents, et nous nous demandions avec un secret effroi ce que pourraient sur ces âmes déjà ébranlées les funestes conseils de l'inaction ; si ces gardiens naturels de l'ordre n'allaient pas apporter à la guerre civile un nouvel et plus terrible appoint.

Ces remparts que nous avions vus si animés et si fiers, qui bravaient l'ennemi par ces milliers de canons aux gueules ouvertes, le désert s'était fait autour d'eux : quelques rares factionnaires, près d'une pièce renversée de son affût ou tournant le dos aux Prussiens ; partout l'image de la désolation et du désespoir. Mais ce qui affligeait plus encore les regards que cet abandon, c'était l'empressement de toute une partie de la population à franchir les portes et à s'en aller aux avant-postes prussiens acheter des vivres. Il convient de dire, à la décharge des misérables qui nous ont donné ce dégoûtant spectacle, que Paris commençait à mourir de faim ; que l'horrible pain de son, notre seule nourriture, n'était distribué qu'en très-insuffisante quantité ; que, le moral n'étant plus soutenu par aucune espérance, on entendait crier plus haut ses entrailles à jeun. N'importe ! il eût mieux valu attendre. C'était quelques jours de patience de plus ! on pouvait faire encore ce court crédit à l'honneur du nom français, après avoir enduré quatre mois tant de souffrances. Tout le monde n'eut pas ce courage. Une foule énorme se pressait aux avant-postes prussiens, tendant les mains, les uns pour en accepter l'aumône de quelque bouchée de pain ou de quelque morceau de charcuterie, les autres pour acheter des victuailles ; et c'était un spectacle à briser le cœur que de voir le flegme insolent, la dédaigneuse pitié de ces soldats, qui regardaient cette bousculade, souriant et haussant les épaules. Il n'y avait de plus désagréable que la politesse froide et tranchante de leurs officiers.

Ces déplorables scènes se prolongèrent plus longtemps que nous ne l'eussions souhaité. Les Prussiens, soit impossibilité matérielle, soit mauvais vouloir, ne hâtaient point le ravitaillement de Paris. Ils élevaient toutes sortes d'objections, entravaient les trains, arrêtaient les voitures chargées de victuailles, et, à toutes les objections, répondaient simplement, sans donner aucune raison : « *Nix, nix, pas passer!* » Des files énormes de chariots attendaient leur tour, piétinant et jurant ; les simples particuliers qui revenaient avec des malles ou des paniers bondés de pains et de gigots n'étaient jamais sûrs que l'on ne confisquerait pas leur chargement. Une fois échappés des mains de l'ennemi, qui se relâchait parfois de sa rigueur, ils avaient un autre danger plus sérieux à courir. Ils rencontraient des escouades de rôdeurs de barrière, qui, n'étant plus contenus par aucune crainte de la police, se postaient entre les forts et les remparts, et là, de cette voix rogommeuse, familière aux voyous parisiens, leur reprochaient de se bien nourrir quand le peuple crevait de faim, et les pillaient au nom de la fraternité. Les campagnards n'osaient plus se hasarder sur des routes si peu sûres. C'est cette même population qui, le premier jour où se rouvrirent les halles, en livra deux ou trois pavillons au pillage. Le lendemain on les ferma, et les denrées, qui avaient commencé de baisser à l'annonce de l'armistice, rebondirent à des prix insensés. La police ne se mêla point de ces émeutes ; elles furent réprimées par le bon sens public. On fit comprendre à ces forcenés que le meilleur moyen d'arrêter l'approvisionnement de Paris et de maintenir le haut prix des vivres, c'était précisément d'effrayer ceux qui les vendaient et de les taxer. L'ordre se rétablit peu à peu ; mais les prix ne baissèrent que lentement. C'était tous les matins à la halle une épouvantable cohue, une furie d'enchères sur les gigots, les légumes frais, et avant tout sur la marée.

Paris tout entier eut, durant huit jours, un désir de manger du poisson frais qui, par son intensité, ressemblait à une envie de femme grosse. Je me souviens que deux jours après l'armistice un de mes amis, qui avait obtenu d'aller à Versailles, et en avait rapporté à travers mille périls du pain blanc et des provisions, nous invita à dîner. Le premier plat fut du merlan, et le second une sole au gratin. Jamais repas ne me sembla plus délicieux. Le pain blanc surtout nous fit un plaisir infini. J'en mis un morceau dans ma poche, que je distribuai le lendemain par petites tranches à des amis, comme on fait du pain bénit dans les églises de province.

A ce moment-là, tous ceux qui purent quitter Paris le firent avec enthousiasme. Il y eut dès le premier jour 25,000 demandes de laisser-passer, tous donnant pour raison qu'ils se portaient candidats. Les uns s'en allaient en province, embrasser leur femme et leurs enfants, beaucoup d'autres se sentaient une irrésistible envie de revoir, dans les environs de Paris, leur pauvre maison de campagne, et de constater par leurs yeux ce qui en restait.

Les provinciaux ne se doutent pas de quel amour profond le Parisien aime le petit cottage d'été qu'il s'est fait le plus souvent construire lui-même, qu'il a pris plaisir à embellir de ses mains, qu'il a garni de jolis meubles et d'objets d'art. Durant le siége, Théophile Gautier, qui possédait une villa, avenue de Neuilly, avait conté ses impressions, en retrouvant cette chère maison, qu'il lui avait été donné de visiter une fois, et tout Parisien avait reconnu ses propres sentiments dans cette peinture émue :

« Enfin nous arrivâmes devant notre maison, ne sachant pas trop si nous allions en trouver un seul vestige. A l'extérieur, rien n'était changé. La tête de la Victoire du Parthénon, dont M. de Laborde a rapporté le marbre d'Athènes, et qui figure, moulée en plâtre sur un fond de rouge antique, dans une niche circulaire, sur le mur de notre atelier, était toujours à sa place, sœur triomphante de la Vénus de Milo, force superbe de la forme, *vis superba formæ*, immortel idéal de beauté, divinité tutélaire du pauvre logis. Une fenêtre était ouverte, comme si la maison eût abrité encore ses anciens habitants. Cela nous parut de bon augure. Nous sonnâmes : le jardinier vint nous ouvrir, et nous entrâmes, le cœur ému, dans cette habitation, aussi petite que celle de Socrate, et qu'il n'avait pas été difficile de remplir d'amis.

« Quant on pénètre dans un logis désert depuis longtemps, il semble toujours qu'on dérange quelqu'un. Des hôtes invisibles se sont installés là pendant votre absence et ils se retirent devant vous ; on croit voir flotter sur le seuil des portes qu'on ouvre le dernier pli de leur robe qui disparaît. La solitude et l'abandon faisaient ensemble quelque chose de mystérieux que vous interrompez. A votre aspect les esprits qui chuchotaient se taisent, l'araignée tissant sa rosace suspend son travail, il se fait un silence profond, et dans les chambres vides l'écho de vos pas prend des sonorités étranges. Pas le plus léger dégât n'avait été commis. D'ailleurs personne n'était entré là, depuis notre départ. Le modeste asile du poëte avait été respecté.

« Sur la cheminée de notre chambre, un volume d'Alfred de Musset était resté ouvert à la page quittée. Sur la muraille pendait accrochée la copie commencée d'une tête de Richard, par notre chère fille, si loin de nous, hélas! et qui ne lira pas cet article. Un flacon d'essence débouché s'évaporait sur sa toilette de marbre blanc et répandait son parfum faible et doux dans sa petite chambre virginale.

« Nous montâmes à l'atelier que nous étions en train d'arranger pour de longs travaux qui ne se finiront peut-être jamais. Il n'y avait plus que la tenture à poser, et nous pensâmes à ce grave aphorisme de la sagesse orientale : « Quand la maison est finie, la mort entre. » La mort ou le désastre. Une mélancolie profonde s'emparait de nous en regardant ces lieux où nous avons aimé, où nous avons souffert, où nous avons supporté la vie telle qu'elle est, mêlée de biens et de maux, de plus de maux que de biens, où se sont écoulés les jours qui ne reviendront plus et qu'ont visités bien des êtres chers partis pour le grand voyage. Nous avons senti là, dans notre humble sphère, quelque chose d'analogue à la tristesse d'Olympio...

« L'heure s'avançait et les portes de Paris ferment maintenant à cinq heures. Avant de quitter notre chère demeure abandonnée, nous allâmes faire un tour au jardin. La brume du soir commençait à monter et à mettre au bout des allées des gazes bleuâtres. Le vent poussait les feuilles mouillées, et les arbres dépouillés tremblaient et frissonnaient comme s'ils avaient froid. Quelques dahlias achevaient de se flétrir dans les plates-bandes, et un vieux merle botté de jaune, à nous bien connu, partit brusquement devant nos pieds en battant des ailes comme s'il voulait nous saluer. Deux formidables coups de canon envoyés comme bonsoir aux redoutes prussiennes par le Mont-Valérien, ne parurent pas effrayer beaucoup l'oiseau, habitué à ces vacarmes.

« C'est ce même merle qui niche chaque printemps dans le vieux lierre, draperie verte jetée sur le mur, et siffle d'un air moqueur en passant près de notre fenêtre, comme s'il lisait ce que nous écrivons. »

Bien d'autres ne devaient par être aussi heureux que Théophile Gautier. Que de dévastations ! que de ruines ! Chatou, Bougival, Marly, lieux charmants où nous avons passé de si douces heures et de si gaies, qu'ont-ils fait de vous ? Ils ont emballé proprement, en gens soigneux, tout ce qui avait du prix et pouvait s'emporter ; ils ont, en sauvages ivres, brisé le reste. Je ne rencontre que propriétaires navrés, qui pleurent sur leur nid ravagé ou détruit ! Ce sont des milliards perdus ! et des milliards, ce ne serait rien encore ; on s'en consolerait à la longue. Plaie d'argent n'est pas mortelle. Mais tant de souvenirs envolés, anéantis ! Oh ! ne parlons plus de tout cela ! je me sens mourir.

Rentrons dans Paris. Les nouvelles qui arrivaient coup sur coup y augmentaient la consternation et l'anxiété. C'était le moment où Gambetta, rompant avec le gouvernement dont il était le délégué, promulguait ce décret fameux par lequel il déclarait inéligibles tous ceux qui avaient accepté, sous l'Empire, quelque candidature officielle. L'émotion fut extrême chez nous. On craignait déjà la guerre civile dans Paris ; allait-on l'avoir de la province contre Paris ? Nous apprenions en même temps que Lyon se constituait révolutionnairement en Commune ; que Marseille refusait de reconnaître l'armistice ; peut-être d'autres grandes villes étaient-elles disposées à suivre cet exemple. Nous n'envisagions l'avenir qu'avec un sombre effroi.

Les organes des partis avancés avaient reparu plus hautains de langage, plus acerbes que jamais. Ils attaquaient le gouvernement avec une violence extrême. Hélas ! sur ce point nous étions tous d'accord : non, les honnêtes gens aux mains de qui nous avions remis nos destinées n'avaient pas fait ce qu'ils auraient pu et dû ; non, ils n'avaient pas su tirer de cette admirable bourgeoisie parisienne tous les éléments de résistance et de force qu'elle recélait dans son sein. Mais à quoi bon les récriminations inutiles ? Son temps était fini, le jour du jugement approchait.

Il est venu. L'Assemblée est nommée. Autant qu'on en peut juger à travers les bruits qui nous arrivent, Paris et quelques grandes villes ont nommé des hommes très-engagés dans la république qui, à tort ou à raison, a reçu le nom de rouge ; la province, au contraire, a voté dans le sens de la modération extrême. C'est le malheur de notre situation. Les Prussiens n'ont pas voulu que nous puissions nous entendre. Ils ont, jusqu'au dernier moment, tenu Paris et la province écartés l'un de l'autre. A l'heure où j'écris, les lettres particulières ne nous arrivent que rares et décachetées; les nôtres ne partent pas ; nous ne recevons les journaux des départements que par contrebande, et il ne nous est pas permis d'expédier les nôtres. Comment s'entendre quand on vit ainsi chacun dans son atmosphère d'idées et de sentiments ?

Ils veulent nous achever par la guerre civile ; j'espère encore qu'ils ne réussiront pas. J'ai confiance à ce bon sens qui est le trait distinctif de la race française. Nous ne donnerons pas à nos ennemis cette suprême joie. Si ce petit livre, en faisant connaître Paris à nos frères de province, en leur donnant de nouveaux sujets de l'estimer, jusque dans ses erreurs, qui ne partent point d'un mauvais naturel, contribue, pour son humble part, à maintenir la concorde et la paix, je ne regretterai pas de l'avoir écrit.

Il a été commencé, je ne dirai pas gaiement, mais avec une vive et franche allégresse, en des jours d'espérance et de fierté. Il s'est assombri peu à peu ; il s'achève au milieu des plus noirs présages.

Tâchons de les écarter, et faisons chacun notre devoir, les yeux fixés sur cette devise de Paris, dont il faut faire celle de la France : *Fluctuat nec mergitur*. Ballotté souvent, jamais englouti.

Dimanche, 12 février 1871.

TABLE DES MATIÈRES.

	Pages
Avertissement....	1
Dédicace....	3
Chapitre Ier. — Avant le siége...	5
— II. — Préliminaires du siége...	25
— III. — Les Prussiens arrivent...	43
— IV. — Châtillon. — Ferrières. — Villejuif...	71
— V. — Premiers jours du siége. — Physionomie morale de Paris...	84
— VI. — Le Bourget. — Metz rendu. — Manifestation du 31 octobre...	109
— VII. — Vie intime de Paris aux mois d'octobre et de novembre...	158
— VIII. — La province s'est levée. — Bataille sous Paris. — On va bombarder...	177
— IX. — État moral de Paris en décembre. — La vie aux avant-postes. — Les ambulances...	113
— X et dernier. — Le bombardement. — La capitulation...	253
Épilogue...	295

TABLE DES GRAVURES

Par BERTALL.

	Pages.
Les Nouvellistes du boulevard	19
Les Mobiles de province	53
Les Mobilisés	65
Paris étant un camp, le képi devient la seule coiffure	85
La Queue des boucheries	105
Faction de nuit. Où sont-ils ?	131
Les Réfugiés. — Visite du propriétaire au fermier en chambre	155
Les Pigeons messagers	171
Un bastion : Joséphine	191
Au marché : décembre 1870	217
Le Froid	221
Les Frères des Écoles chrétiennes	241
La Faim	251
Le Moment psychologique	263
Un mobilisé	277

Clichy. — Imp. Paul Dupont et Cie, rue du Bac-d'Asnières, 12.

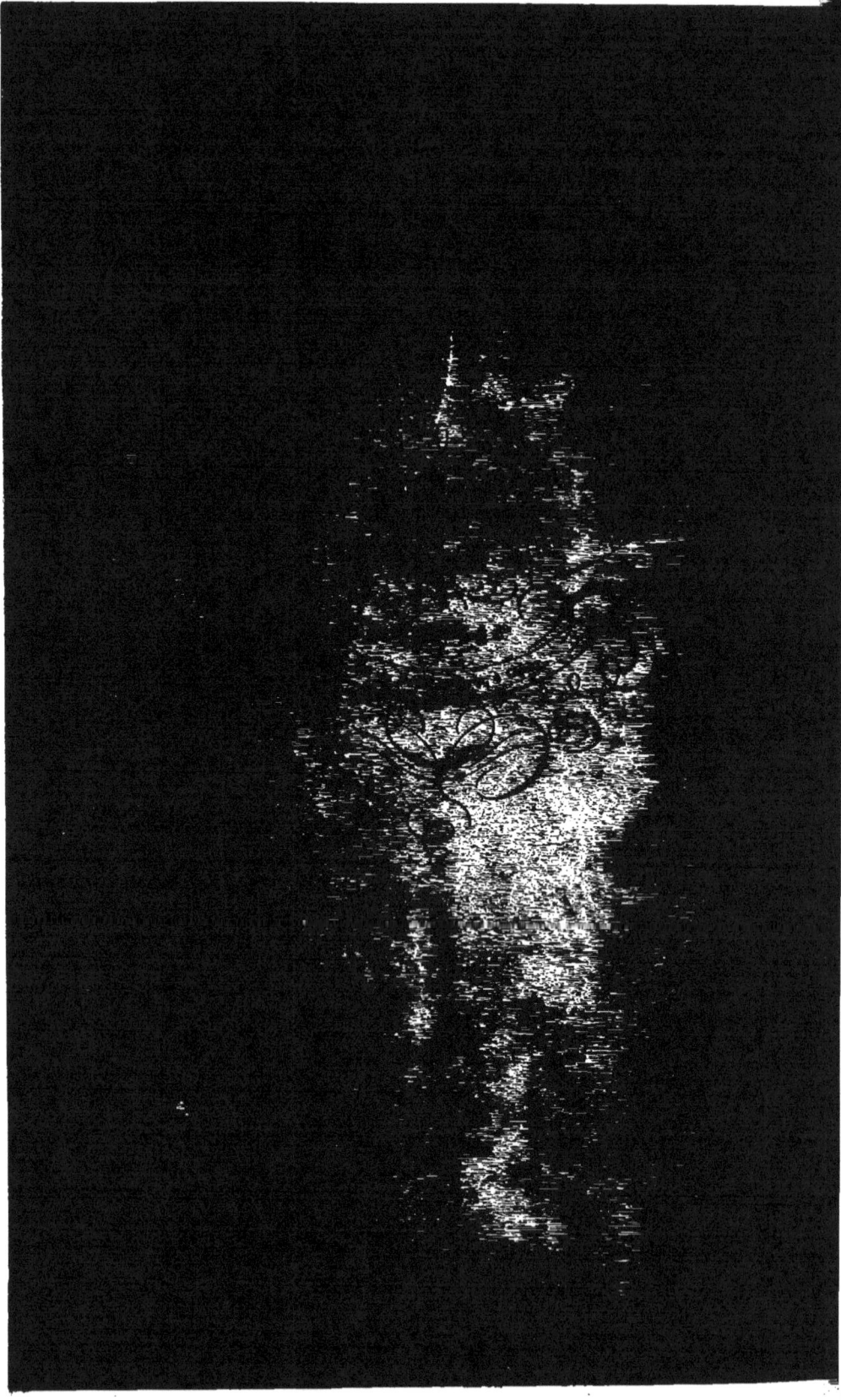

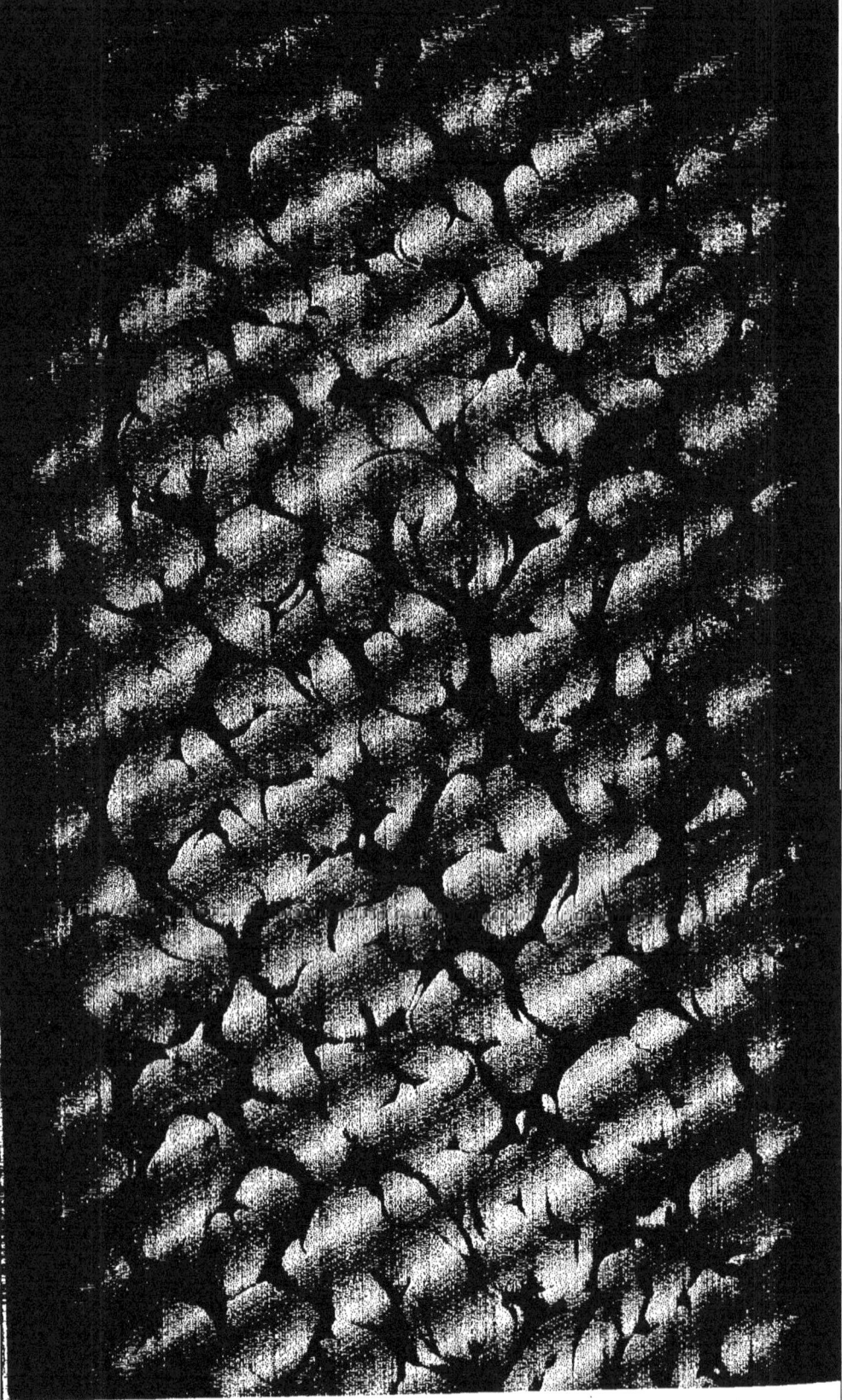

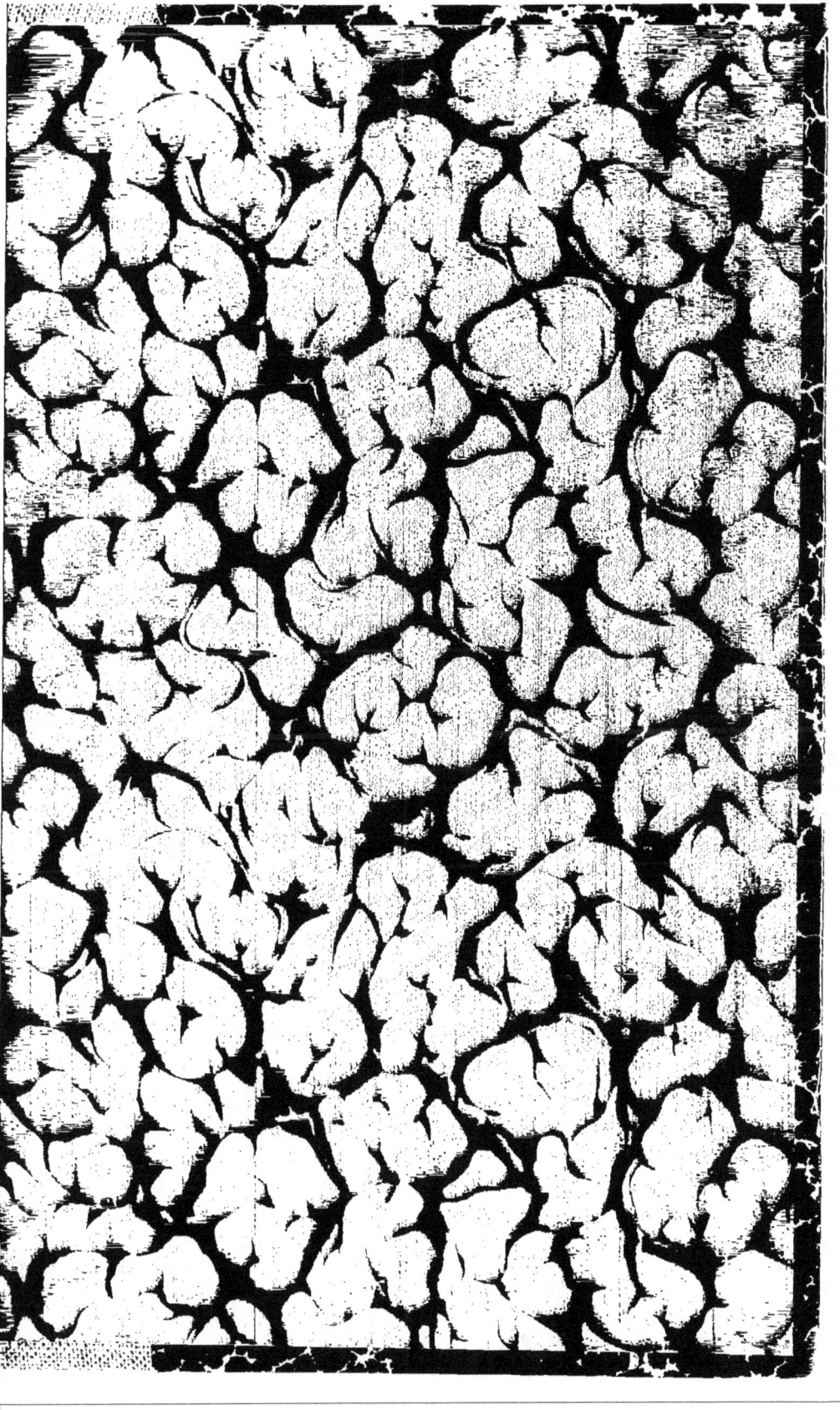

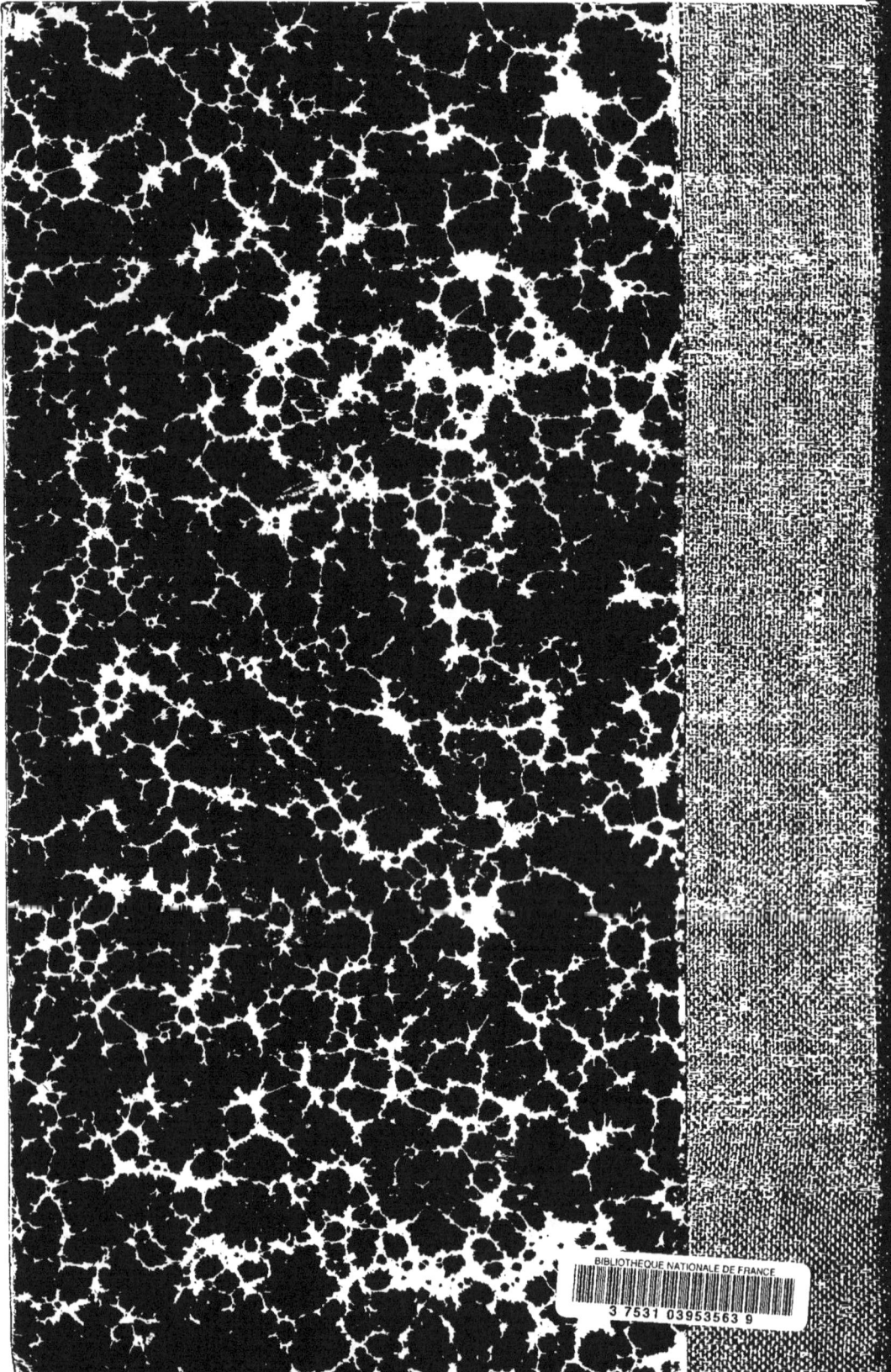

www.ingramcontent.com/pod-product-compliance
Lightning Source LLC
Chambersburg PA
CBHW070624160426
43194CB00009B/1360